KB150619

1차 세계대전 그리고 한반도의 미래

낙엽이 지기 전에

| 김정섭 지음 |

MID

낙엽이 지기 전에

초판 1쇄 인쇄 2017년 6월 19일
초판 5쇄 발행 2024년 4월 04일

지은이 김정섭

펴낸곳 (주)엠아이디미디어
기획 김동출
편집 최종현
디자인 최재현
마케팅 백승진
경영지원 윤 송

주소 서울특별시 마포구 신촌로 162, 1202호
전화 (02) 704-3448 **팩스** (02) 6351-3448
이메일 mid@bookmid.com **홈페이지** www.bookmid.com
등록 제2011 - 000250호

ISBN 979-11-87601-30-2 03900

책값은 표지 뒤쪽에 있습니다. 파본은 구매처에서 바꾸어 드립니다.

들어가며

왜 1차 대전인가? 책을 쓰면서 여러 번 내 자신에게 던졌던 질문이다. 100년도 더 지난 전쟁, 그것도 유럽의 한 복판에서 터졌던 사건이 아닌가? 이미 서구 학자들을 중심으로 수많은 연구가 이루어진 전쟁이다. 내가 힘들여 다시 쓰고 독자들이 시간을 들여 읽어야 할 이유가 무엇일까? 한마디로 답하자면 1차 대전에는 오늘 한반도에 사는 우리들이 꼭 참고해야 할 교훈이 풍부하게 담겨있다고 느꼈기 때문이었다. 전쟁이 이렇게 일어날 수도 있구나, 한반도에도 전쟁이 난다면 이런 모습과 유사하지 않을까? 1차 대전 전야의 정황을 살펴볼수록 이런 생각이 들었다.

1차 대전은 온갖 아이러니가 가득 찬 수수께끼 같은 전쟁이었다. 어느 나라가 일으켰는지, 누구의 잘못인지에 대해서부터 논쟁이 계속되고 있다. 2차 대전이라고 하면 히틀러를 떠올릴 수 있지만 1차 대전은 주모자를 지목하기가 쉽지 않다. 침략자 없는 전쟁에 가까웠다. 영토 정복과 경제적 이권 같은 탐욕의 충돌도 아니었다. 일부에선 식민지 경쟁을 둘러싼 제국주의 전쟁으로 보기도 하지만, 아시아나 아프리카의 땅 때문에 일어난 전쟁은 분명 아니었다. 오히려 모두가 방어전쟁을 수행한다고 생각하며 뛰어든 전쟁이었다. 상대방의 호전성을 억눌러야 한다고 믿었을 뿐이며, 전쟁이 불가피하다고 받아들였을 뿐이었다. 독일의 베트만-홀베크Bethmann-Hollweg 재상은 소위 '계산된 위험calculated risk' 정책에 의해서 '조절된 강압' 전략을 구사했지만, 위기가 어느 임계점을 넘자 위험은 계산되지 않았고 상황은 조절되지 않았다. 한마디로 1차 대전은 누군가 의도하고 준비한 전쟁이 아니라 위기관리에 실패해서 터져 버린 전쟁이었다. 다시 말하자면 탐욕이 아니라 상호 공포와 두려움 때문에 발생한 전쟁이었다. 침략자가 없이도, 모든 나라가 방어적 동기에 의해 움직였는데도 전쟁이 일어난 것이다.

1차 대전은 또한 당시 유럽인들이 빠져 있던 집단적 오류와 잘못된 믿음의 산물이기도 했다. 1900년대 유럽인들은 한편으론 평화가 계속될 것이라는 안일함에 젖어 있으면서도 다른 한편으로는 전쟁으로 모든 문제를 단기간에 해결할 수 있다는 유혹에 빠져있었다. 8월에 전쟁을 시작하면서 "낙엽이 지기 전에 집으로 돌아올 수 있다"고 한 독일 빌헬름 황제의 호언장담은 바로 이런 단기전 신화의 일면이었다.

천만 명이 넘는 사람들이 희생된 대재앙이었다. 또 다른 천만 명을 불구로 만든 비극이었다. 이 정도의 대사건이라면 무언가 심오한 원인이 있을 법도 했건만 사실은 "잘못된 믿음 때문에 일어난 불필요한 전쟁"에 불과했다. 방어가 유리했는데도 선제공격의 유혹과 공포에 굴복했고, 충돌이 불가피하지 않았는데도 전쟁을 숙명처럼 받아들였던 것이다. 힘을 통해 평화를 지키고자 했을 뿐이지만 바로 이런 억제노력 때문에 억제가 깨진 전쟁이었다. 일방적인 억제노력이 가져올 수 있는 위기증폭의 연쇄효과에 무지했다는 것이 문제였다. 거기에 군사와 외교의 단절 때문에 효과적인 위기관리가 작동하지 않았던 한계도 있었다. 큰 소리 치던 장군들, 우유부단했던 재상과 외상들, 그리고 허풍과 소심함으로 갈팡질팡했던 군주들 모두가 책임이 있었다.

본서의 관심은 1차 대전 발발의 원인과 경과를 살피는 데 있다. 따라서 전쟁 발발 전야까지의 기간을 집중적으로 다루고 있다. 즉, 사라예보 암살사건이 터진 1914년 6월 28일부터 영국이 독일에 전쟁을 선포한 8월 4일까지, 약 한 달이 넘는 기간을 되짚어보고 있다. 위기가 발생하고 증폭되어 마침내 폭발해 버리는 결정적 기간이 바로 이 시기이기 때문이다. 따라서 이 책은 전쟁 자체를 다룬 전쟁사는 아니다. 다만, 책의 말미에 주요 전투 장면을 짧게 묘사했는데, 이는 전쟁 전야의 환호와 호언장담과 달리 전쟁이란 것이 얼마나 참혹하고 허망한 것인지를 보여주고 싶었기 때문이다. 또한 1914년 7월 위기에 집중했지만 1890년 이후에 전개된 비스마르크 외교의 몰락, 각국의 전쟁 준비 등 1차 대전의 배경도 소개하고 있다.

책을 구상하면서 욕심냈던 것은 생생하게 현장감이 살아나는 글, 그래서 흥미롭게 읽히는 책을 써보자는 것이었다. 1차 대전이라는 오래된 주제를 다루면서 읽히지 않는 책 한 권을 세상에 또 보탤 필요가 없다고 생각했기 때문이다. 특히, 외교사와 전쟁을 다루는 만큼 자칫 글이 딱딱하고 무거워질 수 있음을 경계했다. 이를 위해서 전쟁이 일어나는 과정을 가급적 '설명explanation'이 아니라 '묘사description'로 그리고자 했다. 그러면서 학자들의 수많은 해석들을 모두 소개하겠다는 욕심은 버리기로 했다. 1차 대전만큼 학문적 논쟁이 치열한 소재가 없을 정도인데, 이를 정리하는 것은 이 책의 목적이 아니라고 생각했기 때문이다. 따라서 전쟁의 발발 원인에 대해 저자가 생각하기에 가장 공감하는 일정한 해석을 택했고, 이를 중심으로 이야기를 전개했다는 점을 밝히고자 한다. 다만, 쟁점이 있는 부분에 대해서는 이야기의 흐름을 방해하지 않는 선에서 반론과 다른 해석들을 적절히 소개했다. 1차 대전은 다른 어떤 전쟁보다 흥미로운 에피소드와 극적인 드라마가 가득 차 있다. 따라서 부족한 저자의 글솜씨만 아니라면 재미와 깊이를 모두 갖춘 책이 될 수 있지 않을까 기대해 본다.

본서가 나오기까지 많은 분들의 도움을 받았다. 오랜 친우이자 1차 대전 연구에 정통한 서강대 이근욱 교수님은 책의 구성부터 주요 논점, 그리고 참고문헌에 이르기까지 값진 조언과 비판을 해 주었다. 또한 광주과학기술원 임춘택 교수님은 책의 처음부터 끝까지 세심하게 살피며 문장과 단어의 작은 오류까지 모두 짚어주셨다. 본서의 취지와 가치에 대해서도 격려를 아끼지 않으신 임 교수님께 깊이 감사드린다. 이밖에 합동참모본부 김광진 장군님은 1차 대전의 교훈에 대한 정책적 적용과 북핵 위협에 대비한 한국군의 군사전략에 대해 귀한 도움 말씀을 주셨다. 그리고 지난해 저자의 저작인 『외교상상력』에 이어 이번에도 흔쾌히 출간에 응하고 적극적인 도움을 주신 MID 출판사의 최성훈 대표께 감사를 드린다. 특히, 꼼꼼한 교정과 정성스런 편집으로 책의 완성도를 높여주신 최종현 대리께도 감사의 말씀을 드리고 싶다.

원고를 마감할 무렵 그 어느 때보다 한반도에 안보불안이 높아지고 있다. 북한의 핵 능력은 시간이 갈수록 고도화되는 가운데 미국의 대북 선제타격론까지 거론되고 있다. 단호함과 신중함이 모두 요구되는 어려운 상황이다. 우리의 정책 결정자들은 100년 전 유럽인들보다 현명한 판단을 할 수 있을까? 우리 국민들은 평화에 대한 안일함이나 전쟁의 열기에 취해있던 유럽의 민중들과 달리 성숙한 태도를 보여줄 수 있을까? 역사의 과오를 되돌아볼 수 있는 지금 우리는 그만큼 더 나은 결정을 할 수 있다고 희망을 가져본다. 혹자는 역사에서 교훈을 얻는 것은 생각만큼 쉽지 않다고 한다. 역사에서 잘못된 교훈을 끌어내기도 하고, 적절하지 않은 유추를 통해 현실에 잘못 적용하기도 한다는 것이다. 또는 자신의 편견과 기왕에 내려진 결정을 정당화하기 위해 역사를 이용하는 측면도 있을 수 있다. 그러나 역사학자의 노고가 헛되지 않았던 적이 분명히 있었다. 1962년 쿠바 미사일 위기시의 미국 외교가 그 한 사례였다. 당시 미국은 소련의 도발에 단호하게 대처하면서도 냉철함과 균형감각을 잃지 않았는데, 젊고 경험이 적었던 케네디 대통령이 3차 대전을 막고 위기를 해결한 데에는 그가 읽었던 1차 대전 역사서가 큰 도움이 되었다고 한다. 본서도 많이 참고한 『8월의 포성』이란 책이다. 집필을 마치며 내 작은 수고에도 감히 이런 의미를 부여한다면 지나친 욕심일까? 본서는 결국 먼지 쌓여가는 백 년 전의 역사를 한반도의 현실로 호출해 낸 작업이었다. 그 시도가 오늘날 우리의 문제를 해결하는 데 조금이나마 기여할 수 있기를 바래본다.

차례

| 1차 대전에 관여한 주요 인물 |

■ **고센, 에드워드**Edward Goschen

영국 외교관. 베를린 주재 영국 대사(1908~1914).

■ **그라베주, 트리코프**Trifko Grabež

페르디난트 황태자 암살에 가담한 보스니아 청년(1895~1916).

■ **그랑메종, 프랑수와**François Grandmaison

공격교리를 주창한 프랑스 장교.

■ **그레이, 에드워드**Edward Grey

영국 자유주의 정치인, 외교관. 외무장관(1905~1916), 주미대사(1919~1920).

■ **기즐, 바론**Baron Giesl

오스트리아 군인이자 외교관(1860~1936). 세르비아에 최후통첩 전달.

■ **니벨, 로베르**Robert Nivelle

프랑스 군인. 2군 사령관으로 베르됭 전투 지휘(1916). 이후 총사령관 역임.

■ **니콜라스 2세**Nicholas II

러시아 제국의 마지막 황제(1894~1917).

■ **다비뇽, 쥴리엔**Julien Davignon

벨기에 정치인. 외무장관(1907~1916).

■ **도브로롤스키, 세르게이**Sergei Dobrorolsky

동원령 발령을 실행한 러시아 장군.

■ **디미트리예비치, 드라구틴**Dragutin Dimitrijević

세르비아 군인(1876~1917). 지하조직 '검은손(Black Hand)' 지도자.

■ **루덴도르프, 에리히**Erich Ludendorff

독일의 장군(1865~1937). 리에쥬 전투, 탄넨베르크 전투 지휘.

■ **리즐러, 커트**Kurt Riezler

독일 철학자이자 외교관(1882~1955). '계산된 위험' 이론을 고안한 재상 베트맨-홀베크의 측근.

■ **리크노브스키, 칼 막스**Karl Max Lichnowsky

독일 외교관(1860~1928). 7월 위기 당시 런던 주재 대사.

■ **메시미, 아돌프**Adolphe Messimy

프랑스 군인이자 정치인. 전쟁성 장관(1911~1912, 1914). 상원의원(1923~1935).

■ **메케나, 레지날드**Reginald McKenna

영국의 은행가이자 정치인. 해군장관(1908~1911), 내무장관(1911~1915), 재무장관(1915~1916).

■ **몰트케, 헬무트 폰**Helmuth von Moltke the Elder

프러시아 군인. 참모총장 30년 역임. 보오전쟁(1866) 및 보불전쟁(1870~71) 지휘. 1차 대전 당시 참모총장 몰트케의 삼촌.

■ **몰트케, 헬무트 폰**Helmuth von Moltke the Younger

독일 군인. 슐리펜 계획을 실전에 적용한 1차 대전 당시 독일 참모총장(1906~1914). 몰트케 원수의 조카.

■ **베르히톨트, 레오폴드 폰**Leopold von Berchtold

오스트리아 정치인, 외교관. 러시아 주재 대사(1906~1911), 외무장관(1912~1915).

■ **베트맨-홀베크, 테오발트 폰**Theobald von Bethmann-Hollweg

독일 정치인. 재상(1909~1017).

■ **뷜로우, 베른하르트 폰**Bernhard von Bülow

빌헬름을 도와 제국주의 정책을 추진한 독일의 정치가. 외상(1897~1900), 재상(1900~1909).

■ **비비아니, 르네**René Viviani

프랑스 정치인. 노동문제에 관심 많은 사회주의자. 수상(1914~1915).

■ **비스마르크, 오토 폰**Otto von Bismarck

북독일연방 재상(1867~1871), 통일독일 재상(1871~1890).

■ **빌린스키, 레온**Leon Biliński

오스트리아 정치인. 오스트리아-헝가리 재무장관(1912~1915).

■ **빌헬름 2세**Wilhelm II

독일 제국의 마지막 황제(1888~1918).

■ **사조노프, 세르게이**Sergei Sazonov

러시아 정치인. 외무장관(1910~1916). 이후 반 볼셰비즘 운동 전개.

■ **삼소노프, 알렉산더**Aleksandr Samsonov

러시아 군인. 러일전쟁 및 1차 대전 참전. 탄넨베르크 전투 대패 후 자결(1914. 8. 30.).

■ **쇠지에니, 라즐로**László Szögyényi

베를린 주재 오스트리아 대사.

■ **수콤리노프, 블라디미르**Vladimir Sukhomlinov

러시아 장군. 참모총장(1908~1909), 전쟁성 장관(1909~1915).

■ **슐리펜, 알프레드 폰**Alfred von Schlieffen

슐리펜 계획을 입안한 독일군 전략가. 참모총장(1891~1906).

■ **알버트 1세**Albert I

벨기에 국왕(1909~1934).

■ **야고브, 고틀리프 폰**Gottlieb von Jagow

독일 외교관. 외무장관(1913~1916).

■ **야누스케비치, 니콜라이**Nikolai Yanushkevich

러시아 군인. 참모총장(1914~1915).

■ **애스퀴스, 허버트**Herbert Asquith

영국 정치인. 재무장관(1905~1908), 수상(1908~1916).

■ **요제프, 프란츠**Franz Joseph

오스트리아-헝가리 제국 황제(1848~1916, 68년 간 제위).

■ **윌슨, 우드로**Woodrow Wilson

1차 대전 참전 후 국제연맹 주창했던 미국 대통령(1913~1921).

■ **윌슨, 헨리**Henry Wilson

영불 군사협력을 발전시킨 영국 육군의 군사작전부장.

■ **일리치, 다닐로**Danilo Ilić

오스트리아 황태자 암살 모의자(1891~1915).

■ **조지, 데이비드 로이드David Lloyd George**

영국의 정치인. 애스퀴스 내각의 재상(1908~1915)을 거쳐 1차 대전 중 수상(1916~1922)으로서 전시 내각 지휘.

■ **조프르, 조셉Joseph Joffre**

프랑스 군인. 참모총장(1914~1916), 원수.

■ **질린스키, 야코프Yakov Zhilinsky**

러시아 군인. 육군 참모총장(1911~1914), 북서 전선군 총사령관(1914~1915).

■ **짐머만, 아더Arthur Zimmermann**

독일 외교관. 차관과 장관 역임. 멕시코에 군사동맹을 제안한 '짐머만 전보'로 유명.

■ **처칠, 윈스턴Winston Churchill**

영국의 정치인. 내무장관(1910~1911), 해군성 장관(1911~1915), 수상(1940~1945, 1951~1955).

■ **추르치치, 페힘Fehim Effendi Čurčić**

보스니아 시장.

■ **카브리노비치, 네델리코Nedeljko Čabrionvić**

오스트리아 황태자 암살에 참여한 보스니아 청년(1895~1916).

■ **캉봉, 폴Paul Cambon**

영국의 1차 대전 참전 위해 노력한 프랑스 외교관. 런던 주재 대사(1898~1920).

■ **크로, 에어Eyre Crowe**

영국의 외교관(1864~1925). 외무성내 독일 경계론자의 대표적 인물.

■ **탄코시치**Voja Tankosić

세르비아 지하조직 '검은손' 조직원.

■ **티르피츠, 알프레드 폰**Alfred von Tirpitz

영국과의 건함경쟁을 주도한 독일의 제독. 19년간 해군장관으로 재임(1897~1916).

■ **티사, 이츠반**István Tisza

오스트리아-헝가리 이중 왕국의 헝가리 수상(1903~1905, 1913~1917).

■ **파시치, 니콜라**Nikola Pašić

세르비아 정치인. 수차례 수상(1891~1892, 1904~1905, 1909~1918) 역임.

■ **파추, 라자르**Lazar Paču

오스트리아의 최후통첩을 대리 접수한 세르비아 재무대신.

■ **팔켄하인, 에릭 폰**Erich von Falkenhayn

독일 장군. 전쟁성 장관(1913~1915), 참모총장(1914~1916).

■ **퍼싱, 존**John Pershing

미국 군인. 1차 대전 유럽원정군 사령관으로 참전(1917~1918).

■ **페르디난트, 프란츠**Franz Ferdinand

사라예보에서 암살당한 오스트리아 황태자(1863~1914).

■ **페탱, 필리프**Henri Philippe Pétain

베르됭 전투에서 활약한 프랑스 장군. 원수까지 진급. 훗날 비시 괴뢰 정부 수반.

■ **포슈, 페르디낭**Ferdinand Foch

프랑스 장군. 연합군 최고사령관(1918). 베르사이유 조약이 너무 관대하다고 비판.

■ **포앵카레, 레이몽**Raymond Poincaré

반독일 태도를 견지했던 프랑스 보수 정치인. 세 차례 수상(1912, 1922~1924, 1926~1929) 및 대통령(1913~1920) 역임.

■ **포우탈레스**Friedrich Pourtalès

페테르부르크 주재 독일 대사(1907~1914). 사조노프 외상에 독일의 선전포고 전달.

■ **포티오레크, 오스카**Oskar Potiorek

보스니아 주재 오스트리아 총사령관(1911~1914).

■ **프린치프, 가브릴로**Gavrilo Princip

오스트리아 황태자를 암살한 보스니아 청년(1894~1918).

■ **피셔, 존**John A. Fisher

해군 개혁을 이끈 영국의 제독. 해군 참모총장(1904~1910, 1914~1915).

■ **할데인, 리차드**Richard Haldane

영국의 정치인, 법률가. 육군성 장관(1905~1912), 대법관(1912~1915).

■ **호요스, 알렉산더**Alexander Hoyos

오스트리아 베르히톨트 외상의 보좌관(1912~1917).

■ **회첸도르프, 콘라드 폰**Conrad von Hötzendorf

오스트리아군 참모총장(1906~1917). 세르비아 응징을 주장한 강경파.

| 연표: 1차 세계대전으로 가는 길 |

1870~1871년	프로이센-프랑스 전쟁, 독일 통일
1873년	3제(독일, 오스트리아, 러시아)동맹Three Emperors' Alliance 결성
1879년	2국(독일, 오스트리아)동맹Dual Alliance 결성
1882년	3국(독일, 오스트리아 · 이탈리아)동맹Triple Alliance 결성
1887년	독러 재보장 조약 체결
1888년	빌헬름 2세 즉위
1890년	빌헬름 2세, 독러 재보장 조약 갱신 거부
	비스마르크 해임
1894년	러불동맹Franco-Russo Alliance 결성
1898년	독일 1차 해군법안 통과
1900년	독일 2차 해군법안 통과
1904년	영불협상Anglo-French Entente 체결
1905년	슐리펜 계획 수립
1905~1906년	1차 모로코 위기
1907년	영러협상Anglo-Russian Entente 체결
	3국(영국, 프랑스, 러시아)협상Triple Entente 완성
1908년	오스트리아, 보스니아와 헤르체코비나 합병
1910년	러시아, 소 프로그램small program 마련
1911년	2차 모로코 위기
	영불 군사협력 각서 교환
1912년	1차 발칸 전쟁
	독일, 육군력 증강(신 육군법 제정)

1913년			2차 발칸 전쟁
			프랑스, 작전계획 17호 수립
			러시아, 대 프로그램great program 마련
1914년	6월		
	20일		프린치프 일행, 보스니아 잠입
	28일		사라예보에서 오스트리아 황태자 피살
	7월		
	5일		호요스, 베를린 도착
			빌헬름, 오스트리아 지원 약속(백지수표 외교)
	6일		빌헬름, 3주간 북유럽 요트 휴가 출발
	7일		오스트리아 각료회의, 세르비아 대응에 대한 내부혼선 표출
	15일		포앵카레와 비비아니, 북유럽 순방을 위해 프랑스 출발
	19일		오스트리아, 세르비아에 대한 최후통첩 최종안 준비
	20일		포앵카레와 비비아니, 러시아 도착
	22일		사조노프, 오스트리아의 강경 대응에 대해 경고
	23일		포앵카레와 비비아니, 피터스버그 출발
		18:00	오스트리아, 세르비아에게 최후통첩 전달
	24일	15:00	러시아 각료회의, 세르비아 지원 방침 결정
	25일	18:00	세르비아, 오스트리아 최후통첩 거부
			오스트리아-헝가리, 세르비아와 외교관계 단절
			니콜라스, 사전동원조치 선포
	26일		몰트케, 벨기에에 대한 최후통첩 초안 준비
			독일, 국지화정책 촉구
			그레이, 4개국 중재회의 제안
	27일		빌헬름, 북유럽 요트 휴가에서 복귀
	28일	아침	빌헬름, 세르비아의 답변내용 보고 전쟁원인 소멸 판단
		13:00	오스트리아-헝가리, 세르비아에 선전포고
			빌헬름, '베오그라드에서의 정지' 제안
		저녁	사조노프, 두 개의 동원령(총동원 · 부분동원) 준비

		러시아 장군들, 총동원 필요성 역설
29일	01:00	니콜라스와 빌헬름 전보 교환(자제와 평화 촉구)
	아침	니콜라스, 두 개의 동원령에 서명
		포앵카레와 비비아니, 북유럽 순방에서 조기 귀국
		오스트리아, 베오그라드에 포격
	18:30	빌헬름, 영국의 중립 가능성 전문 접수
	20:00	니콜라스, 총동원령 승인
		빌헬름, 니콜라스에 총동원 자제 호소
	21:30	니콜라스, 총동원령 취소 및 부분동원 발령 지시
30일	정오	몰트케, 동원 필요성 역설
		러시아 장군들과 사조노프, 니콜라스에게 총동원 간청
	17:30	몰트케, 콘라드에 전보 발송(러시아에 대한 동원촉구)
	18:00	러시아, 총동원령 발령
31일		오스트리아, 총동원령 발령(러시아에 대한 동원)
		독일, 러시아에 동원령 취소 최후통첩
		조프르, 총동원 1일 지체시 15~25km 영토 상실 경고
8월		
1일	09:00	조프르, 내각에 총동원 역설(불수용시 사임 협박)
	12:52	베를린, 러시아에 선전포고 전문 발송
		캉봉, 그레이에 영불 군사협력 의무 이행 촉구
	15:45	프랑스, 총동원령 승인
	17:00	빌헬름, 총동원령 승인
	17:15	독일, 영국 · 프랑스 중립이 가능할 수 있다는 전문 접수
		빌헬름의 서부전선 동원 중지 지시와 몰트케의 반대
	19:00	독일, 러시아에 선전포고
	23:00	빌헬름, 영국 중립 불가능 전문 접수. 총동원 재명령
		독일군, 룩셈부르크 침공
2일	18:00	영국 각료회의, 프랑스에 대한 해군 지원 결의
	19:00	독일, 벨기에에 통로개방 요구 최후통첩 전달
3일	07:00	벨기에, 독일의 최후통첩 거부

	15:00	그레이, 하원 연설(영국의 참전 촉구)
	17:00	영국 내각, 벨기에 중립 존중 입장 확인
	18:30	독일, 프랑스에 선전포고
4일	**08:02**	독일군, 벨기에 국경 침공
	정오	벨기에, 러시아 · 프랑스 · 영국에 도움 요청
	14:00	영국, 자정까지 벨기에 중립 존중 최후통첩
	19:30	베트맨, 영국이 "종이 한 조각" 때문에 참전한다고 비난
	23:00	영국, 독일에 선전포고
5일		영국 전시내각, 프랑스에 대륙원정군 파병 결정
6일		오스트리아-헝가리, 러시아에 선전포고
		세르비아, 독일에 선전포고
12일		프랑스 · 영국, 오스트리아-헝가리에 선전포고

서론

불필요한 비극, 다시 일어날 수 있다

전쟁은 왜 일어나는가? 탐욕과 영광을 위해서인가? 아니면 두려움과 공포 때문에, 잘못된 환상과 오해 때문에 일어날 수도 있는가? 만약 어느 일방이 전쟁을 원한다면 이를 저지하려는 쪽에서는 방법이 없다. 굴복하든지 아니면 항전을 선택해야 한다. 힘을 통해 평화를 지켜야 한다. 그러나 아무도 전쟁을 원하지 않았는데, 대규모 재앙이 발생했다면 이는 어떤 연유에서인가? 상대방을 파괴하는 능력을 키우지 않고서는 자신을 방어할 수 없다면 어떻게 되는가? 1차 대전은 그런 전쟁이었다. 1914년에는 히틀러도 없었고, 무솔리니도 없었으며, 도조 히데키도 없었다. 대재앙이 터졌는데도 전범을 지목하기 어려운 이상한 전쟁이었다. 침략자가 없는 전쟁은 어떻게 일어나는가? 의도하지 않은 전쟁이 발발하지 않도록 하기 위해서는 무엇을 해야 하는가? 이것이 바로 1차 대전이 우리에게 던지는 질문들이다.

인류 역사상 처음 경험한 이 지구적 차원의 대전쟁은 그 규모와 폐해, 그리고 역사적 여파가 엄청났다. 기본적 구도는 프랑스, 러시아, 영국의 삼국협상Triple Entente 국가들과 독일, 오스트리아-헝가리 동맹 진영 간의 충돌이었지만, 유럽뿐 아니라 지중해, 아프리카, 아시아 태평양, 그리고 남아메리카 해안에 이르기까지 전 세계의 국가들이 뛰어든 전쟁이었다. 4년이 넘는 전쟁기간 동안 6천 5백만 명이 동원되었고, 이중 절반 이상이 피해를 입었다. 목숨을 잃은 사람들만 1천만 명에 달했고, 부상자는 2천만 명이 넘었다. 여기에 실종되거나 기아와 질병 등 전쟁과 관련해 사망한 사람들이 또 1천만 명이 넘는다.[1] 독일은 180만여 명을 잃었는데 이는 독일의 15세 이상 징집가능 남성의 13%에 해당하는 것이다. 프랑스는 138만 명, 러시아는 50만에서 200만 명, 그리고 오스트리아도 90만 명에 이르는 희생을 치렀다. 영국은 95만여 명이 전사했는데, 서부전선에 배속된 경우 거의 절반이 중상을 입거나 고향 땅을 밟지 못했다.[2] 사지가 절단되거나 시력을 상실한 중상자들은 헤아리기 어려울 정도였다.

인명 피해 못지않게 1차 대전이 이후 역사에 미친 여파 역시 막대했다. 러시아에서는 전쟁 와중에 공산혁명이 일어나 제정이 붕괴되고 인류 최초의 공산국가인 소련이 탄생했다. 오스트리아-헝가리 제국도 무너지면서 천 년의 합스부르크 역사에 종지부를 찍었다. 이 와중에 폴란드와 핀란드, 그리고 발트 3국이 독립했고, 헝가리 공화국과 세르비아 · 크로아티아 · 슬로베니아연합왕국이 수립되는 등 오늘날과 유사한 유럽의 국경이 드러났다. 또한 오스만 제국이 해체되고 이라크, 시리아, 사우디아라비아가 탄생하면서 현대 중동의 모습이 나타난 것도 1차 대전의 부산물이었다. 포성은 멎었지만 예전과는 모든 것이 달라졌다. 비옥하던 농토는 황무지로 변했고, 흉측한 몰골만 남은 수많은 도시와 마을엔 사지가 절단된 남성들, 고아와 과부들만 넘쳐났다. 입헌정치, 대의정부가 자리 잡아가고 있던 계몽된 유럽의 문명은 급속히 훼손되었고, 경제는 엉망이 되었으며 씁쓸한 복수의 유산만이 남았다. 전쟁이 끝난 지 15년이 지나지 않아 유럽도처에서 전체주의가 득세한 것은 이런 토양 때문이었다.

전쟁은 공기를 깨끗하게 한다

그렇다면 1차 대전은 왜 발발한 것일까? 누구의 잘못인가? 피할 수는 없었는가? 유럽의 한 세대를 앗아갈 비극을 감내하면서까지 얻고자 했던 것은 무엇일까? 전쟁을 결정한 사람들은 이런 결과를 예측이나 했을까? 아니, 누군가가 목표를 갖고 일으킨 것은 맞는가? 어쩌면 아무도 원치 않았는데 알 수 없는 힘에 떠밀려 그냥 터져버린 것은 아닌가? 전쟁 전야에 나타난 유럽의 분위기는 기이할 정도로 열광적이었다. 전장으로 향하는 군인들의 총구에 소녀들은 꽃을 꽂아주었고 시민들은 축제 분위기 속에서 이들을 환송했다. 유럽 전역의 젊은이들은 신병 모집소로 벌떼같이 몰려들었다. 프랑스 총참모부는 소집통지를 받은 예비군의 응소율 목표를 87%로 잡았는데, 결과는 98.5%에 육박했다.[3] 프랑스 사람들은 이 전쟁을 정의와 자유를 수호하는 십자군 전쟁이라고 생각했고, 독일인들은 문명을 구하는 싸움이라고 믿었다.

또한 거의 모든 사람들이 전쟁이 단기간에 끝날 것으로 믿었다. 빌헬름 황제는 8월 첫째 주에 출정하는 자신의 군대에게 "여러분들은 낙엽이 지기 전에 집으로 돌아갈 것"이라고 장담했다. 서부전선으로 떠나는 한 독일군 장교는 한 달 내에 파리의 카페에서 아침을 먹을 수 있다고 생각했고, 러시아 황실 근위대 장교는 베를린에 입성할 때 입을 정장을 언제 챙겨야 할지 고민했다.[4] 심지어 평화를 견디지 못하고 전쟁을 미화할 정도였다. 오스트리아의 참모총장 콘라드Conrad von Hötzendorf 장군은 "질질 끌기만 하는 이 구역질나는 평화"라고 불평했고, 독일의 재상 베트맨-홀베크는 "전쟁은 공기를 깨끗하게 만드는 뇌우"라고 말하기도 했다. 전쟁이 물질적 풍요로 인한 국가적 퇴폐와 도덕적 타락을 정화시킨다는 것이다.

> 전쟁은 아름답다. 전쟁의 위대함은 인간 정신을 고양시킨다. 이로써 우리의 마음은 세속적인 것, 매일 매일의 일들을 초월한다. 홀로 침대에 누워 공허한 죽음을 맞는 것보다 전쟁기념관에서 다른 영웅들과 함께 영원히 사는 것이 훨씬 아름답고 훌륭하다. 우리는 신의 문을 두드리기를 기원한다.[5]

1914년 독일 육군 기관지는 노골적으로 전쟁의 유익함과 영광에 대해 선전했다. 민중들도 위기가 불러온 짜릿함에 전율하며 환호했다.[6] 중산층은 물질적 풍요 속에서 희미해져 가는 삶의 목적과 사명이 다시 분명해지는 느낌을 가졌다. 가난한 자들은 술과 마약, 고된 노동으로 감각을 마비시키며 하루하루를 버티는 대신 누군가에 대한 증오심을 폭발시키며 처음으로 나라의 주인이라 여겼다. 맹목적 애국주의는 지식인들도 감염시켰다. 헤르만 헤세Hermann Hesse는 "따분한 자본가의 평화로부터 벗어나는 것은 독일에 유익하다"고 말했고, 토마스 만Thomas Mann은 비스마르크Otto von Bismarck의 평화가 지겹다고 불평하면서 전쟁은 "정화요 해방이요 거대한 희망이다"라고 했다.[7] 독일의 저명한 역사학자 마이네케Friedrich Meinecke는 전쟁이 터지자 "우리 민족에 대한 깊은 확신과 환희가 내 영혼을 가득 채웠다"고 감격스러워했다.[8] 오스트리아에서 태어났지만 늘 떠돌아다니는 자유주의자의 삶을 살았던 릴케Rainer Maria Rilke조차 조국과 자신이 복수심으로 연결되어 있다고 고백하기도 했다. 이제 모든 것이 변한듯했다. 삶이 지겨운 부자도, 실업자와 막노동자도, 시인도, 정치인도 모두 팔짱을 끼고 하나가 된 것 같은 연대감을 느꼈던 것이다.

독일의 부상과 유럽 정치구조의 동요

그러나 유럽이 마치 장님처럼 스스로 비극 속으로 뛰어든 것은 국수주의적 징고이즘Jingoism에 취해 있었기 때문만은 아니었다. 보다 구조적인 측면에서 당시 국제정치 역학이 변하고 있었다는 점이 문제였다. 즉, 당대의 해양패권국인 대영제국과 부상하는 신흥 팽창국인 독일이 점점 더 화합하기 어려운 상태로 발전하고 있었던 것이다. 1871년 통일국가를 달성한 이래 국력이 급속히 커지고 있던 독일은 모험주의적인 군주 빌헬름 2세Wilhelm II 치하에서 야심적인 팽창정책을 추구하기 시작했다. 국내 공업생산이 과잉상태에 이르자 산업자본가들은 해외식민지 개척을 요구했고, 이것이 황제의 정치적 욕망과 잘 맞아떨어진 측면도 있었다. 군부도 식민지 획득 없이 독일은 좁은 영토 안에서 강대국들에 의해 뭉개지고 질식해버릴 것이라고 외쳐댔다.[9]

그러나 당시 아시아나 아프리카의 많은 지역은 영국과 프랑스 등 기존 강대국들이 선점하고 있었다. 따라서 이를 비집고 들어가기 위해서는 강력한 군대, 특히 해군력이 필요했다. 이에 독일은 공세적으로 해군력 건설에 매달렸고, 이를 대영제국의 해상패권에 대한 도전으로 받아들인 영국은 민감하게 반응했다. 1900년대 초반부터 10년 이상 지속된 독일과 영국의 치열한 건함경쟁은 바로 이런 배경 때문이었다. 군비증강에 나선 것은 두 나라만이 아니었다. 러시아는 1913년 병력과 중화기를 대폭적으로 증강하는 5개년 프로젝트인 '대(大) 프로그램great program'을 진행하고 있었고, 프랑스는 종래 요새에 의존하는 방어위주 작전계획을 폐기하고 기동성에 바탕을 둔 공격 위주의 군으로 전면 개편했다. 모두가 독일의 팽창주의에 맞서고

자 하는 자강 노력들이었다. 특히, 공격지상주의는 마법처럼 유럽의 군사 전략가들을 사로잡고 있었다. 전쟁은 짧고 결정적일 것이며, 선제공격만이 승리의 유일한 공식으로 인정되었다. 극한까지 밀어붙이는 공격, 무자비하고 지칠 줄 모르는 추격, 약진, 담력이 칭송받는 분위기였다.

빌헬름 2세의 팽창정책은 또한 독일의 외교적 고립을 불러왔다. 특히 아프리카 진출의 거점인 모로코 지배를 둘러싸고 프랑스와 독일이 충돌했던 두 차례의 모로코 위기가 그 발단이었다. 이 과정에서 독일이 보여준 강압외교를 계기로 영국과 프랑스는 급속히 가까워졌고, 원래 서로 혐오하며 두려워하던 영국과 러시아도 협조적인 관계로 변모했다. 오래된 원한과 적대감도 새로운 위협 앞에서는 접어둘 수밖에 없었던 것이다. 이렇게 되자 비스마르크가 그토록 고심하며 구축해 놓은, 독일을 중심으로 한 유럽의 동맹체제는 와해되었고, 독일은 고립되고 포위된 지경에 놓이게 되었다. 프랑스로서는 1871년 프로이센-프랑스 전쟁에서 독일에게 당한 굴욕적인 패배를 되갚을 수 있는 조건이 만들어지고 있는 듯했다. 막대한 전쟁배상금과 알자스-로렌Alsace-Lorraine 지방의 상실을 강요받은 프랑스인들은 "절대 그것을 말하지 말라. 항상 그것을 기억하라."고 되뇌고 있던 상황이었다.[10] 빅토르 위고Victor Hugo는 "프랑스는 오직 한 가지 생각만을 가질 것"이라며 "군대를 재건하고, 국력을 모으고, 신성한 분노를 북돋울 것"을 다짐했다.[11] 이렇게 요동치는 서유럽 열강들 간의 역학변화와 함께 동남부 발칸지역은 언제나 유럽의 화약고와 같았다. 민족과 국가 간의 반목과 증오가 뒤얽혀 있어서 언제 어디서 전쟁이 터져도 전혀 이상할 것이 없다고 얘기될 정도였다. 1914년 여름 어느 일요일 아침, 마침내 화약고에 불을 댕긴 사건이 발생했다. 오스트리아의 황태자가 세르비아 민족주의자들에게 암살당한 것이다. 이후 경직된 동맹체제로 엮여 있던 유럽의 모든 국가들이 하나둘씩 전쟁으로 빨려 들어가는 데는 한 달 남짓밖에 걸리지 않았다.

침략자 없는 전쟁

이렇게 보면 1차 대전은 어쩔 수 없는 역사의 필연처럼 보인다. 제국주의적 에토스ethos가 지배하던 20세기 초 유럽의 지도자들은 전쟁의 당위성과 불가피성을 숙명으로 받아들였다. 숭고한 사명처럼 여긴 분위기도 존재했다. 그러나 1910년대의 유럽이 파국이란 단일 시나리오로 향했던 것은 아니었다. 1914년 유럽의 여름은 풍요로웠고 교류와 협력도 활발했다. 두 차례의 모로코 위기와 발칸 전쟁이 있었지만 모두 외교적 해결로 타결되거나 국지적 충돌로 그친 바 있었다. 또한 유럽 대륙에서의 대규모 전쟁은 불가능하다는 믿음이 설득력 있게 제기되기도 했다. 노만 앙겔Norman Angell이 쓴 당대의 베스트셀러 『위대한 환상The Great Illusion』은 밀접해진 경제적 상호의존으로 인해 유럽에서 더 이상 전쟁이 가능하지 않다고 논증했다.[12] 승자와 패자 모두 전쟁으로 인한 이득보다 막대한 피해를 입을 것이 명확한 상황에서 어리석게 전쟁을 일으킬 국가는 없다는 것이다. 이 책은 11개 국어로 번역되어 유럽 전역의 대학에서 읽힐 정도로 폭넓은 호응을 받았다. 또한 영국 전쟁위원회 의장이던 에셔Esher는 "공격적인 전쟁이 얼마나 어리석은 짓인가는 새로운 경제적 변수들을 통해 분명하게 증명할 수 있다"고 단언하기도 했다.[13] 보통의 유럽인들도 평화의 시대가 계속될 것이라는 안락함에 빠져 있었다. 투자가들은 국채의 가치가 오십 년 내지 백 년 후에도 그대로 유지될 것으로 믿었다. 영국에서는 집주인이 주택을 임대하면서 그 기간을 무려 99년, 심지어 999년으로 계약할 정도로 유럽의 평화와 안정은 거의 영구적일 것으로 여겨졌다.[14]

유럽 각국의 최고 지도자 모두가 전쟁을 적극적으로 받아들인 것은 아니었다. 오히려 고비 때마다 주저하고 움츠려들면서 어떻게든 전쟁을 막아보기 위해 안간힘을 쓴 경우가 많았다. 애초에 오스트리아에 대한 전폭적 지원을 호기롭게 약속한 독일 빌헬름 황제가 대표적이었다. 막상 위기가 다가오자 극도로 위축된 그는 강경한 오스트리아를 자제시키기 위해 애를 썼고, 이후에도 군부와 충돌하면서까지 프랑스와의 전쟁을 피해보려고 마지막까지 노력했다. 러시아 황제 니콜라스 2세Nicholas II도 이종사촌이었던 독일 빌헬름 황제와 긴급히 전보를 주고받으며 상황을 진정시키고자 했다. 동원령을 내리면서도 이는 전적으로 예방적 차원일 뿐 전쟁은 절대로 원치 않는다는 호소였다. 프랑스의 수상 비비아니René Viviani도 마찬가지였다. 그는 당장 총동원령을 내려달라고 물고 늘어지는 조프르Joseph Joffre 참모총장에 대해 마지막 순간까지 파국을 막아보려고 버텼다. 또한 독일 베트맨 재상은 전쟁이 발발한 직후에 자신의 사무실을 방문한 전임 재상 뷜로우Bernhard von Bülow가 어떻게 이 모든 것이 일어났는지 묻자, "오, 내가 알 수만 있다면!" 이라며 탄식하기도 했다.[15] 이 모든 정황들은 1차 대전이 특정 국가들이 의도적으로 추진한 정책의 산물이 아님을 시사하고 있다.

물론 유럽 각국의 군부는 일찌감치 전쟁이 불가피하다고 판단했고, 그렇다면 유리한 조건에서 선제적 공격이 유리하다고 믿었다. 최소한 상대보다 늦게 움직여서는 승산이 없다는 것이 그들의 판단이었다. 프랑스 참모총장 조프르는 자신의 병사들이 아직도 막사에 있는 동안 독일군 부대가 은밀히 프랑스로 밀고 내려올 것을 걱정했다. 동원령이 24시간 지체되면 15내지 25km의 영토를 잃게 된다고까지 주장하기도 했다. 특히 지정학적 위치상 양면전쟁에 직면해 있던 독일은 러시아의 굼뜬 동원이 완성되기 전에 서부전선에서 프랑스를 신속히 제압해야 한다는 절박함에 시달렸다. 나라를 불문하고, 국경지대로 얼마나 많은 병력을 얼마나 빠르게 이동시킬 수 있는지가 전쟁의 승패를 좌우한다고 여겨지던 시대였다. 어느 한 국가에서 내려진 동원령이 설령 예방적 차원에서 이루어진 조치라 하더라도 상대방을 긴장시키고 연쇄적인 에스컬레이션escalation을 가져온 것은 이 때문이었다.

이렇듯 군주와 수상은 뒤로 물러서고 싶었지만 군사적 필요성은 그들을 앞으로 내몰았다. 돌이켜 보면 그 군사적 필요성이라는 것만큼 허망한 것도 없었다. 4년이나 지속될 지루한 참호전이 펼쳐질 것을 알았다면 그토록 동원령과 선제공격에 집착할 이유는 전혀 없었기 때문이다. 공격지상주의 신화, 단기전의 환상은 누가 누구에게 심어준 허상의 신념이었던가? 그럼에도 불구하고 일단 전쟁 머신이 작동하자 이를 멈출 수 있는 사람은 아무도 없었다. 어느 순간 권력이 황제와 재상의 손을 떠나 총참모부로 이동한 것이다. 1차 대전도 인간 결정의 산물임은 분명하다. 누군가는 전쟁을 준비했고 건의했으며 결심했다. 그러나 심지어 독일에서도 국가적 차원의 일치된 전략적 결정이 있었던 것은 아니었다. 1차 대전이 "사전에 계획하여 의도적으로 풀어낸unleash 것이 아니라, 오스트리아에 대한 동맹 의무를 수행하는 과정에서 터져 나온break out 것"이라는 설명은 이 같은 맥락을 지적한 해석이다.[16] 어떻게 보면 오스트리아와 세르비아간의 국지전, 즉 제3차 발칸전쟁으로 끝날 수도 있는 상황이었다.

의도하지 않았던 1차 대전 vs.
의도하지 않아도 일어날지 모르는 한반도 전쟁

의도하지도 않았는데, 피하려고 몸부림쳤는데도 어떻게 이런 대전쟁이 일어날 수 있는가? 백 년 전에 가능했다면 앞으로도 일어날 수 있지 않을까? 아무도 원치 않는 전쟁이 터져 나오지 않기 위해서는 어떻게 해야 하는가? 1차 대전이 특별히 비극적인 것은 잘못된 믿음 때문에 필요하지 않은 전쟁이 일어났다는 점이다. 방어가 유리했는데도 공격우위의 악몽에 짓눌렸고, 전쟁이 불가피하지 않았는데도 어느 순간 체념하고 숙명으로 받아들였다. 유사시에 대비하기 위한 준비였건만 그 준비는 언제부턴가 자체 논리에 의해 움직였고 아무도 이를 저지하지 못했다. 탐욕이 아니라 두려움 때문에 일어난 전쟁, 억제를 위한 노력 때문에 억제가 깨진 전쟁이 바로 1차 대전이었다.[17] 다른 한편 1차 대전은 민군관계와 위기관리 실패의 전형적인 사례였다. 외교와 군사가 단절되었고, 정치와 군사관계가 역전되는 모습을 보였다. 장군들은 정치, 외교적 통찰이 부족했고, 정치인과 외교관들은 동원령에 내재된 위기불안정의 속성을 이해하지 못했다. 이론적인 전쟁계획이 시작되면 이것이 어떻게 작동하는지, 일단 부대배치가 시작되면 어떻게 돌이킬 수 없는 사태가 초래되는지 알지 못했던 것이다.[18]

잘못된 정세판단, 군사와 외교의 단절, 위기관리에 대한 몰이해, 1차 대전에서 드러났던 이 어처구니없는 오판이 오늘날 우리에게 주는 교훈은 무엇인가? 한반도는 전 세계에서 대규모 전쟁이 발생할 가능성이 남아 있는 몇 안 되는 위험한 지역 중 하나다. 특히, 북한의 핵 무장이 현실화되면서 대북 선제공격론도 거론되고 있다. 전통적 의미의 대북 억제뿐 아니라 신중한 위기관리가 더욱 요구되는 상황이다. 우리의 군사지도자들은 선제공격의 유혹과 두려움에 굴복했던 유럽의 장군들과 달리 한반도 전략상황에 대해 냉철한 평가를 하고 있는가? 또한 우리의 정책결정자들은 '힘을 통해 평화를 지킨다.'

는 구호만 외치며 무모한 담력게임을 이어 갔던 유럽의 정치인들과 달리 억제와 위기관리의 미묘한 균형을 조절해나갈 역량이 있는가? 그리고 군부가 준비한 작전계획과 동원령이 가져올 위기증폭 효과에 무지했던 유럽의 외교관들과 달리 우리의 민군관계는 외교와 군사를 조화시켜 나갈 만큼 성숙되어 있는가?

혹자는 1차 대전이 평범한 지도자의 능력부족과 실수 때문에 발생했다고 한다. 1914년의 위기를 이끌었던 당시의 인물들은 성격과 역량 면에서 수세기에 걸쳐 가장 낮은 수준이었다는 혹평도 있다. 독일 빌헬름 황제는 나약하고 불안정하며 열등감에 시달린 인물이었으며, 66년간이나 제위에 있었던 오스트리아 요제프Franz Joseph 황제는 늙고 지쳐서 재상과 참모총장의 손에 놀아날 정도였다는 것이다.[19] 러시아 짜르 니콜라스 2세 역시 군주의 자리를 감당하기에는 턱없이 부족한 인물이었다. 공적인 업무엔 냉담할 정도로 무관심한 데다가 고집은 세고 지적 능력은 부족하다는 것이 그를 따라다니는 평가였다. 뿐만 아니라 이들 군주를 보좌하는 재상과 외상들은 위기를 다룰만한 전문적 식견이 부족하고 우유부단했으며, 장군들은 단견에 매달리면서 지나치게 무모했다. 폭풍우가 몰아치는 이 시기에 탁월한 지도자가 없었다는 것이 당시 유럽인들의 불행이었는지 모른다.

그러나 개개인의 능력이 어떠했든 당대 인사들에 대한 이러한 평가는 가혹한 측면이 있다.[20] 오판과 실수는 분명 있었지만, 비밀외교가 횡행했고 정보는 항상 모호했으며 확실한 정세판단은 불가능한 상황이었다. 수많은 조각조각의 사건들을 퍼즐 맞추듯이 일관되게 해석해내는 역사가의 사치란 당대의 인물들은 누릴 수 없는 것이었다. 앞으로의 역사에서도 당시의 지도자들보다 더 현명하고 사려 깊은 인물이 위기의 순간에 그 자리에 있으리라는 보장도 없다. 또한 두 차례의 모로코 위기에서 보듯이 꼭 탁월한 몇 명의 지도자 덕분에 그 전의 분쟁들이 전쟁으로 발전하지 않았던 것은 아니었다. 그렇다면 1차 대전의 발발을 어떻게 이해해야 하는가? 개개인의 실수나 한계가 아니라면 인류의 지성에 심각한 회의를 던지게 만든 이 대재앙은 그럼 무엇 때문에 발생한 것인가? 이디서부터 잘못된 것인가? 이제 추리소설의 탐정처럼 모든 증거를 추적하며 범인을 찾아나서는 것이 가능해졌다. 인물들은 사라졌지만 그들이 나눴던 대화, 각종 문서와 편지, 그리고 일기와 회고록은 남아 있다. 그 추적을 비스마르크가 떠나면서 유럽의 정세가 요동친 1890년대부터 시작한다.

PART 01

위험한 생각

CHAPTER

01

떠나는 유럽의 항해사

1890년 3월 29일 베를린 근교 레어테Lehrte 역에 수많은 인파가 모여들었다. 삼십 년 가까이 오로지 조국 독일에 헌신했던 노(老) 재상 비스마르크가 마침내 권좌에서 물러나 자신의 영지로 떠나는 길이었다.[21] 모자와 손수건을 흔드는 사람, 기차를 향해 꽃을 던지는 사람, 깃발을 흔들며 환호하는 사람들로 역 주변은 긴 행렬을 이루었다. 독일 국가가 울려 퍼지고 '라인강의 수비대'를 합창하는 노랫소리가 거리를 가득 메웠다. 1871년 독일 통일의 위업을 이루고 승리의 날에 부르던 찬가였다. 국민들뿐 아니라 고위관료, 외교관, 황실 사령관들도 플랫폼에 나와 독일 정계 거물의 퇴장에 대해 예의를 갖췄다. 이 떠들썩한 환송을 뒤로 하고 비스마르크는 여우 모피로 장식된 일등석에 앉아 눈을 감았다. 숨 가쁘게 살아온 지난날이 떠올랐고 철혈재

➡ 비스마르크 해임을 풍자한 영국 잡지 punch 1890. 3. 29일자 삽화

상의 눈에는 눈물이 흘렀다. 그러나 그것은 북받치는 감격과 감사의 눈물은 아니었다. 75세에 이르도록 과도한 업무에 시달리며 떠맡아온 공무에서 해방되었건만, 오히려 분노와 슬픔, 미련과 회한의 감정이 밀려왔다. 자신의 뜻과는 다르게 젊은 황제에 의해 쫓겨나다시피 해임됐기 때문이었다.

비스마르크가 누구이던가? '피와 땀과 눈물'로 독일 역사상 최초로 통일의 위업을 이루어낸 인물, 그리고 이후에는 신생국가의 안정을 위해 노심초사한 제국의 실질적 총지휘자였다. 노동, 산업정책과 같은 내정이든 외교와 군사와 같은 대외정책이든 비스마르크의 손을 거치지 않는 국가의 중대사는 거의 없을 정도였다. 그런 인물이 독일 정계에서 사라진다는 것은 무엇을 의미하는가? 더욱이 자신의 의지에 반해서 해임되었다면 독일은 이제 누가 어떤 방향으로 이끌어가게 될 것인가? 비스마르크의 실각에 대해 독일 이웃국가들은 곤혹스러워하며 불안해했다. 유럽의 안정과 평화라는 비스마르크가 추진해 온 독일의 대외노선이 그의 몰락과 함께 변하게 될 것을 두려워했기 때문이었다.

동맹을 찾고 또 찾다

비스마르크가 추구해온 대외정책의 핵심은 독일을 중심으로 구축된 외교망을 통해 프랑스를 고립시킴으로써 독일의 안전을 확보하는 것이었다. 갓 태어난 신생 제국인 만큼 어렵게 획득한 지위를 유지하기 위해 그는 항상 주변 강대국들을 예의주시했다. 특히 그는 프랑스의 복수를 항상 염려했다. 빅토르 위고는 "전 국민의 군대를 조직하고, 쉬지 않고 일하고, 적들의 방법과 기술을 연구하여 위대한 프랑스"로 다시 태어나자고 호소하고 있는 상황이었다.[22] 비스마르크는 프랑스가 패전의 충격에 벗어나 힘을 키워갈 가능성을 늘 경계했다. 전쟁배상금 50억 프랑도 예상보다 앞당겨 갚았으며, 이에 따라 프랑스 영토에 주둔하던 독일군이 조기 철수한 것도 신경이 쓰였다. "장차 독일의 주된 위협은 프랑스가 유럽의 군주국과 다시 동맹을 체결할 수 있게 되는 그 순간부터 시작될 것입니다." 비스마르크가 1872년 빌헬름 1세에게 보낸 편지에서 한 경고였다. 숙명적인 경쟁국으로서 불필요하게 자극하거나 대립할 필요는 없었지만 외교적으로는 철저하게 고립시켜야 할 나라가 프랑스였던 것이다.

그러자면 독일을 구심점으로 하는 동맹 체제를 구축하여 프랑스를 에워쌀 필요가 있었다.[23] 출발은 1873년 러시아, 오스트리아 제국과 맺은 삼제동맹이었다. 독일 빌헬름 1세, 러시아 짜르 알렉산드르 2세, 그리고 오스트리아 요제프 황제 등 3개 군주국 간에 맺어진 보수적인 협조체제를 말한다. 3국은 어느 한 나라에서 일어날 수 있는 모든 사태에 대해 공동보조를 취하기로 약속했는데, 이는 독일의 대외안정을 보장하는 기초적인 토대로 간주되었다. 그러나 러시아를 완전히 신뢰할 수 없었던 비스마르크는 1879년 오스트리아와 2국동맹을 성사키기도 했다. 러시아의 공격에 대비해 오스트리아의 원조를 약속받는가 하면 프랑스가 독일을 공격할 경우엔 중립을 담보받고자 한 것이다.

물론 오스트리아와의 2국동맹은 3제동맹과는 모순관계에 있었다. 한쪽에서 러시아는 동맹국이었고 다른 한쪽에서는 잠재적 적대국으로 상정되어 있었기 때문이다. 이런 이유로 2국동맹은 체결된 지 10년이 넘도록 비밀로 부쳐져 있었다. 빌헬름 1세조차 2국동맹에 대해 불편해 했다. "러시아의 등 뒤에서 이루어진 비열한 행위"라는 것이다. 그러나 비스마르크는 개의치 않았다. 조국의 안전에 도움이 된다면 무슨 일이든지 마다하지 않는 그였다. 물론 그도 독일이 러시아와 전쟁을 할 가능성은 낮게 보았다. 하지만 러시아와 프랑스간의 제휴 가능성에는 대비할 필요가 있었고, 따라서 오스트리아와의 동맹을 '전략상의 보조수단'으로 합리화했다. 비스마르크는 그러나 여기서 만족하지 않았다. 그는 마치 중독된 것처럼 동맹 파트너를 계속 찾아 나섰고 마침내 1882년에는 삼국동맹Triple Alliance을 성사시켰다. 오스트리아와의 2국동맹에 이태리를 추가하여 프랑스와의 전쟁 시 서로를 지원하기로 약속한 것이다. 아프리카 등지의 식민지 경쟁에서 프랑스에 밀려난 이태리로서는 반대할 이유가 없었다. 이로써 비스마르크는 프랑스를 제외한 유럽의 주요 국가들을 중첩적으로 엮어서 동맹망을 완성했으며, 이를 독일 안전의 토대로 삼았다.

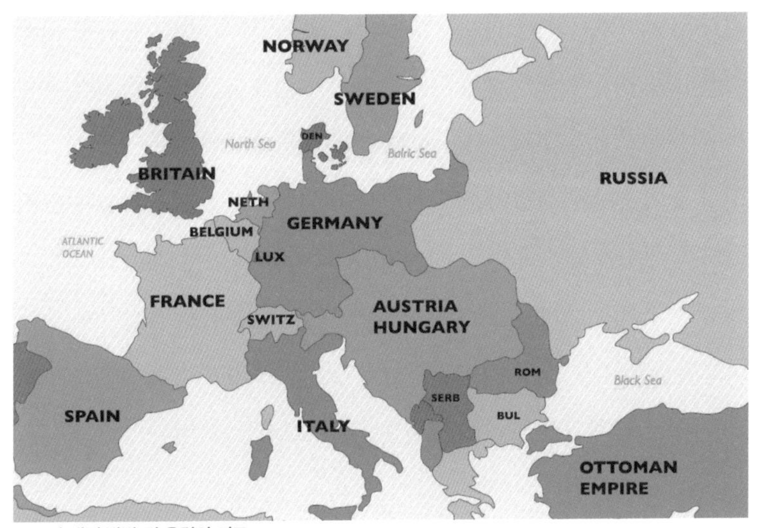

➡ 1차 대전 발발 전 유럽의 지도

한편 비스마르크는 주변국을 안심시키는 일에도 신경을 썼다. 각고의 노력 끝에 구축해 놓은 우호적인 대외관계를 훼손하지 않기 위해서였다. 특히, 비스마르크는 통일을 달성한 이상 더 이상의 확장은 자제해야 한다고 판단했다. 따라서 식민지 획득 경쟁에 나서는 것에는 부정적이었다.[24] 기왕에 획득한 성취를 위험하게 해서는 안 되며 주변국으로부터 인정받고 신생제국을 안정시키는 것이 급선무였기 때문이었다. "독일제국은 포만상태로 더 이상 바랄 것이 없다"는 것이 그의 생각이었다. 특히 독일이 식민지 경영에 나선다면 대영제국과의 갈등이 불가피해진다는 단점이 있었다. 비스마르크 체제는 영국의 '명예로운 고립splendid isolation' 정책에 의해 암묵적으로 유지되고 있었던 만큼, 영국의 해양패권에 대한 도전은 유럽의 세력균형과 안정을 뒤흔들 것으로 판단되었다. 비스마르크는 기질적으로도 식민주의자는 아니었다. 스스로 "천성적으로 식민지형 인간이 아니다"라고 말하기도 했으며, 무엇보다 약육강식을 합리화하는 사회적 다윈주의를 받아들이지 않았다. 1880년대 중반 일부 식민정책을 추진하기는 했지만 이는 식민경영이 가져다주는 경제적 필요성이라기보다는 지정학적 관점에서 이루어진 조치였다. 오히려 식민지 개척에 필요한 재정적 소요가 그에겐 과중한 부담으로 여겨졌다. 식민정책에 대한 비스마르크의 무관심은 어느 열광적인 식민주의자가 제안한 아프리카 지역 식민계획안에 대한 그의 반응을 보면 알 수 있다.

> 당신의 아프리카 지도는 몹시도 좋군. 하지만 내 아프리카 지도는 유럽에 있소. 여기에 러시아가 있고, 여기에 프랑스, 그리고 그 가운데 우리가 있소. 이것이 바로 내 아프리카 지도요.

제아무리 군주라 해도

이것이 바로 비스마르크가 세심하게 구축한 현상유지적인 유럽 질서의 모습이었다. 그런데 이 모든 것이 젊은 황제의 등장과 더불어 바뀌기 시작했다. 1888년 3월 9일 빌헬름 1세가 91세의 나이로 사망하자 그의 손자 빌헬름 2세가 독일제국의 새로운 군주로 등극한 것이다.[25] 처음엔 비스마르크의 위상에 변화가 없는 듯이 보였다. 할아버지와 아버지를 모두 떠나보내고 황제의 자리에 오른 빌헬름 2세는

➡ 노재상 비스마르크와 젊은 황제 빌헬름 2세

"새로운 주군을 모시기에는 나이가 너무 많이 들었다"며 짐짓 물러서는 모습을 보이고 있던 비스마르크를 붙잡았다. 홀로 국정을 운영할 자신이 없었고 그렇다고 노 재상을 대체할 수 있는 실력 있는 국정 파트너를 찾기도 어려웠기 때문이었다. 비스마르크도 내심 기꺼이 세 번째 황제를 모실 준비가 되어 있었다. "29세의 젊은 황제가 최고의 신하를 저버릴 수는 없을 것"이라며 자신감을 보이기도 했다.

그러나 '새로운 젊은 지주'와 '오래된 늙은 관리인'의 관계가 오래 지속되기는 어려웠다. 시간이 갈수록 빌헬름 2세는 늙은 영웅이 성가시게 느껴졌다. '독일 우위의 화신', '철과 피의 국가원수'로 공경받는 제국 창건자가 갈수록 부담스러워진 것이다. 무엇보다 마치 학생을 가르치는 것처럼 자신을 대하는 재상의 태도가 마음에 들지 않았다. 점차 독자적으로 통치권을 행사하고 싶어 했으나 비스마르크는 이를 "순진한 근위장교"의 충동으로 깎아내리기 일쑤였다. 사실 어떤 군주라도 비스마르크 같은 신하와 원만히 지내는 것은 쉽지 않았을 것이다. '독일 국민의 아버지'라는 영광스러운 평판을 얻은 빌헬름 1세조차 재위 시절에 "비스마르크 밑에서 황제 노릇 하기 쉽지 않다"며 여러 차례 토로했을 정도였다. 이런 신하와 충동적인 성격에 혈기왕성한 20대의 황제가 잘 맞을 리가 없었다. 빌헬름 2세는 비스마르크를 권좌에서 쫓아낸 후 오스트리아 요제프 황제에게 보낸 편지에서 자신의 결정을 아래와 같이 항변하기도 했다.

> 그가 모든 것을 지배하려 했습니다. 그 바람에 내 인내도 한계에 달했습니다. ……. 그 시점에서는 늙은 도전자를 강제로 복종시키든지 아니면 헤어질 수밖에 없었습니다. 왜냐하면 황제든 재상이든 누군가는 우위에 있어야하기 때문입니다.

황제와 재상의 관계가 틀어진 것은 비단 통치 방식만의 문제는 아니었다. 독일이 나아가야 할 핵심적인 정책에 대해 두 사람의 입장은 화해가 어려울 정도로 달랐다. 러시아와의 관계 설정도 그 중 하나였다. 비스마르크는 항상 러시아와의 관계 유지에 각별히 신경을 썼다. 프랑스의 복수에 대비해야 하는 독일로서는 러시아마저 적대적으로 나올 경우 동서 양면 전쟁이라는 최악의 상황을 맞을 수도 있기 때문이었다. 독일과 러시아가 각각 프랑스와 오스트리아의 침입을 받을 경우 서로 중립을 보장한다는 1887년의 독러 재보장조약도 물론 비스마르크의 작품이었다. 황제는 비스마르크의 이러한 친 러시아 동맹노선에 반감을 가지고 있었고 여기에 군부와 일부 비스마르크의 정적들이 가세했다. 이들이 보기에 러시아는 갈수록 반독 성향을 보이며 프랑스에 접근하고 있어서 신뢰할 수 있는 파트너가 아니었다. 오히려 예방전쟁을 통해 제압해야 할 상대로 간주되었다.

황제를 옹호하는 과격파들은 예방전쟁이 빠를수록 좋다고 주장했고, 비스마르크의 동맹정책이 지나치게 신중하고 나약하다고 비판했다. 비스마르크는 단호히 반대했다. "거의 정복할 수 없는 러시아 대제국에 대항하는 전쟁에서 얻을 것은 아무 것도 없다"는 것이 그의 생각이었다. 그러나 황제와의 불화로 그의 입지는 날로 줄어들었고 마침내 1890년 러시아와의 재보장조약 연장기한이 도래하자 빌헬름 2세는 조약의 갱신을 거부했다. 비스마르크 대외 노선의 핵심을 황제가 공식적으로 폐기해버린 것이다. "제 아무리 군주라 하더라도 러시아와의 좋은 관계는 마음대로 변화시킬 수 없는 법입니다." 비스마르크는 항변했지만 아무 소용이 없었다. 빌헬름 황제는 바로 자신이 "스스로의 비스마르크"가 되어 "국가를 항해해 나가는 선장captain of the ship of state"이 되고자 했다.[26]

독일은 양지의 한 자리를 요구한다

비스마르크의 실각을 재촉한 두 번째 이슈는 식민지 정책이었다.

반식민주의자인 비스마르크와는 달리 빌헬름 2세는 해외 팽창론자였다. 그는 유럽 내에서의 강대국Grossmacht이란 지위에 만족하지 않고 세계국가Weltmacht로 발돋움하길 원했다. 독일도 다른 강대국들과 마찬가지로 세계분할에 참가할 권리와 의지가 있다는 것이다. 실제 독일의 경제 규모는 놀라울 정도로 성장했다. 1890년 영국의 절반에 못 미치던 석탄생산량이 1913년에는 영국과 거의 비슷해졌고, 선철 생산량은 영국의 절반 수준에서 1914년에는 영국을 추월할 정도였다.[27] 산업잠재력industrial potential 측면에서도 1900년에는 영국의 71%에 불과했으나 1913년에는 108%에 이르렀다.[28] 국내 공업생산이 차고 넘치자 이를 해외시장에 팔고자 하는 산업자본가들의 욕구도 한층 강해졌다. 1880년대 초반부터는 해외식민지 획득을 촉구하는 식민협회, 범독일협회, 해군협회 등 각종 이름의 시민단체들이 결성되었는데, 모두 날로 커지는 식민 운동세력의 움직임들이었다. 1897년 12월 의회 연설에서 나온 "독일은 양지의 한 자리를 요구한다"라는 외상 뷜로우의 발언 역시 이런 흐름을 반영한 것이었다. 그러나 독일의 안전에 골몰한 현실주의자였던 비스마르크에게 먼 대륙의 식민지 경영이란 위험한 과욕일 뿐이었다.

> 내가 제국 수상으로 있는 한 식민정치를 수행하지는 않을 것이다. 달리지도 못하는 함대를 가진 독일이 식민지 경영을 시작하자마자 프랑스의 희생물이 되어 곧장 사라지고 말, 상처받기 쉬운 그런 먼 세계의 영토를 소유해서는 안 된다.

황제와 식민운동 세력들은 이러한 비스마르크의 자제정책을 더 이상 받아들이고 싶지 않았다. 산업적으로, 정신적으로, 도덕적으로 우월한 게르만 민족이 왜 당당하게 태양 아래 한 자리를 요구하지 못한단 말인가? 독일인들은 이제 자신들의 힘과 넘치는 에너지를 의식하기 시작했고 세상으로부터 제대로 인정받기를 원했다.[29] 1871년 완벽하게 굴복시킨 프랑스도 아프리카, 인도차이나에서 제국을 확장하고 있지 않은가? 예술과 미의 도시로서 파리는 전 세계의 숭배의 대상이 되고 있는데 베를린은 아직도 무시당하는 느낌을 지울 수가 없었다. 빌헬름 2세는 영국 귀족들이 대륙을 여행할 때 파리는 반드시 들르면서도 베를린에는 오지 않는 것을 불쾌하게 생각했다.

> 유럽의 군주들은 내가 하는 말에 관심을 갖지 않았습니다. 우리의 위대한 해군이 내 말을 뒷받침하게 되면 그들은 공손해질 것입니다.[30]

끝이 보이지 않는 건함경쟁

제대로 인정받기 위해서는 힘을 가져야 했다. 특히 '태양이 비치는 곳으로' 항해를 시작하기 위해서는, 즉 영국과 프랑스가 장악하고 있는 지역으로 뚫고 들어가기 위해서는 해군력이 필요했다. 이때 황제의 세계국가론을 구현하기 위해 독일 해군력 증강에 앞장 선 인물

➡ 독일의 해군장관 티르피츠 제독

이 티르피츠Alfred von Tirpitz 제독이었다. 그는 식민지 건설이 강대국이 되기 위한 필수조건이라고 보았는데, 이는 비단 무역기지로서의 역할 뿐 아니라 군사기지와 함대의 연료보급을 위해 반드시 필요했기 때문이었다. 티르피츠는 무려 19년 간이나 해군장관직에 머물면서 독일 해군의 기본 전략과 함대구성을 전면 재편했다.[31] 당시까지 독일 해군은 프랑스나 러시아를 잠재적 위협으로 상정했는데, 티르피츠는 영국을 주된 적으로 삼았다. 또한 함정도 종래에는 기뢰정, 순양함 위주였으나, 대영제국의 함대를 상대하기 위해 대형전함 중심으로 함대구성을 변화시켜 나갔다.

그 첫 번째 결과가 1898년 4월 의회의 승인을 얻은 1차 해군 예산법안이었다. 이에 따르면 1904년까지 총 19척의 전함과 8척의 순양함이 건조될 계획이었다. 이어 1900년 6월에는 2차 해군법안이 통과되었다. 여기에는 1차 법안에서 상정한 함정 수의 두 배에 해당하는 38척의 함정을 1917년까지 확보한다는 내용을 담고 있었다. 그러나 티르피츠의 공세적 해군력 증강이 바로 영국과의 직접적 충돌을 상정한 것은 아니었다. 독일은 지정학적 위치상 해로가 북해와 발트 해에 한정되어 있었는데, 만약 이 해역이 유사시 영국에 의해 봉쇄된다면 견딜 수 없다고 보았던 것이다. 다시 말해 적극적으로 영국을 공격하려고 했다기보다는 영국이 독일을 공격하기 어렵게 만들기 위해 최소한 억제력을 갖춰야 한다는 것이 티르피츠의 계산이었다.[32] 독일의 함정이 영국 대비 3분의 2 수준이면 족하다고 판단한 것도 이런 구상의 일환이었다.

그럼에도 불구하고 영국은 독일의 해군력 증강에 대해 우려를 갖지 않을 수 없었다. 특히 2차 법안이 통과되자 영국은 이를 자신의 해상패권에 대한 도전으로 인식하기 시작했다. 특정한 해외 식민지 쟁탈 문제를 떠나서 해상 주도권이 상실된다면 대영제국 번영의 토대인 해상무역이 위협받기 때문이었다. 영국의 반응은 먼저 적극적인 외교망 구축 정책으로 나타났다. 기존의 명예로운 고립 노선을 벗어나 1902년에는 영일동맹을 체결하고 1904년에는 영불화친조약(영불협상)을 맺은 것이 그 시작이었다. 특히 1898년 파쇼다 사건Fashoda incident에서 보듯이 식민지 쟁탈을 둘러싸고 경쟁적인 관계에 있었던 프랑스와의 관계 개선이 의미가 컸다. 1904년 화친조약을 통해 영국과 프랑스는 이집트와 모로코에서 각자의 배타적 권리를 상호 인정하였는데, 이는 독일에게는 뼈아픈 외교적 패배였다. 결과적으로 독일의 외교적 고립을 가져왔다는 점에서 모로코에 대한 영불합의는 "마치 실수로 독일의 발등을 밟은 척"하는 것으로 여겨졌다.[33]

독일은 모로코를 프랑스의 통제권에 둔다는 양국의 합의에 반발했다. 그리고 이듬해 3월 빌헬름 황제는 모로코의 북부 해안도시 탕

➡ 1904년 영불협상에 대해 독일이 애써 무관심한 태도를 보이고 있는 풍자 삽화

헤르Tánger를 방문하여 모로코의 독립을 강조하고, 만약 프랑스와 영국과 독립전쟁을 벌일 경우 독일의 지원을 약속하는 등 위기를 조장했다. 결국 1906년 초 스페인 알헤시라스Algeciras에서 모로코 문제를 논의하기 위해 국제회의를 여는 것까지는 성공했으나, 그 결과는 예상외로 독일의 완패였다. 영불간의 합의를 러시아, 일본, 그리고 미국까지 지지하고 나선 것이다. 회의가 끝난 후 독일은 주변국들로부터 포위되어 있음을 비로소 깨닫게 되었다.

빌헬름 2세의 세계정책에 대한 영국의 또 다른 대응은 피셔John A. Fisher 제독에 의해 추진된 해군개혁이었다.[34] 1904년 해군 참모총장에 부임한 피셔는 장차 독일이 영국 해군에 가장 큰 위협이 될 것으로 전망하고 두 가지 차원에서 개혁을 추진했다. 첫 번째 조치는 영국 해군 배치의 변화였다. 즉, 중국과 북아메리카 그리고 남대서양 등지에 주둔하던 함대를 폐지시키고, 대신 영국 본토 부근으로 해군을 집중시켰다. 1902년 영일동맹 체결로 극동지역에서 러시아의 견제는 일본에게 맡길 수 있었고, 더욱이 1904년 러일전쟁에서 러시아가 패배하자 인도에 대한 러시아의 위협도 사라졌기에 취할 수 있었던 조치였다. 또한 1904년 영불 화친 조약으로 프랑스와의 적대관계를 해소하고 나자 프랑스 견제를 목적으로 하는 지중해 함대도 감축하고 본국함대를 보강할 수 있었다. 따라서 독일 위협에 대비하기 위한 본국함대는 영불해협에 대한 방어력을 강화할 수 있었다. 피셔 개혁안의 두 번째 조치는 초대형급 전함을 구축하는 일이었다. 일명 드레드노트Dreadnought라고 불리는 이 전함은 1만 7,900톤의 배수량에 대형 함포로 무장하고 21노트의 빠른 속도로 움직일 수 있었는데 전술적으로도 종래의 근접전투 대신 장거리 함포 전투가 가능해졌다.

➡ 영국 해군 참모총장 존 피셔 제독

영국이 해군력 증강으로 나오자 독일 역시 이에 다시 응전할 수밖에 없었다.[35] 티르피츠는 1905년 10월에 2차 해군법안보다 35% 증액된 해군 증강안을 다시 의회에 제출하여 통과시켰다. 영국 해군의 3분의 2 수준을 유지한다는 목표를 달성하기 위해 독일도 초대형 함정 건조가 불가피했기 때문이었다. 영독 양국 해군이 이렇게 건함경쟁에 뛰어들자 재정적 부담에 대한 국내적 논란도 가중되었다. 영국 해군 예산이 1900년 대비 1914년에는 74%가 증가했고, 독일은 방위비가 1905년에 비해 1914년에 무려 142%나 폭증했다. 이것은 공식

➡ 최초의 드레드노트함, HMS 드레드노트

적인 수치이고 실제 증가율은 300%라는 주장이 있을 정도로 군비증강으로 인한 재정적 압박이 가중되었다. 당시 영국의 자유당 내각은 이를 둘러싸고 심각한 논쟁을 벌였다. 독일 위협을 강조한 해군상 메케나Reginald McKenna와 외상 그레이Edward Grey는 군비증액을 주장한 반면, 재무상 로이드 조지David Lloyd George와 내무상 처칠Winston Churchill은 복지비용 감축을 우려하며 반대하는 입장이었다. 이후 해군 장관으로 임명된 처칠은 독일에게 1년간 해군 함정 건조를 중단하자는 해군 휴식일Naval Holiday을 제안하는가 하면, 독일 함정 수에 비해 영국 해군이 60% 우위를 확보하는 수준으로 대응한다는 대안을 마련하기도 했다. 독일 내부에서도 해군력 증강으로 인한 재정압박이 심해지자 의회 내 보수파와 농업세력 등의 압력으로 재상 뷜로우가 사임하는 사태가 벌어지기도 했다.

포위된 독일

영독간 건함경쟁이 재정적 압박만 심화시킬 뿐 별다른 성과를 내지 못하는 가운데 독일의 외교적 고립에 결정타를 날리는 사건이 발생했다. 바로 1907년 영국과 러시아가 중앙아시아에서의 분쟁을 평화적으로 해결할 것에 합의하면서 종래의 적대적 관계를 청산하고 협력관계로 전환한 것이다(영러협상). 원래 영국과 러시아는 서로를 혐오하며 수세기에 걸쳐 중국, 인도, 중동, 중앙아시아 지역에서 경쟁하던 관계였다. 지중해와 흑해를 잇는 해협을 장악하려는 러시아의 야심은 영국에 의해 번번이 막혀왔고, 중앙아시아로 진출하는 러시아의 남하정책에 대해서도 영국은 인도의 안전을 우려하며 경계해왔다.[36] 영국에게 러시아는 크림전쟁의 구舊적이면서 무서운 형구와 학살이 떠오르는 짜르의 땅이었고, 반대로 러시아에게 영국이란 한 세기동안 러시아의 콘스탄티노플 진출을 방해했던 원수의 국가였던 것이다. 1898년 짜르의 숙부 알렉산드로비치 대공은 "영국의 숨이 끊어지는 소리를 듣는 날까지 오래 살았으면 하는 것이 내 소원이다"라고 말할 정도였다.[37]

그러던 양국이 독일이라는 새로운 위협에 직면하자 오래된 원한을 내려놓고 협조관계를 구축한 것이다. 1907년 양국은 러시아 국경과 인도 국경 사이 이란인들이 통제하는 완충지대를 두기로 했고, 아프가니스탄을 서로의 세력권에 포함시키지 않기로 합의했다. 또한 티베트에 대해서도 점령하거나 합병하지 않기로 양해했다. 한편, 빌

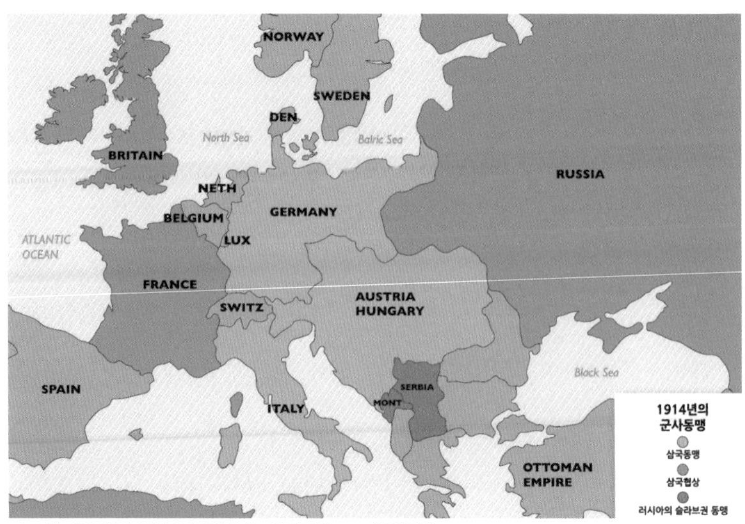

➡ 1차 대전 당시 유럽의 동맹관계: 삼국동맹 vs. 삼국협상

헬름 황제가 독러 재보장조약 갱신을 거부하고 독러관계가 악화일로에 접어들자 러시아와 프랑스 간에도 화해 무드가 조성되었다. 원래 제정 러시아는 같은 군주국가인 독일과 유대감을 가졌으나 독일 위협이 고조되자 본래 성향과는 다르게 공화제인 프랑스와 손을 잡을 수밖에 없었던 것이다. 이로써 영국, 프랑스, 러시아간에는 소위 '삼국협상'이라고 불리는 협조체제가 완성되게 되는데, 이후 유럽의 질서는 삼국협상과 독일-오스트리아 동맹의 대결구도로 흘러가게 되었다.

한편, 외교적 고립이 가중되는 가운데 독일은 모로코에서 다시 한 번 승부수를 던져보지만 이 역시 철저한 패배로 끝나고 말았다. 1911년 7월, 모로코에서 반란이 일어났을 때 프랑스가 자국인 보호 명분으로 군대를 파견하자 독일은 자국기업 신변보호를 핑계로 전함을 파견했다. 이런 무력시위를 통해 프랑스에게 모로코 일부를 내놓든지 아니면 아프리카 내의 다른 식민지를 양보하라는 신호였다. 특히 영국이 소극적으로 나올 경우 프랑스를 고립시키고 영불관계를 이간시킬 수 있다는 속셈이었다. 그러나 독일의 기대와는 다르게 영국은 강경하게 나왔고, 결국 2차 모로코 위기도 독일의 완패로 끝나고 말았다. 프랑스는 모로코에 대한 배타적 권리를 인정받았는데 반해, 독일이 얻은 거라곤 콩고 내 약 10만 평방마일에 해당하는 조그만 지역에 불과했다. 독일 내에서는 아프리카의 쓸모없는 땅을 얻으려고 이런 소란을 피웠냐는 비판이 터져 나왔고, 2차 모로코 위기를 기획한 키털렌 외상Alfred von Kiderlen-Wächter은 이후 국내 정치무대에서 영향력을 상실하였고 일 년 뒤인 1912년 12월 자택에서 심장마비로 사망하고 말았다.[38] 지상군으로 만족해야 한다는 비스마르크의 경고를 무시한 채 빌헬름 황제는 해군력 증강을 바탕으로 해외 팽창에 나섰지만, 이렇듯 결과는 영국과의 끝이 보이지 않는 군비경쟁, 재정적 압박, 그리고 외교적 고립과 패배로 나타나고 있었다.

CHAPTER

02

잘못된 믿음

비스마르크가 떠나고 유럽의 국제질서가 요동치던 시대, 각국은 전쟁을 준비했다. 전쟁을 원했던 이들도 있었지만 일부는 전쟁이 불가피하다고 생각했다. 아니, 어차피 터질 전쟁이기 때문에 이왕이면 빠를수록 좋다는 것이 이들의 생각이었다. 아니면 적어도 전쟁에 대비하려는 노력은 있어야 한다는 것이 제국주의 시대를 살았던 사람들이 가졌던 공통된 인식이었다. 유럽의 모든 강국들은 어려운 재정 여건에도 불구하고 군비 확충에 열을 올렸다. 상비군 규모를 늘렸고 예비군 제도를 정비했다. 각종 중화기와 군수물자 생산도 늘려갔다. 동원의 효율성을 높이기 위해 철도망 건설에 박차를 가했고, 유사시에 대비해 동맹국과의 군사협조 체제도 가다듬었다. 각국의 전쟁준비에서 백미는 작전계획이었다. 병력의 배치, 주공과 조공의 방향, 진격의 속도가 담겨 있는 작전구상은 당시 유럽 군부 엘리트들이 조국의 안위를 걸고 고안해낸 전쟁준비의 결정체였다. 그러나 작전계획은 다른 한편으로 당시 인물들이 가졌던 오판과 단견의 집약물이기도 했다. 국제관계에 대한 이해가 부족했고, 무엇보다 전쟁의 성격에 대해 잘못 생각했음이 개전 초부터 적나라하게 드러났다. 특히 독일이 준비한 작전계획의 결함은 치명적이었다. 총참모부의 몇몇 전략가가 주도한 이 전략구상은 정책의 수단으로 출발한 종이 위의 계획이었지만, 나중에는 독일 정부의 정책 방향을 구속했고 종국에는 유럽의 운명에 영향을 미쳤다.

오로지 우익을 강하게 하라

1차 대전 당시 독일군의 작전계획은 흔히 '슐리펜 계획Schlieffen Plan'이라 불린다. 그러나 그 내용은 고정된 것이 아니라 오랜 시간 걸치면서 몇 차례의 변천 과정을 겪었다. 첫 출발은 비스마르크 재상 시대에 독일 참모총장으로 활약한 몰트케Helmuth von Moltke the Elder 원수였다. 오스트리아(1866년)와 프랑스(1870~71년)를 상대로 눈부신 승리를 이끈 당사자였지만 그는 통일 독일의 군사전략에 대해 균형적이고 신중하게 접근했다. 프랑스-프로이센 전쟁 이후 독불 국경에서 진행되는 요새화 작업으로 프랑스를 상대로 한 전격적인 승리가 어렵다고 보았기 때문이었다. 따라서 파리를 넘어 진격하는 공세작전의 위험성을 경고하고 다만 프랑스의 공격을 막아내는 것에 집중할 것을 권고했다. 프랑스의 주된 관심은 알자스-로렌 지역 탈환이기 때문에 초기 방어에만 성공하면 외교적 타협으로 전쟁을 종결할 수 있다고 판단한 것이다.[39] 또한 방대한 영토를 갖고 있는 러시아도 완전히 굴복시키는 것은 불가능하다고 보았다. 따라서 폴란드만을 점령한 후 더 이상 러시아 깊숙이 들어가는 것을 자제하고 평화회담을 제안해야 한다는 것이 그의 생각이었다. 즉, 동서 양쪽의 전선에서 모두 초기 방어에 성공한다면 정치적 해법을 모색할 수 있다고 판단한 것이다. 이에 따라 몰트케 원수는 독일군의 병력을 절반씩 균등히 나누어 동서로 배치한다는 계획을 세웠다. 어느 쪽에서 충돌이 일어날지 모르기 때문이었다. 만약 동서 양쪽에서 동시에 전쟁이 진행된다면, 먼저 승리한 곳의 병력이 다른 쪽을 지원한다는 구상이었다. 즉, 몰트케 원수가 생각했던 것은 방어적인 작전이었는데, 이는 비스마르크가 추진하던 현상유지적이고 보수적인 독일의 외교 전략과도 잘 부합했다.

그러나 1891년 몰트케 원수에 이어 참모총장에 오른 슐리펜Alfred von Schlieffen에 의해 독일군의 작전구상은 전면 수정되었다. 슐리펜은 무엇보다 군사적 주도권을 적에게 허용한다는 점에서 전임자의 계획을 좋아하지 않았다. 또한 방어와 제한적 승리 후에 정치적 타협을 모색한다는 발상도 마음에 들지 않아 했다. 군사작전이란 모름지기 전광석화처럼 승리를 쟁취하여 적에게 조건 없는 항복을 받아낼 수 있어야 한다는 것이 그의 믿음이었다. 그렇다면 방대한 영토의 러시아와 강력한 요새로 버티고 있는 프랑스를 어떻게 상대한다는 것인

➡ 좌: 몰트케 원수, 우: 1860년대 프러시아의 3대 지도자들: 비스마르크, 론, 몰트케

가? 슐리펜도 비스마르크가 걱정한 동서 양면전쟁의 위험성은 충분히 이해하고 있었다. 더욱이 1904년 영불화친 조약으로 프랑스의 고립이 종식되고, 동쪽의 러시아와도 관계가 악화되고 있는 상황이었다. 특히, 1905년 모로코 위기를 거치면서 독일이 열국들에 의해 포위되었다는 것이 누구에게나 점점 더 분명해지고 있던 때였다.

슐리펜이 생각해낸 해결책은 프랑스를 먼저 신속히 제압하고 나중에 러시아를 상대한다는 것이었다. 즉, 동시 양면전쟁이 아니라 시차를 두고 두 개의 전쟁을 수행한다는 복안이었다.[40] 몰트케 원수처럼 방어전쟁을 통해 정치적 타협을 모색하는 것이 아니라면 병력을 절반씩 나누어서 두 강대국을 동시에 상대할 수는 없다고 판단한 것이다. 이것이 가능하다고 본 것은 방대한 영토와 부실한 철도로 인해 러시아군의 동원이 대단히 느리게 진행될 것으로 예측되었기 때문이었다. 더욱이 러일전쟁에서 패배한 러시아는 당시 군사적 불능상

➡ 슐리펜 독일 참모총장과 그의 후임자 몰트케 장군

태에 빠져 있을 정도로 취약한 상태였다. 철도는 부족했고, 군수공장의 생산능력은 탄창, 포탄 등 기본적 수요도 충족시키지 못하고 있었다. 장교집단은 카드놀이로 소일하는 늙은 장군들로 가득 찬 역삼각형 구조를 이루고 있었고, 대부분 능력이 아니라 정치적, 금전적 후견인을 통해 기용되고 있는 후진적 군대였다. 어마어마한 병력을 러시아 전역에서 독일 전선으로 이동하는 데에는 최소 6주가 걸릴 것으로 독일 총참모부는 판단했다.

따라서 독일군의 주력을 초기에는 서부전선에 집중 배치할 필요가 있었는데, 슐리펜은 그 비율을 8분의 7로 삼았다. 다시 말해 독일 전체 병력의 8분의 1에 해당하는 9개 사단만 동 프러시아를 지키도록 하는 위험을 감수하고 나머지는 모두 서부전선에 집중 배치한다는 계획이었다. 허용된 시간은 40일 남짓에 불과했다. 그 안에 프랑스를 분쇄하고 동쪽으로 병력을 돌려야 했다. 그렇다면 프랑스를 상대로 한 전광석화 같은 승리는 가능할 것인가? 문제는 독불 국경지대에 강력한 프랑스의 요새가 존재한다는 사실이었다. 이곳에 대한 정면공격은 자살행위에 가까웠다. 특히 '결정적 전투'에 의한 신속한 승리를 신봉하고 있었던 슐리펜에게 요새에 대한 공성전은 '지옥으로 떨어지는 구덩이'와 다름없었다. 그만큼 그는 정면공격을 저주했다. 대신 슐리펜이 생각한 것은 포위였다. 한니발Hannibal 장군이 칸네Canne에서 로마군을 이중 포위하여 섬멸한 것이 그에겐 만고불변의 모범 사례였던 것이다.

> 전략의 원칙은 변하지 않았다. 적의 정면은 목표가 아니다. 핵심은 적의 양 날개를 꺾고, 그 배후를 공격함으로써 적을 완전히 괴멸시키는 것이다.[41]

요새를 우회하여 적을 포위하기 위해서는 중립국 벨기에를 침범하는 것이 불가피하다고 슐리펜은 판단했다. 그래야만 경미한 저항이 예상되는 지역을 통해 프랑스 북서부로 물밀듯이 밀고 내려갈 수 있기 때문이었다. 이때 양 날개를 펼치듯이 프랑스군을 포위하되 멧츠Metz 지역 북쪽의 우익에 병력을 집중 배치하고 남쪽 좌익은 그보다 약하게 편성하는 것이 슐리펜 계획의 또 다른 특징이었다. 다시 말해 멧츠를 중심으로 북쪽과 남쪽에 7대 1로 병력을 불균형하게 배치한다는 구상이었다. 이렇게 5개 군, 총 35개 군단으로 구성된 우익의 주

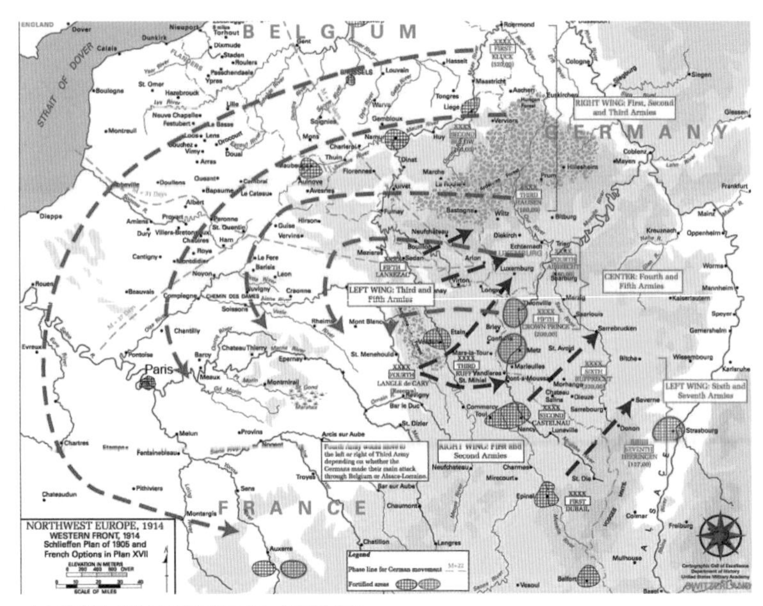

➡ 1차 대전 당시 독일의 작전구상: 슐리펜 계획

력부대가 멧츠를 회전축으로 마치 수레바퀴가 반시계방향으로 돌듯이 파리 서쪽으로 쇄도해 들어간다는 계획이었다.[42] "프랑스로 진군할 때, 최우측 병사의 소매가 해협을 스치도록 하라!" 프랑스를 완벽하게 포위해 들어가기 위해 우익부대가 최대한 날개를 크게 벌려야 함을 슐리펜은 이렇게 강조했다.[43] 한편, 의도적으로 약하게 편성된 좌익은 프랑스군의 진격을 저지하는 정도면 족하다고 판단했다. 필요한 경우에는 오히려 후퇴하면서 적을 유인하는 임무를 부여할 생각이었다. 이렇게 하여 독일의 포위 전략을 모르고 진격하는 프랑스군을 돌이킬 수 없는 지점까지 유인하여 자루에 가두어 버린다는 구상이었다. 계획한 대로만 된다면 둘레가 400마일에 달하고 입구가

200마일씩이나 벌어진 거대한 원형 집게가 프랑스군을 집어삼키는 장관이 연출될 것으로 기대한 것이다.[44]

전부 아니면 전무식의 이 과단성 있는 계획이 과연 예상대로 작동할 것인가? 독일군의 역량을 서부전선에 집중하고 그리고 다시 이를 우익에 편중시킨다는 슐리펜의 도박이 통할 것인가? 문제는 슐리펜 계획이 매우 경직된 시나리오에 고착되어 있다는 데에 있었다. 어떤 이유로든 전쟁을 결정한다면 정해진 순서와 방식대로 수행해야만 했다. 상황에 맞게 변경하거나 조정하는 것은 불가능한 것으로 여겨졌다. 특히, 전쟁이 시작되는 상황과는 무관하게 반드시 프랑스가 첫 번째 희생양이 되어야 하는 시나리오였다.[45] 비스마르크의 악몽이 "양면전쟁이 발발하면 어떡하는가?"였다면, 슐리펜의 악몽은 "양면전쟁이 발발하지 않으면 어떡하는가?"라는 말이 나올 정도였다.[46] 다시 말해 위기 초반에 프랑스가 중립을 선언하고 러시아가 동원을 끝마친 이후에 전쟁에 뛰어든다면 독일은 낭패를 겪게 된다는 우려였다. 러시아의 동원 이전에 프랑스를 제압한다는 슐리펜 계획의 기본 구상 자체가 틀어지기 때문이었다. 그렇다고 평화적 입장을 취하는 프랑스를 먼저 공격한다는 것도 이상한 일이었다. 따라서 슐리펜 계획에 집착하는 한 독일은 프랑스가 도저히 수용할 수 없는 요구조건을 내걸어 프랑스의 적대적 반응을 유도할 수밖에 없었는데, 이는 1차 대전 발발 시 실제로 일어났다. 독일이 프랑스에게 핵심 요새를 넘기라고 요구하면서 그래야만 프랑스의 중립을 인정해 주겠다고 한 것이다. 영국의 사학자 테일러A.J.P. Taylor는 이런 의미에서 1차 대전이 발칸의 국지전에 머물지 않고 총력전으로 번진 데에는 슐리펜 계획에 그 책임이 있다고 주장한다.

> 슐리펜 계획은 프랑스-러시아 동맹을 만들어냈고, 영국의 참전을 확실하게 만들었다. 독일인들은 1914년의 전쟁이 '국지화'될 수 없었다고 불평했지만, 실제로는 슐리펜 계획이 그것을 막은 것이다. 슐리펜은 완전한 승리만을 원했는데, 따라서 그는 독일이 완전히 패배할 수 있는 기회를 만든 것이다.[47]

또한 매우 정교하게 짜였지만 전투의 전개양상에 대한 전망이 지나치게 단순했던 것도 슐리펜 계획의 한계였다. 프랑스 제압에 6주를 설정했지만, 이는 프랑스 군의 대응만을 고려한 것이었다. 슐리펜 계획은 벨기에의 결사 항전을 예상하지 못했고 영국의 개입을 막는 데도 실패했다. 중립국 침범이 갖는 정치 외교적 의미를 이해하지 못했기 때문이었다. 1839년 런던조약으로 탄생한 중립국 벨기에는 영국이 공들여 이루어 놓은 외교적 성과이자 자산이었다. 영국 역사상 가장 유능한 외무장관으로 평가받는 파머스톤Palmerston경이 유럽의 안정과 영국의 안전보장 차원에서 강대국들이 탐내던 벨기에를 9년에 걸친 각고의 노력 끝에 '독립적인 영세 중립국'이라는 작품으로 만들어 놓았던 것이다.[48]

슐리펜 계획의 경직성은 이를 고안했던 인물의 성격과도 연관이 있었다. 전임자 몰트케 원수만 해도 군사적 판단과 외교 전략이 조화되어야 한다는 점을 이해했던 반면에 슐리펜은 철저히 군사적 관점으로만 세상을 바라보던 인물이었다.[49] 그는 정치에 무관심하고 무지했을 뿐 아니라 비정치적인 자세에 오히려 자부심을 갖고 있던 장교였다. 외알 안경을 끼고 차가운 인상을 풍겼던 슐리펜은 취미도 휴식도 없이 오직 독일의 안전과 군사작전에만 몰두했다고 전해진다. 그의 부관이 동프러시아 프레겔 강의 아름다운 경치에 감탄하자 이를 "하찮은 장애물"이라고 일축했다는 슐리펜에게는 벨기에 역시 군사작전을 위한 장애물에 불과할 정도였다.[50] 슐리펜은 갈수록 책상 위에 지도를 펼쳐 놓은 채 군단을 이리저리 배치해가며 이론적인 전쟁에 빠져들었는데, 그에게 있어 전투란 정치나 병참, 인간의 심리에 오염되지 않는 순수한 그 무엇이었다.

더 큰 문제는 슐리펜 계획에 대해 독일 정부 내에서 전혀 소통이 없었다는 점이다. 외상이나 재상과 같은 민간 정책결정자는 물론이고 해군이나 육군 내 다른 조직과의 협의도 거의 전무했다.[51] 일급 비밀인 전쟁계획을 관련 부서와 공유한다는 생각 자체가 없었다. 슐리펜 계획은 그가 퇴임한 1906년에 메모 형태로 만들어진 것인데, 전쟁성은 그로부터 6년이나 지난 1912년이 되어서야 처음으로 슐리펜 계획의 존재를 알게 되었을 정도였다. 재상 베트맨 역시 군부로부터 어떤 공식적인 보고도 받지 못했고, 이를 알고 난 후에는 어떠한 문제제기도 없이 순응하는 태도를 보였다. 군사 작전은 본인이 관여할 수 없는 영역이라고 생각했기 때문이었다. 따라서 정말 이상하게도 1차 대전에서는 군사작전이 가져올 정치적 결과, 즉 전쟁의 궁극적 목적에 대한 토의가 없었다. 슐리펜 작전이 성공한다면 유럽은 어떤 모습이 될 것인가? 전쟁이 요구하는 엄청난 피의 대가로 독일은 무엇을 얻으려고 하는 것인가? 슐리펜과 총참모부는 물론이고 외무성조차 이런 질문을 던지지 않았던 것이다.[52]

또한 슐리펜은 병참의 악몽, 프랑스의 재빠른 병력 재배치, 뜻밖의 지루한 참호전 등 일찍이 클라우제비츠가 역설한 전쟁의 '마찰Friktion'적 요소를 충분히 고려하지 못했다. 정치에 대한 무관심, 순수한 군사적 판단, 수학적 엄밀함이 장점이 아니라 한계로 작용했던 것이다. 다분히 테크노크라트technocrat에 가까웠던 그는 근본 가정에 대해 의심하는 능력이 부족했고, 지나치게 전승 아니면 전패라는 제로섬 마인드에 갇혀 있었다.[53] 돌이켜 보면 많은 결함이 있는 구상이었음에도 불구하고 당시에는 슐리펜 계획의 무오류성이 신화처럼 받들어졌다. 참모총장직에서 물러난 뒤에도 연구를 멈추지 않았던 그는 1913년 80세의 나이로 눈을 감으면서 다음과 같은 유언을 남겼다고 한다. "반드시 싸우게 된다. 오로지 우익을 강하게 만들라."[54]

슐리펜이 사망한 지 1년 뒤 전쟁은 발발했고, 그의 기본 구상은 후임자 몰트케Helmuth von Moltke the Younger에 의해 1차 대전에 적용되었다. 비스마르크 시대 참모총장을 지낸 삼촌 몰트케 원수와 이름이 같았던 그는 슐리펜 계획의 몇 가지 부분에 대해 중요한 수정을 가했다.[55] 제일 중요한 변화는 군사력의 배분이었다. 몰트케는 프랑스를 포위하기 위해 우익 강화에 모든 것을 걸었던 슐리펜의 구상을 불안하게 생각했다. 원래 슐리펜 계획에 의하면 좌익은 최소한의 병력만 배치하여 일시 후퇴해도 좋다고 했던 것인데, 몰트케는 알자스-로렌 지방을 담당하는 좌익이 취약하다는 점이 아무래도 마음에 걸렸던 것이다. 특히, 1911년을 전후하여 프랑스가 방어적 자세에 안주하지 않고 알자스-로렌에서 공세적으로 나올 것이라는 새로운 전망까지 제기되고 있던 상황이었다. 따라서 그는 슐리펜의 유언을 무시하고 매년 우익의 병력을 조금씩 빼내 좌익을 보강했다. 독일군 우익을 70만 16개 군단으로 줄이는 대신 좌익에 32만 8개 군단을 추가 배치한 것이다. 이로써 우익과 좌익의 병력 비율이 당초 7대 1에서 3대 1로 줄어드는 변화를 갖게 되었다.[56] 또한 몰트케는 서부전선의 좌익뿐 아니라 러시아군과 맞서는 동부전선의 취약점도 걱정하고 이를 보강했다. 근면하고 성실했지만 내성적이고 소심했던 그는 모든 군사력을 한 곳에 집중시켜야 한다는 슐리펜의 단호함을 갖고 있지 않았던 것이다.[57]

한편 몰트케는 육군력 증강에 노력을 집중했다.[58] 빌헬름 황제의 군사력 중시에도 불구하고 슐리펜 시대까지 독일군의 병력 규모는 정체상태에 있었다. 영국과의 건함경쟁에 몰두하느라 군사 예산이 대부분 해군에 할당되었기 때문이었다.[59] 그러나 1910년대 들어 상황이 바뀌기 시작했다. 특히 1911년에 있었던 2차 모로코 위기는 독일에게 육군 증강의 필요성을 일깨워준 사건이었다. 1차 모로코 위기와 마찬가지로 독일이 수치스러운 패배를 당한 것은 강압외교를 뒷받침할 수 있는 군사력이 부족했기 때문이라는 자성이 일었다. 특히 함정의 수가 아니라 육군의 병력 규모가 외교적 분쟁과 국지전을 승리로 이끄는 데 결정적이라는 것이 당시 독일 정부가 얻은 교훈이었다. 이에 따라 독일은 1912년부터 새로운 육군법을 제정하여 51만 명 수준이던 병력을 65만 명 이상으로 대폭 증강시켰다. 이와 동시에 해군 증강은 1912년을 기점으로 중단되었는데, 이는 재원배분의 우선순위의 변화임과 동시에 독일 대외 정책의 전환이라는 점에서 중요한 의미를 갖는다. 빌헬름 황제가 집권한 이후 해군력을 중시한 것은 영국에 버금가는 세계적 헤게모니 국가가 되려는 야망과 관련이 있었다. 그러나 영국과의 건함경쟁으로 재정의 압박이 심해지고 독일의 고립만 가중되자 독일은 좀 더 현실적인 목표로 전환한 것이다. 중부 유럽에서의 확실한 지위를 확보하는 것이 우선이고, 그러자면 해군력이 아니라 육군력이 관건이라는 사고의 전환을 이루었던 것이다.

공격만이 프랑스군의 체질에 맞다

프랑스는 1871년 프로이센과의 전쟁에서 패배한 이후 상당기간 방어위주의 군사전략을 갖고 있었다. 즉, 독일군이 프랑스군을 전면 공격할 것이라는 가정 하에 먼저 방어를 한 후에 반격한다는 개념이었다. 독일과 비교해 취약했던 군사력을 고려하고 국경지대에 잘 구축된 요새를 최대한 활용하겠다는 구상이었던 것이다. 프랑스는 대독일 작전계획에 일련번호를 붙여왔는데, 1번부터 7번까지는 순전히 방어계획에 해당했다.[60] 그러나 프랑스가 점차 국력을 회복하고 자신감을 되찾으면서 언제까지나 요새에 의존해서 경계만 하고 있는 것에 싫증을 내기 시작했다. 특히 독일에게 빼앗긴 알자스와 로렌 지방을 되찾아야 한다는 열망도 무시할 수 없었다. 이에 따라 프랑스 군은 제8번 계획부터는 알자스-로렌을 공격하는 내용을 계획에 담기 시작했다. 방어로 일관했던 지난날의 수세 전략에서 탈피하는 출발점이었다. 그러나 1909년에 마련된 작전계획 16호까지는 전면적인 공격계획은 아니었다. 이때까지만 해도 프랑스는 선제공격을 하기보다는 독일군의 침공을 유도한 후 반격한다는 소위 '선방어-후공격defensive-offensive' 전략을 채택하고 있었던 것이다.[61]

그러나 시간이 갈수록 더욱 과감한 공격교리를 주장하는 목소리가 군 내부에서 터져 나왔다. 진원지는 군부 엘리트의 산실 육군대학이었고, 이곳의 교장이던 포슈Ferdinand Foch가 그 중심인물이었다.[62] "승

➡ 좌: 페르디낭 포슈 장군, 우: 조프르 참모총장과 메시미 전쟁성 장관

리한 전투란 당사자가 졌다고 인정하지 않는 전투"라고 강조했던 그는 물질을 지배하는 정신적 힘을 강조했고, 기선 제압의 자유를 역설했다. 또한 포슈는 완벽한 작전계획보다는 상황에 대한 부단한 적응력과 임기응변이 중요하다고 가르쳤다. 포슈 사상은 그의 제자 그랑메종François Loyzeau de Grandmaison 대령에 의해 계승되어 공격 숭배 교리로 발전했다. 후에 총참모부 작전부장을 역임한 그랑메종은 '극한까지 밀어붙이는 공격offensive à outrance'만이 "끝장을 내야 하는 전쟁의 본질적 행태"라고 주장했다. 또한 방어는 열등한 것으로 폐기되어야 마땅하다고 역설했다.

시간이 흐르면서 육군대학의 공격지상주의는 점차 프랑스 전반으로 퍼져나갔다. 프랑스군의 야전교범, 작전계획이 공격교리를 받아들였고, 민간 지도자들도 이를 자연스럽게 수용했다. 1913년 제정된 야전교범에 담겨 있는 '결정적 전투', '주저 없는 공격', '무자비하고도 지칠 줄 모르는 추격'과 같은 계율도 새로운 공격 교리의 산물이었다. "오직 공격만이 프랑스군의 기질에 부합한다." 공격을 한 나라의 생명력과 에너지에 연결시키며 파이예Clément Fallières 대통령은 이렇게 선언하기도 했다. 담력le cran, 용기nerve, 배짱gut이 프랑스군의 최고 덕목으로 칭송된 것도 이 무렵이었다. 이에 따라 작전계획에 대해서도 전면적인 수정이 있어야 한다는 목소리가 높아졌다. 작전계획 16호에 담겨 있는 '선방어 후공격'이란 발상을 폐기하고 선제적인 공격에 나서야 한다는 주장이었다. 1913년 마련되어 1차 대전 개전 초에 적용되었던 '작전계획 17호Plan XVII'는 바로 이런 분위기에서 탄생했다.

무한공격 사상이 프랑스군을 지배할 때 방어 전략을 고수하려는 마지막 노력이 있었다. 참모총장 지명자인 미셸Victor-Constant Michel 장군이 독일군의 예상 공격로에 예비군을 투입해 방어하자는 제안을 한 것이다. 그는 독일군이 멀리 서쪽 벨기에 방면으로 공격해올 것으로 예상했다. 로렌 지방은 강력한 요새에 의해 방어되고 있으므로 독일이 이를 우회할 것으로 본 것이다. 슐리펜의 생각을 정확히 읽은 그는 이에 대비하기 위해 백만 명의 프랑스군을 벨기에 국경에 배치하여 독일의 공격을 막아낼 것을 주장했다. 예비군을 투입하자는 제안은 병력의 부족 때문이었다. 독일군보다 병력이 적은 프랑스로서는 예비군을 모든 정규군에 배속시켜 전선의 프랑스군을 두 배로 늘려야 한다는 것이다.

그러나 이는 당시의 공격지상주의 열풍에 정면으로 반한다는 문제가 있었다. 뿐만 아니라 공격작전에 부적합한 예비군을 정규군에 편입시킨다는 인기 없는 아이디어를 담고 있었다. 당시 프랑스 장교들은 예비군이 후방임무나 요새주둔군에만 적합할 뿐 전투에서는 무용지물이라는 사고를 갖고 있었다. 특히 공격은 오직 정규군만이 수행해야 한다는 것이 당시 군부의 지배적인 믿음이었다. 예비군이 정규사단에 통합된다면 군대가 전진할 때 이를 뒤에서 잡아끌 뿐이라는 것이 당시 예비군을 바라보는 시각이었다. 가족 부양의무를 지고 있는 아버지는 무자비한 돌격작전에 몸을 던지지 않는다는 것이다. 전쟁성 장관이던 메시미Adolphe Messimy는 미셸 장군의 제안을 "미친 짓"이라고 판단하고 이를 묵살했다. 뿐만 아니라 미셸이 그 자리에 있는 것만으로도 프랑스군에게 위해가 된다고 판단하여 직위까지 해제해 버렸다. 미셸이 "우유부단하고 자신에게 부과될지 모르는 임무의 중압감에 짓눌려" 있다는 것이 그 이유였다.[63]

미셸 장군이 해임된 이후 후임 참모총장 인선이 있었는데 최종 낙점된 인물이 바로 1차 대전 발발 시에 총동원령 선포를 줄기차게 역설했던 조프르였다. 조프르는 대규모 전투지휘 경험이 없는 공병 출신 장교였다. 군 생활의 대부분을 주로 진지 구축, 철도 부설과 같은 지원업무를 담당하며 보낸 인물이었다. 대만과 인도차이나에서 공병 중대장을 했고, 육군성 철도계 참모장교를 지냈으며, 요새 축성을 담당하기도 했다. 낭만적인 일도 아니었고 출세하는 엘리트 코스라고 하기도 어려웠다. 참모총장의 1순위 후보도 아니었다. 앞서 거론되던 인사들이 이런저런 이유로 고사하고 낙마하면서 차례가 돌아왔을 뿐이었다. 첫 번째 후보는 명석하다는 평판이 있던 갈리에니 장군이었는데 미셸의 해임이 마음에 걸려 참모총장직을 거절했고, 두 번째 후보였던 포 장군은 고위 지휘관에 대한 인사권 보장이란 무리한 요구를 하는 바람에 배제됐던 것이다. 당시 후방지원 사령관을 맡고 있던 조프르는 세 번째 후보였으나 정치적 야심이나 교활함이 없다는 이유 때문에 최종적으로 선택되었다.

포도주통 제조업을 하는 소시민 가정에서 11명 중 장남으로 태어난 조프르는 실제로 조용한 성품, 효율적인 일처리, 강한 책임감 등의 강점이 있었다. 극도의 위기 시에도 단호함과 침착함을 잃지 않는 안정감도 갖추고 있었다. 상관의 입장에서 보면 화려하진 않지만 분명히 믿음이 가는 장교였다. 다만, 경직적이고 상상력이 부족하다는 부정적 평가도 있었다. 당시에 어느 프랑스 장군은 조프르를 가리켜 "그는 상황을 창조하기보다는 그것에 순응한다. 조프르는 전략에 대해서는 아무것도 알지 못한다. 수송체계를 조직하고, 군수품을 보급하고, 무기고를 총괄하는 것, 그것들이 그의 일이었다"라고 말한 바 있었다.[64]

조프르는 취임 후 21개월의 연구 끝에 1차 대전 발발 시 프랑스군의 작전 시나리오가 될 '작전계획 17호'를 최고국방위원회에 제출했다. 그러나 공격지상주의에 경도된 이 계획은 몇 가지 심각한 결함을 갖고 있었다. 무엇보다 공격작전에 치중하다 보니 방어에서 허점

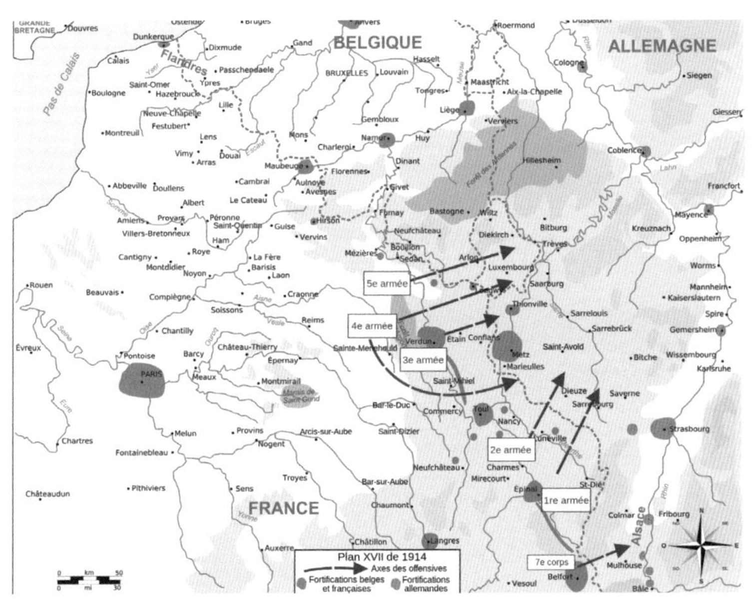

➡ 프랑스의 작전계획 17호

을 드러냈다. 작전계획 17호는 부대를 5개의 군으로 나누어 알자스의 벨포르Belfort로부터 프랑스-벨기에 국경의 이르송Hirson까지 배치하도록 되어 있었다. 그런데 문제는 프랑스 군 좌익, 즉 이르송부터 북해까지의 벨기에 국경이 비어 있다는 점이었다. 미셸 장군이 방어하자고 주장했고 슐리펜 계획이 상정한 독일군의 공격 루트였던 지역을 무방비로 비워놓았던 것이다. 또한 5개 야전군 중 제1군과 제2군은 유사시 로렌 지방으로 바로 진격한다는 계획이었는데, 이는 바로 슐리펜 계획이 유도하고 있던 바였다.[65]

작전계획 17호의 무모함에 대해 경고가 없었던 것은 아니었다.[66] 실제로 1904년 독일군 총참모부에 있던 한 장교의 배신으로 슐리펜 계획의 초안이 프랑스에 유출된 적이 있었다. 여기에는 리에쥬Liege, 나무르Namur를 거쳐 벨기에를 지난다는 독일군의 진격 정보가 담겨 있었다. 1914년 독일군의 실제 침투 경로와 일치하는 내용이었다. 그러나 프랑스 총참모부는 이 서류의 진위를 의심하고 심각하게 받아들이지 않았다. 영국의 참전을 불러올 벨기에 침입을 독일이 감행할 리가 없다는 것이 그 이유였다. 또한 대규모 공세를 위해서는 예비군이 필요한데 독일이 예비군과 정규군을 섞지 않을 것이라는 안일한 생각도 작용했다. 또한 신중한 방어 작전을 주장하는 군내외의 목소리가 없는 것은 아니었으나, 총참모부는 이 역시 모두 묵살했다. 1913년 군사비평가 그루아르 대령이 벨기에를 경유하는 독일의 공격을 경고한 것도 그 중 하나였다. 또 같은 해 프랑스 군 정보국이 독일군이 예비군을 공격부대로 활용한다는 첩보를 입수했으나 이 역시 받아들여지지 않았다. 공격에 온 마음을 빼앗기고 있던 작전계획 17호의 저자들은 자신들의 믿음에 반대되는 증거는 모두 일축했던 것이다. 자기확신의 포로였기도 했고 계획을 수정할 경우 군내 입지가 흔들릴 위험도 있었기 때문이었다. 치명적 판단 착오로 개전과 동시에 휴지조각이 되어버린 작전계획 17호는 다음과 같은 화려한 문장으로 시작한다.

> 주변 여건과 관계없이, 모든 병력이 하나가 되어 독일군의 공격에 맞서 진격하는 것이 총사령관의 뜻이다.

단 한 명의 영국 병사

영국도 점증하는 독일의 위협을 느끼고 군사적 대비에 나섰다. 1905년 1차 모로코 위기를 겪고 난 후 독일에 대한 경계심이 더욱 높아졌기 때문이었다. 비록 이번에는 실패했지만 빌헬름 2세의 모험주의 외교와 팽창 정책은 다음 기회를 엿볼 것으로 우려되었다. 그 해 여름 영국에서는 총선이 있었고 새로 자유당 정권이 등장했다. 새 집권당은 전통적으로 군사적 개입에 반대해온 정당이었지만 프랑스가 우방국의 도움 없이 홀로 방치될 수도 있다는 가능성에 신경을 쓰지 않을 수 없었다.[67] 이에 신임 외무장관 그레이는 영국군과 프랑스군 간의 준비상황을 확인했다가 대단히 실망스러운 결과만 접하게 되었다. 신임 육군 장관 할데인Richard Haldane이 모든 자료를 뒤졌지만 아무것도 발견할 수 없었기 때문이었다. 대신 영국군 4개 사단을 유럽에 보내고자 한다면 2개월이나 소요된다는 우려스러운 사실만이 확인되었을 뿐이었다. 영불간 군사적 준비상태가 전무하다는 것을 깨달은 것이다. 이에 그레이와 할데인은 '군사적 예방책' 차원에서 양국군간 협의가 필요하다는 결정을 내렸고, 곧 양국 총참모부간 실무적 협상이 이어졌다.

프랑스와 군사협력을 진행한 인물은 군사작전부장 윌슨Henry Hughes Wilson준장이었다. 영국계 아일랜드인으로서 참모학교 교장이었던 윌슨 장군은 큰 키에 성미가 급하고 항상 아이디어와 에너지가 넘치는 인물이었다. 어린 시절 프랑스 가정교사에 의해 양육되어 불어에 능했던 그는 프랑스측 파트너 포슈 육군대학 교장과 의기투합했다.

➡ 영불 군사협력을 성사시킨 두 주역, 헨리 윌슨과 페르디낭 포슈

1909년 12월 프랑스 육군대학에서 처음 만난 두 사람은 즉각 상대방의 열정과 호의에 마음이 끌렸고, 이후 런던과 파리를 오가며 양국의 군사협력 계획을 다듬어갔다. 윌슨은 프랑스를 방문할 때마다 독불국경을 시찰했다. 1909년 1차 방문 시에는 자전거와 기차를 타고 독일군의 진격로가 될 만한 멧츠의 동쪽, 즉 벨기에 경유 노선을 점검했고, 이후에는 로렌 지방과 아르덴느 지역을 답사했다. 그의 사무실 한쪽 벽에는 독일군의 침공 예상로가 모두 표시되어 있었는데 특히 벨기에 지도는 그가 그린 검정색 펜으로 모두 덮여 있을 정도였다.[68]

한편, 영국 육군의 대륙 파견 논의가 진전되면서 군 내부의 논쟁이 가열되었다. 대영제국의 주력군인 해군이 강력히 반발한 것이다. 해군은 독일이 원료와 식량을 해외 수입에 의존하고 있어 봉쇄만으로 굴복시킬 수 있다고 보았고 육군의 대륙 파병에 대해 부정적이었다. 해군은 기본적으로 육군의 실력을 믿지 않았다. 피셔 해군 참모총장은 독일군에게 패배할 영국 육군을 프랑스로 수송하는 것은 멍청한 자살행위라고 주장했다. 그는 설사 영국 육군이 대륙에 파병되더라도 그 역할은 독일의 배후에 침투하여 "해안의 불시검문, 북해의 섬 헬리고랜드 탈환, 그리고 앤트워프 방어"로 엄격하게 제한되어야 한다고 강조했다. 영불간 군사협력이 필요하다면 그것은 해군이 주도해야 한다는 것이 그의 생각이었다. "육군은 해군이 발사하는 미사일에 불과하다"라는 것이 대영제국의 해양패권을 뒷받침하는 해군의 자존심이었던 것이다. 실제로 육군은 해군에 비해 부차적인 임무를 띠고 있었고 미약한 전통을 갖고 있었다. 도서국가의 특성상 육군의 임무는 주로 인도와 같은 식민지의 질서 유지와 같은 경찰적 요소가 강했던 것이다. 또한 의회주의 전통이 확립되어 있고 반군사주의 경향이 강한 영국에서는 육군이 자신의 존재를 정당화할 역할을 찾기 어려웠고 해군과 감히 경쟁할 수 있는 상대가 아니던 것도 사실이었다.

그런데 이러한 해군 중심적인 사고는 독일의 등장으로 인해 도전을 받을 수밖에 없었다. 유럽 대륙에서 전면전이 발발한다면 이는 해군력으로 처리할 수 있는 전쟁이 아닐 것이기 때문이었다. 해상봉쇄를 하더라도 독일에 대한 경제적 압박 효과가 나타나기 전에 프랑스가 격파될 우려가 있었다. 이에 따라 새롭게 육군 장관에 취임한 할데인은 육군의 임무에 대해 전면 재검토에 나섰다. 해외 원정에 나선다면 어떤 병력을 어느 규모로 파견할 것인가? 윌슨 준장이 프랑스 측에 바로 이 질문을 했다고 한다. "귀측에 실질적인 도움이 될 수 있는 최소한의 영국군 규모는 얼마인가?" 여기에 대한 포슈 장군의 답변이 영국의 대륙전쟁 개입의 정치적 함의를 잘 표현하고 있다.

단 한 명의 영국 병사만 있으면 되고, 우리는 그가 전사하도록 놔둘 것이다.[69]

육군의 임무와 관련하여 당시까지는 소위 '스탠호프 원칙'이라는 것이 있었다. 육군의 핵심 역할은 본토와 식민지 방어가 우선이고 해외 개입은 후순위라는 것이다. 따라서 육군의 규모는 유럽의 다른 나라들에 비해 빈약한 상태였다. 그런데 정세의 변화와 더불어 영국에서도 육군을 중심으로 한 해외원정군 창설이 본격 검토되기 시작했다. 육군상 할데인의 구상에 따르면 유사시 유럽 대륙에 파견할 영국 원정군의 규모는 6개 보병사단과 4개 기병여단으로 구성된 총 15만 8천 명이 될 예정이었다. 또한 본토 방어를 위해 창설된 27만 명에 이르는 국방 의용군을 추가 투입하는 것도 고려했다.[70] 할데인 장관의 개혁은 독일과의 전쟁이 기본적으로 육상전이 될 것이라는 판단에 기초하고 있었다. 프랑스가 독일에 의해 무너질 위기에 처한다면 영국이 유럽 대륙에서 독일군과 부딪칠 수밖에 없다고 본 것이다. 그러나 해군의 반발은 계속되었다. 피셔 제독의 후임인 윌슨Arthur K. Wilson 제독도 해군 중심적 전략을 고집했다. 해군은 독일이 벨기에를 침범하여 프랑스를 기습공격할지 모른다는 육군의 시나리오 자체를 인정하지 않았다.

계속되는 군간 대립을 해소하기 위해 마침내 자유당 내각은 제국방어위원회 특별 비밀회의를 개최했다.[71] 1911년 8월 23일 개최된 이 역사적 회의에는 애스퀴스Herbert Asquith 수상을 비롯하여 로이드 조지 재무상, 그레이 외상, 할데인 육군상, 메케나 해군상, 처칠 내무상 등이 참석했다. 오전엔 육군 총참모부 군사작전국장 윌슨이 육군의 입장을 설명했고 오후엔 피셔 제독의 후임인 아서 윌슨 해군 참모총장이 해군의 생각을 피력했다. 중점 토의 사항은 물론 영국 육군을 대륙전쟁에 직접 개입시키는 문제였다. 그런데 회의가 열리자 참석자들은 양쪽의 제안이 전혀 조율되지 않은 것을 발견하고 경악했다.

육군이 프랑스 보쥬Vosges 지방에 대한 병력파견을 제안한 데 반해 해군은 독일 북쪽 해안에 대한 상륙을 제안하는 등 어느 것 하나 손발이 맞지 않았기 때문이었다. 치열한 논쟁 끝에 회의는 육군의 승리로 정리되었지만, 회의에 초대받지 못한 비둘기파 각료들과 피셔 제독을 비롯한 해군의 불만은 계속되었다.

한편 정치권에서 대륙원정군의 전략적 필요성에 대해 논란을 벌이고 있을 때 영불 양국 육군은 그간의 군사협력 논의를 마무리 짓는 문서에 서명했다. 1911년 7월 20일 프랑스를 방문한 영국 윌슨 국장과 프랑스 육군 참모총장 간에 영국 육군의 집결지 등 병참에 대한 각서를 교환한 것이다. 이어서 이듬해 2월 조프르 참모총장은 영국과의 협의 결과를 최고 국방위원회에 보고했다. 6개 보병사난, 1개 기병사단 등 총 14만 5천 명에 이르는 영국 원정군을 기대한다는 것이 기본적 골격이었다. 계속해서 영국과 프랑스 총참모부는 1914년 봄까지 공동계획을 더욱 가다듬어나갔다. '플랜 W'로 명명된 이 비밀문서는 하도 보안을 강조하는 바람에 장교들이 직접 문서를 타이핑하고 경리업무를 볼 정도였는데, 여기에는 대대의 야영장소, 군마용 마초, 통역관 배치 문제뿐 아니라 커피 마실 장소까지 표시되어 있었다고 한다. 정치인들은 줄곧 양국군 간의 합의가 영국 정부를 구속하는 것이 아니라고 했지만, 이 '실무적 문서'는 1차 대전이 발발하자 수정없이 거의 그대로 적용되었다.

숫자가 주는 두려움과 허상, 제정 러시아 군대

1905년 모로코 위기에서 독일이 보여준 강압외교에 가장 긴장한 나라 중의 하나가 러시아였다. 이에 러시아는 러일전쟁의 패배를 추스르고 독일 위협에 대응하기 위해 본격적인 재무장 계획을 추진했다. 그 첫 번째 산물이 1910년에 만들어진 일명 '소(小) 프로그램small program'으로서 핵심은 병력 규모의 확대였다. 러일 전쟁 당시 100만 명이 넘었던 러시아군은 1906년경엔 75만 명 수준으로 축소되어 있었는데, 이를 135만까지 늘린다는 구상이었다.[72] 작전계획에 관해서는 두 가지 방안이 마련되었다. 하나는 '플랜 G'로 불리는 독일 공격 시나리오였고, 다른 하나는 '플랜 A'로 명명된 오스트리아 공격 작전이었다. 1910년부터 1912년 사이 러시아 총참모부와 각 사령관들은 러시아의 주적을 어디로 할 것인가를 놓고 심각하게 대립하고 있었다. 그러다가 이번에 결국 우선순위를 정하지 못하고 두 가지를 모두 준비하는 것으로 타협한 것이다.[73] 그러나 이 타협안은 당시 러시아 장군의 증언처럼 "최악의 결정"이었다. 러시아의 한정된 군사적 역량을 독일과 오스트리아 전선에 양분함으로써 어느 쪽에서도 결정적인 우위를 달성하기 어렵게 만들었기 때문이었다.[74]

또한 개혁안은 종래의 대독일 방어선을 후퇴시키는 새로운 전략구상을 담고 있었다. 러시아는 원래 나레브Narew강과 비스출라Vistula강을 잇는 방어선을 갖고 있었는데, '19호 동원계획'이라 불리는 금번 수정안에서는 이를 100km 동쪽으로 이동시킨 것이다. 이로써 바르샤바도 초기 방어선에서 제외하게 되었는데, 이렇게 러시아군의 중심을 동쪽으로 이동시킨 것은 독일과의 충돌 시 일단 전략적 후퇴를 한 후에 반격하는 것이 유리하다는 판단에 따른 결과였다. 대신 총참모부는 동원의 효율성을 높이기 위해 하천과 재래식 도로의 개선, 특히 철도망의 확충에 힘쓰기로 했다. 러시아의 군 조직 재정비 소식은 물론 독일에도 알려졌다. 독일 총참모부는 러시아의 군비 확충이 단기적으로 큰 위협은 되지 않지만 장기적으로는 독일 안보에 부담이 될 것으로 평가했다. 특히, 러시아의 방어선 이동에 대해서 처음에는 기뻐했으나 철도망 개선이 이루어지면 오히려 더 큰 위협이 될 것으로 우려했다.

러시아의 군비증강은 1910년 이후 더욱 가속화되었다. 특히 독일이 육군력을 크게 증강시킨다는 사실이 알려지자 러시아는 프랑스와 긴밀히 협조하여 1913년에는 '대 프로그램'이라는 종합적이고 야심찬 군 개혁안을 수립했다. 여기서도 병력의 증가가 주요 내용이었다. 육군 병력을 26% 증가시키고 해군도 12만 6천 명을 늘려, 전체 규모를 130만에서 175만으로 늘린다는 계획을 담고 있었다.[75] 또한 '대 프로그램'은 동원의 속도를 높이는 데 주안점을 두고 있었다. 앞서 마련된 19호 동원계획에 따르면 러시아군은 동원 개시일 20일 만에 전투를 개시하도록 되어 있었는데, 프랑스에서 이것이 너무 느리다고 계속 불평해왔기 때문이었다. 프랑스군의 입장에서 보면 러시아가 최대한 빠른 시일 내에 동쪽에서 독일군을 괴롭혀주어야 서부전선의 전투가 수월해진다고 판단했던 것이다.

러시아는 프랑스의 요구에 적극적으로 반응했다. 1912년 열린 불러 총참모부간 연례회의에서 질린스키Yakov Zhilinsky 참모총장은 동원 개시 15일 내에 러시아군 80만 병력이 독일전선에 투입될 것임을 보증했다.[76] 전방에 배치되자마자 집결을 기다리지 않고 바로 동프로이센 국경을 넘는다는 약속이었다. 러일전쟁의 패배를 딛고 과거의 영광을 되찾으려는 열망에 취해 현실적인 준비 부족에도 불구하고 독일에 대한 양면 공격을 흔쾌히 받아들인 것이다. 특히 이때쯤에는 이미 러시아도 프랑스에서 유행하던 공격지상주의에 매료되어 있었다. '극한까지 밀어붙이는 공격'을 설파하는 그랑메종 대령의 강의가 러시아어로 번역되어 큰 반향을 불러일으키던 시절이었다.[77]

러시아의 군 개혁안은 외관상 상당히 인상적이었다. 안 그래도 엄청난 숫자로 다른 유럽 국가들을 압도하던 러시아군은 추가적인 병력 증강으로 더욱 가공할만한 모습을 보였다. 평시 규모만 130만 명이 넘었고, 여기에 전시동원령으로 3백만 명이 소집되고 지방 예비병력 2백만 명까지 합치면 무려 6백만 명이 넘는 괴물 같은 존재가 된 것이다. 또한 철도의 보수로 동원의 효율성이 향상되면 엄청난 규모의 병력이 빠른 시간 내에 전선에 쏟아져 들어올 것으로 예상되었다. 프랑스는 안심하고 독일은 위협을 느낄 수밖에 없는 상황이었다. 1차 대전이 터지기 전 몰트케 등 독일 군 지휘부가 러시아와의 전쟁은 빠를수록 좋다고 줄기차게 주장한 것도 유럽의 세력균형이 러시아에게 유리하게 변하고 있다는 이런 믿음을 반영한 것이었다.

그러나 러시아군에 대한 두려움은 일종의 허상에 지나지 않았

➡ 수콤리노프 러시아 전쟁성 장관

다. 어마어마한 규모에도 불구하고 군 내부의 부패와 무능, 탄약 부족, 기강의 해이 등 군 조직의 결함이 심각했기 때문이었다. 러시아 군 개혁을 주도했던 수콤리노프Vladimir A. Sukhomlinov 전쟁성 장관부터가 러시아군의 고질적 문제점을 집약적으로 보여주는 인물이었다.[78] 작고 살찐 60대의 수콤리노프는 교활하고 게을렀으며 남의 비위를 잘 맞추는 재주가 있었다. 외상 사조노프Sergei Sazonov는 그를 가리켜 "그가 일을 하도록 하는 것도 매우 어렵지만 그에게 진실을 말하게 하는 것은 거의 불가능하다"고 말할 정도였다. 수콤리노프는 재미와 익살로 짜르의 환심을 사는 데는 능했지만, 심각하고 불쾌한 문제는 피했고 무엇보다 개혁적 마인드하고는 거리가 먼 인물이었다. 1877년 기병장교로 터키와의 전쟁에 참전했던 경험이 영원한 기준이자 자랑거리였던 그는 기술혁신과 현대전에 대해서는 노골적으로 거부감을 갖고 있었으며 화력보다는 칼과 창, 그리고 돌격을 신봉했다.

> 전쟁은 예전과 달라진 것이 없다. 이 모든 것들은 단지 사악한 기술 혁신일 뿐이다. 일례로 나를 보라, 나는 최근 25년간 군사 교본을 한 번도 본 적이 없다.

수콤리노프는 이렇게 과거의 전통과 낡은 이론에 얽매여 있었고 새로운 아이디어를 허용하지 않았다. 그는 지휘관의 능력과 창검에만 매달린 채 훈련과 준비, 보급을 경시했고, 특히 현대전의 요체인 화력의 중요성을 이해하지 못했다. 군수공장의 증설에는 전혀 관심을 쏟지 못한 러시아는 결국 다른 어느 나라보다 군수물자를 제대로 갖추지 못한 채 전쟁에 뛰어들게 되었다. 예비 포탄만 하더라도 서방 군대가 포 1문 당 2천 내지 3천 발을 갖고 있었는데 반해, 러시아군은 850발의 예비탄만 확보하고 있을 정도였다. 특히 포병 부대의 열세가 심각했다. 독일군이 381개의 중포부대를 보유하고 있었는데 비해 러시아군 전체의 중포부대는 60개에 불과했다. 개인 총기류도 부족하기는 마찬가지였다. 1914년에 러시아가 보유한 기관총은 전부 4,100정이었는데 이는 각 보병대대에 한 자루씩 보급하기에도 모자라는 수준이었다.[79] 소총의 경우는 상황이 더욱 심각했다. 필요한 양의 70% 정도만 소총을 보유하고 있던 러시아군은 전쟁이 터지자 병사들을 맨주먹 상태로 전선에 보내는 일도 다반사였다. 이들 중 일부는 후방으로 되돌아오는 경우도 있었고, 일부는 죽은 전우의 총을 주워 싸우라는 명령을 받기도 했다. 따라서 화력의 대결장이었던 1차 대전에서 러시아가 고전한 것은 전혀 이상한 일이 아니었다.

수콤리노프는 무능했을 뿐 아니라 도덕적으로도 각종 부패와 스파이 스캔들을 몰고 다니던 인물이었다. 그는 1906년에 시골 주지사의 젊은 아내에 반해 엉터리 혐의를 조작하여 강제로 그녀를 자신의 네 번째 부인으로 삼았다. 천성이 게을렀던 수콤리노프는 점점 더 자신의 일은 태만히 하고 서른두 살이나 어린 부인에 빠져들었다. 수콤리노프 부인은 파리에서 의상을 구입하고 고급 음식과 대규모 파티를 즐겼는데, 이 모든 사치를 뒷바라지 하는 것 역시 수콤리노프의 몫이었다. 그는 주식 시장의 내부 정보를 이용해 재산을 증식했고, 주변 사람들에게 군용 출입증 발급, 기동훈련 참관 허용 등의 편의를 대주는 대가로 금품을 챙기기도 했다. 군 관련 정보도 돈을 받고 넘겼는데 그러다보니 스파이 스캔들도 따라다녔다. 나중에 오스트리아 거물 간첩으로 밝혀진 알트쉴러도 그 중 하나였다.[80]

수콤리노프는 어찌 보면 썩어가고 있던 당시 러시아 지도층의 부끄러운 자화상이었다.[81] 전쟁패배, 대량학살, 폭동으로 신음하고 있던 러시아는 황제의 지도력부터가 문제였다. 니콜라스 2세는 그의 아버지 알렉산드르 3세가 무정부주의자들에 의해 암살되면서 26세의 나이에 갑자기 황제에 올랐던 인물로서 품성과 지적 능력 모두 결함이 있었다. 그는 고집이 세면서도 변덕이 심했고, 절대군주제를 보존하려는 욕망만 강했지 국정을 진지하게 대하는 법이 드물었다. 1913년 코코브초브Vladimir Kokovtsov 수상이 독일의 전쟁 준비에 대해 보고하자 그는 아무 말 없이 듣고 나서, 백일몽에서 깨어나는 것처럼 "주님의 뜻대로 되겠지"라고 심드렁하게 말했다고 한다. 또한 제위 말년으로 갈수록 황후 알렉산드라와 요승(妖僧) 라스푸틴의 국정 농단에 휘둘리기 일쑤였다.

그러다보니 외상 사조노프, 전쟁상 폴리바노프Alexei Polivanov 등 그나마 합리적으로 일을 처리하던 인물들이 이들의 눈 밖에 나면서 해임되는 사태가 잇따랐다. 유능한 사람들은 자리를 지키기 어려웠고 러시아 조정은 갈수록 간신배로 넘쳐났다. 군 장교들도 능력이 아니라 실력자들과의 연줄을 통해 등용되었고, 국가가 처한 난제들을 해결하기 위해 노력하기보다는 특권의식에만 사로잡혀 있는 경우가 많았다. 용감하고 유능한 장교들이 없는 건 아니었지만 이들 중 상당수는 러일전쟁 이후 숙군 과정에서 강제 퇴역 당했다. 또한 귀족 출신들로 이루어진 관료집단도 이와 크게 다르지 않았고, 국가 하부 망까지 샅샅이 훑고 다니는 비밀경찰들이 정권을 유지하는 데 도움을 주고 있을 뿐이었다. 또한 외관상 병력 규모는 컸지만 문맹률이 높아 군사훈련에 지장을 줄 정도였다. 수도의 귀족들은 러시아어보다 프랑스어에 능숙했고 니콜라스 황제 부부는 일상적 대화를 영어로 할 정도였는 데 반해 러시아 국민들의 75%는 글을 읽지 못하는 가난한 소작농이었다. 또한 고학력, 부유층 자제들은 각종 병역 면제의 혜택을 누리고 있어서 평민들의 병역기피 풍조를 부채질했다. 독일에서는 가족이나 교육으로 인한 병역면제가 2%에 불과했지만, 러시아에서는 이 비율이 48%에 달할 정도였다. 1914년 여름 전쟁의 열기가 러시아를 휩쓸기 직전까지만 해도 수도 페테르부르크에서는 열악한 소작 조건과 저임금 노동에 분노하는 민중 봉기가 일어나는 등 국내 정세도 불안한 상황이었다.

사실 병력의 숫자는 이전의 전쟁에서도 큰 도움이 되지 못한 경우가 많았다. 가깝게는 만주에서 일본에게 패배했고 러시아 영토인 크리미아에서는 영국과 프랑스에 무릎을 꿇었다. 나폴레옹 전쟁에서 승리하긴 했지만 이는 병력의 우위가 아니라 러시아의 혹독한 겨울 덕분이었다. 그럼에도 불구하고 이 거대한 러시아군이 어떻게든 움직여주기만 하면 효과가 있을 것이라는 게 당시의 기대였다. 그러나 이는 곧 환상임이 밝혀졌다. 신속한 동원과 효율적인 병참은 의욕만 앞섰을 뿐 낙후된 철도 시스템 때문에 이룰 수 없는 꿈에 불과했다. 1914년 러시아는 2만 대가 조금 넘는 기관차를 갖고 있었는데, 이는 영토가 러시아의 100의 1밖에 안 되는 영국의 기관차보다도 적은 숫자였다. 1914년 8월 러시아는 프랑스에 약속한 대로 전쟁이 발발하자 동프로이센 지역 공격에 나섰지만, 식량과 무기 불충분 등 병참의 문제 때문에 탄넨베르크Tannenberg 전투에서 대패할 수밖에 없었고 이후 동부전선의 주도권을 다시는 회복하지 못했다.

PART 02

외교의 시간

CHAPTER 03
사라예보의 총소리

발칸은 오랫동안 유럽의 화약고로 불리는 지역이었다. 1800년대부터 오스만 투르크 지배에 항거하는 민족적 봉기가 줄을 이었고, 1912~1913년에는 두 차례에 걸쳐 발칸 전쟁이 일어난 곳이었다. 1900년대 들어서는 오스트리아-헝가리 제국의 지배에서 벗어나려는 민족주의 운동이 분출하고 있었다. 여기에 범슬라브 민족주의를 배후에서 지원하는 러시아까지 개입하고 있어서 발칸은 다층적인 민족분규와 강대국들의 지정학적 경쟁이 복잡하게 얽혀 돌아가고 있던 지역이었다. 그야말로 언제 터질지 모르는 불안정성을 갖고 있던 것이 당시 발칸의 정세였던 것이다.

나는 생전에 세계대전을 볼 수 없을 것이다. 그러나 당신은 볼 것이다. 그것은 동쪽에서 시작될 것이다.

비스마르크가 재상에서 물러난 지 3년 뒤 1893년 함부르크의 어느 해운 사업가에게 했다는 말이다.[82] 비스마르크의 예언대로 그가 죽은 지 20년이 지나지 않아 드디어 유럽의 동쪽에서 사건이 터졌으니 바로 보스니아의 수도 사라예보였다.[83]

보스니아 청년 가브릴로 프린치프

1차 대전의 방아쇠를 당긴 인물은 보스니아 출신 18세 청년 가브릴로 프린치프Gavrilo Princip였다. 할아버지 때부터 터키 지배에 항거했던 보스니아 농부의 자손으로 세르비아인으로서의 정체성을 갖고 있던 인물이었다.[84] 처음 세르비아 국경을 넘었을 때 무릎을 꿇고 조국의 대지에 입을 맞췄고, 1912년 세르비아가 터키를 상대로 해방전쟁을 벌일 때엔 너무 어리다는 이유로 입대가 거절된 경력도 갖고 있었다. 호리호리한 몸매에 이마엔 깊은 주름이 있었던 프린치프는 오스트리아 합스부르크 왕국에 대한 깊은 증오심을 품고 있었다. 세르비아 민족을 차별하는 오스트리아로 인해 가족과 동포의 삶이 너무나 고단해졌기 때문이었다. 그의 조상은 대대로 농사를 짓고 살았다. 빵을 직접 굽고 옥수수를 키우며 밀을 빻는, 소박하지만 평화로운 삶이었다. 그러나 그는 어느 때부터인가 생활이 점점 힘들어졌음을 절감하고 있었다. 빵을 구하기가 어려워졌고, 아버지는 생계를 잇기 위해 우편 배달을 하기에 이르렀다. 순박하고 성실한 동포들이 이토록 땀을 흘리는데 왜 삶은 점점 더 힘들어지는가? 젊은 청년은 자신을 둘러싼 세상이 부조리하다고 느껴졌다. 무언가 크게 잘못된 것이 아닌가? 어떻게 해야 할지 확실히 알 수는 없었지만 세상을 바꿔야 한다는 것만큼은 분명해 보였다. 아버지처럼 살 수는 없다고 생각했다. 구체적인 방법은 몰랐지만 프린치프는 세르비아 민족의 해방을 위해 무언가 위대한 일을 하겠다는 의지를 다지고 있었다. 그는 '보스니아 청년회'라는 비밀단체에 속해 있으면서 음울하고 혁명적인 사상을 담고 있는 책들을 탐독하며 기회가 오기를 기다렸다. 그가 꿈꾼 것은 해방이었다. 케케묵은 전통으로부터, 교회의 영향으로부터, 삶을 짓누르는 가난으로부터, 그리고 무엇보다 오스트리아 제국이 자기 민족에게 채운 족쇄로부터 벗어나고 싶어 했다.

1914년 3월 13일 프린치프는 세르비아의 수도 베오그라드에 도착했다. 제1 베오그라드 고등학교 학생 신분으로 경찰서에 체류신고서를 제출하고 싸구려 여관에 짐을 풀었다.[85] 보스니아에서 우편 배달원으로 근근이 가족을 부양하는 아버지가 챙겨 준 몇 푼의 돈을 아껴가며 6급 공

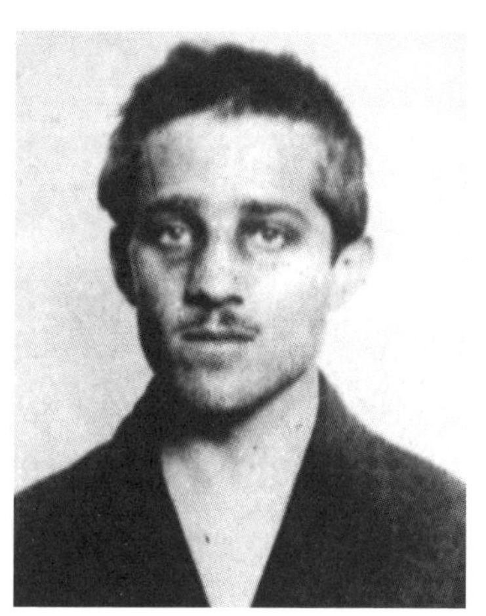

➡ 가브릴로 프린치프

무원 시험 준비를 할 계획이었던 것이다. 그러나 그는 좀처럼 공부에 마음을 붙일 수 없었다. 책상 앞에 따분하게 앉아 있기에는 세상이 너무 불합리하게 여겨졌기 때문이었다. 그는 교실과 도서관이 아니라 베오그라드 그린리스 광장의 작은 카페에서 대부분의 시간을 보냈다. 그곳에서 그는 보스니아에서 온 비슷한 또래의 젊은이들과 어울렸는데, 자신처럼 발칸전쟁 때 세르비아 해방을 위해 자원했던 혈기 넘치는 활동가들이었다.

프린치프가 공무원 시험의 최종 결과를 기다리고 있을 때 놀라운 소식을 전해 들었다. 보스니아에 있던 친구가 보내 온 신문 조각에 오스트리아 왕국의 페르디난트Franz Ferdinand 황태자가 사라예보를 방문한다는 기사가 실려 있었던 것이다. 6월말에 사라예보에서 열릴 군사훈련을 시찰하기 위한 방문이라는 내용이었다. 프린치프는 가슴이 뛰었다. 민족해방을 위해 무언가 위대한 일을 하고자 하는 열망을 실현시킬 수 있는 절호의 기회였다. 페르디난트 황태자라면 연로한 요제프 황제의 뒤를 이어 조만간 합스부르크 제국의 군주가 될 인물이었다. 세르비아인들에게 공적으로 꼽히던 포티오레크Oskar Potiorek 보스니아 총사령관보다도 훨씬 거물이었다.

거사를 결심한 프린치프는 뜻을 함께할 동지를 찾아 나섰다. 제일 먼저 합류한 사람은 네델리코 카브리노비치Nedeljko Čabrionvić라는 청년이었다. 원래 학생이었지만 지금은 베오그라드 국립인쇄소 직원으로 일하고 있었던 그에게 프린치프는 암살 계획을 털어 놓았다. 어둠이 잠긴 인적 없는 벤치에 앉아 있던 두 사람, 그들 사이에는 침묵이

➡ 페르디난트 황태자 암살 모의자들: 왼쪽부터 프린치프, 카브리노비치, 그라베쥬

흘렀고 잠시 후 카브리노비치는 고개를 끄덕였다. 암살 계획에 동참하기로 한 것이다. 두 번째 포섭된 인물은 하숙집에 같이 살던 보스니아 출신 학생이었다. 이름은 트리코프 그라베쥬Trifko Grabež. 교사에게 주먹질을 하다가 학교에서 쫓겨난 불량 학생이었지만 모험심이 강하고 용기와 결단력이 있던 청년이었다. 다음에 합류한 사람은 공모자 중 가장 연장자인 23살의 다닐로 일리치Danilo Ilić였다. 큰 키에 비쩍 마르고 신경 쇠약 증세가 있던 일리치는 민족주의, 마르크스주의, 무정부주의가 뒤섞인 생각을 갖고 있던 다소 복잡한 인물이었는데, "죽음을 늘 생각하도록" 항상 검은색 넥타이를 매고 다녔다고 한다. 이 외에도 세 명이 더 합류해서 총 일곱 명이 암살 계획에 참여하게 된다.

'검은 손'과의 접선

사람을 모았으니 이제 무기가 필요했다. 프린치프는 수소문 끝에 게릴라 선동 조직가와의 접선에 성공했다. '검은 손' 이라는 비밀단체의 조직원인 탄코시치Voja Tankosić 소령이었다. 3년 전 터키에 대항하는 발칸전쟁에 참전하고자 찾아온 프린치프를 나이가 어리다는 이유로 되돌려 보냈던 바로 그 인물이었다. 당시 15세였던 소년이 지금 18세 청년이 되어 다시 찾아온 것이다. 탄코시치 소령은 '누군가'와 의논해야 한다며 프린치프에게 기다리라고 했다가 이번에는 그의 부탁을 들어주었다.

탄코시치가 소속된 '검은 손'이라는 단체는 오스트리아에 대해 저항 활동을 벌이던 세르비아 내 지하조직이었다. 과격 민족주의자

'검은 손' 지도자 디미트리예비치

들, 젊은 장교들, 심지어 세르비아 정부 대신들도 일부 참여하고 있었고, 드라구틴 디미트리예비치Dragutin Dimitrijević 대령이라는 인물이 조직의 실질적 지도자였다. 디미트리예비치 대령은 군 정보부장 직함을 갖고 있었으나, 세르비아 정부를 이끌던 파시치Nikola Pašić 수상과 라이벌 관계를 이룰 정도로 군내 신망과 세력이 있던 인물이었다. 일명 '아피스(Apis)'라는 암호명으로 불리던 그는 이미 세르비아 민족주의자들 사이에서 신화적 인물로 자리 잡고 있었다. 군인인 동시에 혁명가로서 이중적인 생활을 했던 그는 모든 세속적 삶을 초월한 인물로 알려져 있었다. 결혼도 하지 않고 가족도 없이 깨어 있는 모든 시간을 오로지 위대한 세르비아 건설이라는 하나의 열망에 바치던 사나이였다. 탄코시치 소령이 의논한 '누군가'가 바로 이 드미트리예비치 대령이었다.

'검은 손'의 지원을 약속 받은 프린치프는 곧 거사에 필요한 권총과 폭탄을 제공받았다. 뿐만 아니라 베오그라드의 인적 드문 한 공원 구석에서 '검은 손' 보스니아 지부가 보낸 낯선 남자로부터 2주 동안 총을 장전하고 쏘는 방법을 배웠다. 그리고 마침내 5월 28일, 옅은 안개가 낀 목요일 아침에 여섯 명의 공모자들은 베오그라드를 떠나 보스니아로 출발했다. 이들은 각자의 주머니에 폭탄 두 개, 권총 한 자루, 그리고 자살용 청산가리 캡슐 하나를 챙기고 사라예보로 향하는 증기선에 몸을 실었다. 그러나 며칠 뒤 이들의 움직임은 세르비아 정부에 의해 포착되었다. 몇 명의 무장한 젊은이들이 보스니아 국경을 넘었고, 페르디난트 황태자 방문에 맞춘 암살범일 가능성이 있다는 첩보였다. 파시치 수상은 이들을 찾아내라고 지시했다. 그 역시 세르비아 민족주의자였지만 황태자의 암살과 같은 극단적 방법을 묵인할 만큼 무모한 인물은 아니었다. 그러나 수상의 적발 명령은 집행되지 않았다. 국경 경비대와 세관 관리들이 모두 '검은 손' 단원이었기 때문이다. 수상의 명령이 먹혀들지 않을 정도로 세르비아 정보기관과 군부는 이미 '검은 손' 지도자들이 장악하고 있었던 것이다.

그러나 세르비아 정부로서는 오스트리아 제국에게 어떤 형태로든 위험성을 알릴 필요가 있었다. 암살자들의 신원도 이름도 모르는 상태였지만 만약의 경우 엄청난 불행이 닥칠 수 있는 일이었다. 6월 5일 세르비아의 요바노비치Jovan Jovanović 공사는 오스트리아 재무장관 빌린스키Leon Biliński를 방문했다. 안전상의 문제로 황태자 방문의 시기와 장소를 변경하는 것이 좋겠다는 의사를 전달하기 위해서였다. 빌린스키 장관은 의아해했다. 보스니아가 평온한 상태라고 경찰보고를 받아 오고 있었기 때문이었다. "무슨 특별한 첩보라도 있습니까?" 빌린스키의 물음에 세르비아 공사는 그렇지는 않다고 대답했다. 다만 전반적인 분위기가 우려스럽다고 애매하게 말했다. 실제로 구체적인 정보가 없었고, 있다 하더라도 사실대로 밝힐 수 없는 입장이었다. 자칫 세르비아 정부 전체가 반 오스트리아 음모에 연루된 것으로 오해받을 수도 있었기 때문이었다. 어쨌든 드미트리예비치 대령은 세르비아 군의 정보부장이 아니던가? 모호한 경고를 전달받은 빌린스키는 아무런 조치도 취하지 않았다. 정부 각료이긴 했지만 군에 대한 직접적인 지휘권한이 없어서 그 자신이 직접 할 수 있는 일은 거의 없었기 때문이다. 사실 황태자나 보스니아 경찰에게 경고의 메시지 정도는 전달할 수 있었을 테지만 이 역시 하지 않았다. 세르비아의 경고가 모호한 것도 있었지만 황태자 방문의 실무 책임자인 보스니아 총사령관 포티오레크와 불편한 관계였기 때문이었다. 빌린스키는 상관인 자신을 무시하는 듯이 건방지게 행동하는 포티오레크를 예전부터 고깝게 여기고 있었던 것이다.[86]

순조로운 방문 준비

포티오레크는 아무 것도 모른 채 행사준비를 계속했다. 군사훈련이 벌어질 사라예보 외곽에는 2만 2천 명의 병력을 집결시켰다. 그러나 황태자가 이동할 시내에는 의장대만 배치했고 경찰에게도 특별한 경호준비를 시키지 않았다. 4년 전 요제프 황제가 사라예보를 방문했을 때 수백 명의 정치적 의심분자들을 체포하고 수천 명의 경찰 병력을 배치했던 것과는 대조적이었다.[87] 이번에는 아무도 체포되거나 구금되지 않았고 5만 명 인구 도시에 겨우 120여 명만의 경찰이 배치되었을 뿐이었다. 군중들 사이로 덮개가 없는 차량을 타고 완전히 예정된 경로를 따라 이동하는 행사치고는 경호가 너무 취약한 편이었다. 합스부르크 왕가의 위신만으로 황태자가 안전할 것으로 믿지 않는 한 너무나 불안한 준비였던 것이다. 포티오레크는 경호만 제외하면 아주 세심하게 황태자를 맞을 준비를 했다. 저녁 만찬의 메뉴며 좌석

배치, 포도주 종류를 직접 챙겼다. 전하가 탈 말의 안장은 어떤 것으로 할지, 말등자의 길이는 얼마로 하는 것이 가장 편할지에 대해 마음을 썼다. 말을 고르기 위해 전하의 체중이 얼마인지 묻기도 했다.

6월 25일 오후 황태자 일행은 사라예보 외곽에 위치한 온천 도시인 일리드자Ilidža에 도착했다. 황태자는 이곳에 위치한 군 사령부를 시찰하고 모의 전쟁훈련을 직접 주관했다. 남군과 북군으로 나뉘어 진행되는 이틀간의 훈련을 성공적으로 마친 27일 저녁에는 황태자를 환송하는 연회가 열렸다. 크림수스 송어 전채에 이어 메인 메뉴로 소고기와 양고기가 나왔고 후식으로는 파인애플 크림과 치즈, 아이스크림이 나왔다. 황태자는 원래 크게 인기가 있는 인물은 아니었다. 요제프 황제처럼 온화하지도 않았고, 독일의 빌헬름 황제처럼 백성들의 박수갈채를 갈망하는 인물도 아니었다. 그러나 요제프 황제의 병세가 깊어갈수록 자신을 대하는 사람들의 태도가 사뭇 달라짐을 느끼고 있었다. 인사하는 태도, 경계하는 모습이 한결 부드럽고 공손해 보였다. 꼬냑으로 화려한 만찬을 정리하면서 황태자는 흡족한 기분으로 시찰 일정을 마무리했다.

다음날인 6월 28일 일요일은 마지막 일정으로 사라예보를 방문하는 날이었다. 그런데 이날은 세르비아인들에게는 특별한 날이었다. 본래는 1389년 중세 왕국 세르비아가 오스만 투르크 제국과의 전쟁에서 패배한 날로 일종의 '국치일' 이었다. 그러다가 1912년 두 차례 발칸 전쟁을 통해 터키로부터 코소보 지역을 회복하는 복수에 성공하자, 그 이후로는 '세르비아 부활절'과 같은 축제 분위기로 기념

➡ 페르디난트 황태자 가족과 보스니아 지역 사령관 포티오레크

되던 날이었다. 황태자 일행은 세르비아인들이 느끼는 이러한 특별한 의미를 알지 못했다. 단지 의전적인 방문으로는 제격인 공휴일이었을 뿐이었다. 특히 이날은 황태자의 결혼기념일이기도 했다. 부인인 소피Sophie는 왕가의 후손이 아니라는 이유로 그동안 황실에서 여러 가지 차별과 수모를 당해왔는데, 페르디난트는 오스트리아 황실의 의전에서 벗어난 이 곳 보스니아에서 최대한의 예우를 갖춰 아내를 기쁘게 해줄 요량이었다. 황태자의 아내와 자식에 대한 애정은 각별했다. 황태자 본인의 표현에 의하면 소피는 그에게 "완전한 행복entire happiness"이었으며, 자녀들은 "기쁨과 자랑delight and pride"이었다. "나는 하루 종일 앉아 가족들을 감탄하며 바라보는데, 그만큼 그들을 사랑하기 때문이다"라고 말할 정도였고, 1904년 한 친구에게는 아내와 결혼한 것이 그의 일생에 가장 현명한 선택이었다고 털어놓은 적도 있었다.[88] 이 시대 왕실의 일반적 가족관계에 비해서는 확실히 친밀

함과 따뜻함이 있는 모범적인 가정이었다.

1914년 6월 28일 오전 11시

사라예보로 떠나는 날 아침 황태자는 호텔방에서 오후에 예정되어 있던 연설 연습에 신경을 쓰고 있었다. 슬라브어 자음을 정확히 내는 건 아무래도 어렵게 여겨졌기 때문이었다. 이때 비엔나로부터 한 통의 전화가 걸려왔다. 쇼텐 아카데미에서 공부하고 있는 큰 아들 막스가 우수한 성적을 받았다는 소식이었다.[89] 황태자는 기쁜 마음으로 축하 전보를 보내고 나서 특별 열차편을 타고 일리드자를 떠났다. 황태자 일행이 사라예보 역에 도착한 시간은 오전 9시 20분경이었다. 육군 제15군단이 제국 찬가를 연주했고, 황태자 부부는 붉은 양탄자를 밟으며 천천히 대기하고 있던 무개차無蓋車에 올라탔다. 황태자는 기병 장군의 예복 차림이었고, 부인은 하얀 실크 드레스를 입고 있었다. 황태자 일행은 여섯 대의 차량으로 나뉘어서 강변도로를 따라 천천히 시청으로 이동했다. 선두 차량에 추르치치Fehim Effendi Čurčić 사라예보 시장과 게르데Edmund Gerde 사라예보 경찰국장이 탔고, 황태자와 부인은 두 번째 차량에 앉아 있었다. 그 뒤를 이어 보스니아 총사령관 포티오레크 장군이 있었고, 그 외 지역경찰과 수행원들을 태운 나머지 세 대가 후미를 이루고 있었다.

일곱 명의 모의자들은 강변의 진행로를 따라 각자의 위치에서

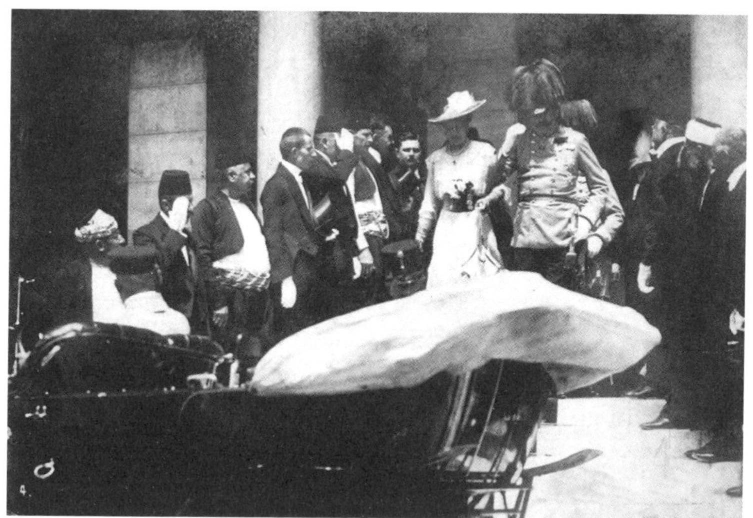
➡ 사라예보를 방문해 무개차에 오르는 페르디난트 황태자와 부인 소피

황태자 일행을 기다리고 있었다. 카브리노비치와 다른 다섯 명의 공모자는 9시부터 아펠 강둑길에서 기다리고 있었고, 프린치프는 거기서 삼백 미터 쯤 떨어진 곳에 자리 잡고 있었다. 그런데 이들은 막상 황태자를 태운 차량이 다가오자 우왕좌왕하며 행동에 나서지 못했다. 2주간 급조된 사격훈련을 받았지만 움직이는 목표물에 대해서는 경험이 전무했던 것이다. 첫 번째 학생은 경찰이 뒤에 있을 거라고 생각해 주머니에서 폭탄을 꺼내지 못했고, 두 번째 젊은이는 옆에 앉은 황태자 부인이 불쌍하다고 생각해 행동에 나서지 못했다. 세 번째 학생은 근시라서 황태자를 보지 못했고, 네 번째 학생은 고민하다가 폭발이 군중들을 다치게 할까봐 단념했다. 유일하게 행동한 사람은 인쇄소 직원 카브리노비치였다. 일행 중 가장 미덥지 못하다고 하여 마지막에야 폭탄을 지급받았던 인물이었다. "어느 것이 황태자가

탄 차량입니까?" 그가 옆에 있던 경찰에게 물었다. 경찰은 흘끗 쳐다보더니 마지못해 손가락을 가리키며 알려줬다. 카브리노비치는 안전핀을 뽑고 폭탄을 던졌다. 그러나 폭탄이 날아오는 것을 본 운전사가 엑셀을 밟았고, 폭탄은 황태자가 탄 차량 후미에 떨어졌다가 뒤따르는 세 번째 차량 밑에서 폭발했다. 소란스러운 거리와 예포 소리에 뒤섞여 처음엔 무슨 일이 일어난 건지 아무도 몰랐다. 그러다가 잠시 후 누군가 폭탄이라고 외쳤고 몇 명의 부상자가 눈에 띄었다. 뒤를 따르던 수행원들과 연도에 서 있던 몇 명의 시민들이 파편에 맞아 상처를 입었던 것이다. 특히 포티오레크의 보좌관인 메리치Erik von Merizzi 대령이 머리를 심하게 다쳐 피를 흘리는 모습이 보였다.

프린치프도 폭발음을 들었다. 처음엔 암살이 성공한 줄 알았다. 그러나 곧 황태자를 태운 차량이 동요 없이 계속 움직이는 것이 보였고, 잠시 후 카브리노비치가 헌병에 끌려가는 모습이 눈에 띄었다. 암살 시도가 실패했음이 분명했다. 프린치프는 제일 먼저 암살 모의가 들통나는 것을 막아야 한다고 생각했다. 잘못해서 '검은 손'의 관여 사실까지 드러나면 세르비아 민족해방 운동에 치명적 영향을 미칠 수도 있었다. "나는 카브리노비치가 암살에 실패했고 음독자살에도 성공하지 못했음을 알아차렸다. 권총으로 그를 죽이려 했다"고 프린치프는 나중에 술회했다. 그러나 그것이 불가능하다고 판단해 이내 단념하고, 일단 반대편 강둑길로 갔다. 어찌할 바를 모르던 그는 그곳 카페에 앉아서 자살을 생각했다. 모든 것이 수포로 돌아갔고 아무 희망이 없어 보였다. 이때 10시 반을 알리는 교회 종소리가 울렸다.

한바탕 소란 끝에 황태자 일행은 10시 조금 넘어 시청에 도착했다. 황태자를 맞이하는 추르치치 시장은 여기서 웃지 못할 상황을 연출했다. 맨 앞 차량에 앉아 있던 시장도 암살 미수 사건이 벌어졌고 황태자의 사라예보 방문이 이미 엉망이 된 것을 모르지 않았다. 그러나 겁에 질린 시장은 준비된 환영사를 그대로 읽어 내려갔다. "사라예보 시민들은 모두 행복감에 젖어 있습니다. 그들은 전하의 빛나는 방문을 열렬한 환영의 마음으로 맞이하고 있습니다." 환영사가 몇 마디 이어지기도 전에 황태자가 불같이 화를 내며 시장의 말을 끊었다. "시장! 무슨 감사의 말씀이오! 나는 여기 손님으로 왔는데, 당신 시민들이 우리를 폭탄으로 맞이했단 말이오." 분위기는 일순간 얼어붙었다. 그러나 아내 소피가 남편에게 다가와 뭐라고 귓속말을 하는 것이 보이더니, 황태자는 이내 냉정을 되찾았다. "좋소, 계속하시오"라는 페르디난트의 말에 시장은 가까스로 환영사를 마쳤다. 그리고 나서 자신도 답사 연설을 했는데, 폭탄이 터진 차량에 있는 바람에 피가 묻고 찢어진 상태의 연설문을 갖고 제법 우아하게 발언을 마쳤다.

시청에서의 환영행사가 끝나고 다음 일정은 박물관으로 향할 차례였다. "또 다른 사고가 없을까?" 황태자는 포티오레크 총사령관에게 물었다. "그러지 않기를 바랍니다. 그러나 아무리 안전조치를 취한다 하더라도 만약의 사태를 완전히 예방할 수는 없습니다." 포티오레크가 조심스럽게 대답했다. 그는 나머지 일정을 모두 취소하고 사라예보를 떠나 일리드자로 가든지 아니면 자신의 관저로 갈 것을 제안했다. 황태자는 일단 부상당한 메리치 대령이 입원해 있는 병원을 방문하기로 했다. 또 다른 암살 시도가 있을 수 있었지만 페르디난트는 하루에 두 번씩이나 이런 대담한 짓을 할 리가 없다고 생각했던 것이다. 원래 안전을 위한 성가신 절차를 참지 못하는 성격인데다 "걱정은 삶을 마비시킬 뿐"이라고 말하던 그였다. 당초 계획에 따르면 이때부터 황태자와 부인 소피는 다른 일정을 소화하게 되어 있었다. 황태자가 박물관을 방문하는 동안 황태자비는 시청 일층에 마련된 방에서 무슬림 여인들과 환담한다는 것이 당초 계획이었다. 그런데 소피가 남편과 함께 하겠다며 고집을 부리는 바람에 부부가 동행하는 것으로 일정이 변경되었다. 이때가 10시 반, 창밖 교회에서 울린 종소리가 이를 알리고 있었다.

황태자 일행은 곧 차량에 올라 시청을 나섰다. 그런데 이때 혼선이 발생했다. 아무도 운전자에게 일정이 바뀐 것을 알려주지 않았던 것이다. 황태자와 부인을 태운 선두차량이 계획된 대로 박물관 쪽으로 향해 달리자, 뒤따르던 포티오레크가 소리쳤다. "이 길이 아니야. 우린 아펠 강둑으로 가야해!" 운전수는 급히 차를 멈추고 반대 방향으로 돌리기 시작했다. 좁은 길이라 뒤따르던 차량들이 줄줄이 멈춰 섰다. 10시 34분, 아펠 강둑길과 루돌프 거리가 만나는 좁은 모퉁이, 이곳에 바로 커피를 마시고 나온 프린치프가 서 있었다. 프린치프는 놀랍게도 바로 자신의 눈앞에 황태자의 차가 서 있는 것을 보았다. 불과 1.5미터의 거리였다. 보스니아 소수 민족 우편 배달부의 아들과 천년 왕국 합스부르크의 권좌에 오를 황태자의 거리는 이토록 가까웠다.[90] 프린치프는 이상한 감정에 휩싸였다. 시간이 멈춘 듯 천천히 흐르는 것 같았다. "황태자비가 옆에 앉아 있는 것을 보고 나서 나는 총을 쏘아야 할지 잠시 망설였다. 동시에 알 수 없는 감정이 차오르는 것을 느꼈다." 훗날 프린치프는 재판정에서 이렇게 증언했다. 포티오레크의 회고도 이와 유사한 초현실적인 느낌을 전한 바 있다. 프린치프가 권총을 꺼내 발사할 때 자신은 차에 앉아 살인자의 얼굴을 가만히 응시하고 있었는데, 총구에는 연기도 섬광도 없었고 총성도 희미하게 아주 멀리서 들려오는 것 같았다는 것이다. 프린치프는 두 발을 발사했다. 첫 번째 탄알은 차의 옆문을 뚫고 소피의 복부를 관통했고, 두 번째 탄알은 페르디난트의 목에 적중했다. 프린치프는 곧바로 자결하기 위해 자신의 머리에 총구를 겨눴으나 누군가가 팔을 비틀어 실패했다. 청산가리 캡슐도 입에 물었으나 약이 너무 오래돼서 구토만 나고 말았다.

총성이 울린 후에도 황태자와 부인 소피는 흐트러짐 없이 꼿꼿

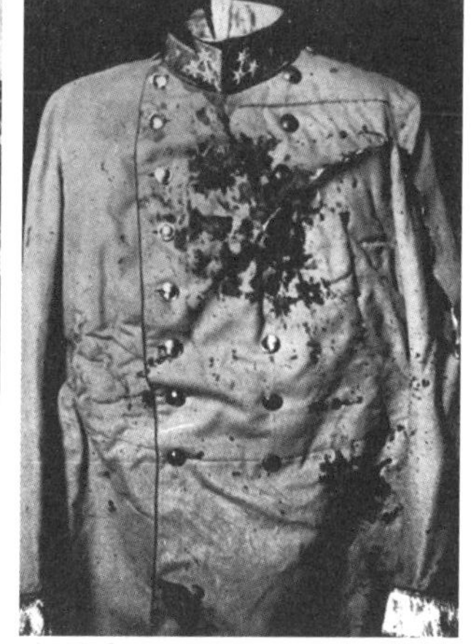

➡ 좌: 황태자 암살 직후 프린치프가 체포되는 모습, 우: 피에 젖은 황태자의 상의 예복

하게 앉아 있었다. "빨리 차를 몰아!" 포티오레크가 외쳤다. 차가 출발하자 황태자의 입에서 피가 쏟아졌다. "당신 왜 그래요?" 소피가 울부짖었다. 그러나 곧 그녀는 남편 쪽으로 쓰러지면서 의식을 잃었다. 그녀의 하얀 실크 드레스가 붉게 물들기 시작했다. "소피, 소피, 죽지 마오! 우리 아이들을 위해 살아줘!" 피를 가득 머금은 황태자가 애원하듯 외쳤다. "전하 괜찮으십니까?" 부관이 황태자에게 달려와 외투를 벗기고 총상을 확인했다. "난 괜찮네." "난 괜찮아." 일곱 번이나 같은 말을 반복했지만 목소리는 점섬 작아졌다. 소피가 숨이 끊어지고 십 분 뒤 황태자도 숨을 거두었다. 사라예보 교회 종소리가 11시를 알리는 시각이었다.

CHAPTER

04

7월 위기의 시작

사라예보에서 암살 사건이 발생한 시간은 오전 11시, 이 소식이 베오그라드에 전해진 것은 늦은 오후였다. 세르비아 정부는 놀라움 속에 신속히 애도의 뜻을 표했다. 아울러 이번 사건을 개인적인 단순 범죄행위로 규정하면서 세르비아가 연루된 과격 민족주의 운동으로 비춰지는 것을 경계했다. 당시 정부를 이끌던 파시치 수상은 세르비아 민족주의 이념을 신봉했지만 오스트리아와의 관계 개선이 불가피하다고 보는 현실론자였다. 특히 연이은 발칸 전쟁 이후 경제 회복이 급선무였고, 무엇보다 러시아의 지원 없이 오스트리아와 충돌한다는 것은 무모하다고 보았던 것이다.

그러나 세르비아의 전반적 분위기는 달랐다.[91] 거리의 카페는 합스부르크에 일격을 가한 행동에 기뻐하는 세르비아 애국자들로 넘쳐났다. 대다수 언론도 마찬가지 분위기였다. 암살자들을 "선하고 명예로운 젊은이들"로 부르며 영웅적 행위로 묘사했다. 심지어 고위관료까지 나서서 암살사건을 정당화하기도 했다. 일례로 암살사건 다음 날인 6월 29일 스파라예코비치Miroslav Spalajković 세르비아 장관은 러시아 언론과의 인터뷰에서 오스트리아에 대한 보스니아의 저항을 변호했다. 그는 세르비아 영토 내에 '검은 손'과 같은 혁명조직은 없으며, 이는 오스트리아가 공연히 만들어낸 거짓 발명품이라고 주장해오던 인물이었다. 파시치 수상도 조심스럽기는 했지만 이러한 반 오스트리아적인 발언과 행동에 대해 특별한 조치를 취하지는 않았다. 언론에 대해서 자제를 요청하긴 했지만 과격한 보도를 통제하지 않았고, 각료의 도발적 발언에 대해서도 그대로 방치했다. 심지어 그 자신도 오스트리아가 이 불행한 사태를 정치적으로 이용한다면 세르비아인들은 주저치 않고 조국을 지킬 것이라는 강성발언을 하기도 했다. 무엇보다 세르비아 정부차원에서 사안의 심각성에 걸맞은 조치가 이루어지지 않았다. 암살 모의자들에 대한 조사와 재판이 느릿느릿 진행되었고, 의혹이 집중되고 있던 '검은 손' 조직에 대한 선제적인 단속이나 소탕도 전혀 이루어지지 않았던 것이다. 아피스 대령도 아무 일 없이 자리를 지키고 있었다. 이러한 세르비아의 이중적이고 도발적인 행동들은 오스트리아인들을 자극했지만, 현실주의자인 파시치 수상도 국민들의 반 오스트리아 정서를 무시할 수는 없었다. 특히 8월 14일에 전국적인 선거가 예정되어 있어 민족주의적 여론에 역행하는 것은 어려웠던 상황이었다.

왕실 인사에 대한 암살은 유럽 전체를 충격에 빠뜨렸다. 대다수의 국가가 군주제였던 유럽인들은 오스트리아를 동정했고 뭔가 단호한 대응이 있을 거라고 믿었다. 황태자 페르디난트 개인은 그렇게 호감이 가는 인물은 아니었다. 오히려 짜증과 갑작스런 역정으로 주변을 불편하게 하는 성격이었다. 카리스마는 부족했고 항상 사람을 의심하는 습관이 있어서 마음을 터놓는 친구도 거의 없었다. 조금이라도 자신의 권위를 넘보는 기색이 있으면 참지 못했지만, 그렇다고 굽실거리는 사람을 좋아하지도 않았다. 한마디로 까다롭고 만족시키기 어려운 사람이었다.[92] 그래도 공적인 문제에 있어서만큼은 페르디난트는 개혁적인 성향을 갖고 있었다. 그는 자신이 황제가 되면 부유층뿐 아니라 토지를 보유하지 않은 농민들에게도 선거권을 부여할 계획이었다. 또한 제국의 각 지방에도 자치권을 부여할 작정이었다. 특

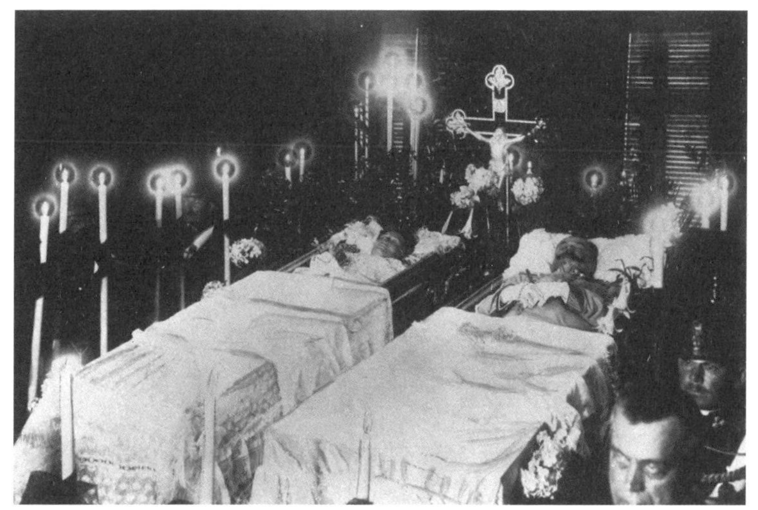

➡ 페르디난트 황태자와 그 아내 소피의 장례

히 헝가리에서 소수 민족인 마자르족이 세르비아계와 크로아티아계 등 다수 슬라브족을 차별하는 상황을 고치려 했다. 또한 오스트리아와 세르비아는 서로 화해할 수 있고 또 반드시 그래야 한다고 믿었다.[93] 잘못 알려진 것처럼 절대 호전적인 인물이 아니었다. 어찌 보면 보스니아 청년이 반드시 쓰러뜨려야 할 대상에 꼭 들어맞는 사람은 아니었던 것이다.

그러나 페르디난트는 자신의 확고한 주관을 무례할 정도로 직설적으로 표현했고 이 때문에 수모를 겪은 이들이 많았다. 합스부르크 제국에 어울리는 우아함은 찾아보기 어려웠고 왠지 거칠고 무자비한 군주가 될 것 같은 조짐을 풍겼다. 그래서 그런지 페르디난트의 죽음에 대해 진심에서 우러나는 애도의 물결 같은 것은 없었다.[94] "슬퍼하고 분개하기는 했지만 한편으로는 홀가분한 기색도 있었다." 베르히톨트 외상은 암살 사건 뒤 처음 열린 각료회의 분위기를 이렇게 표현했다.[95] 요제프 황제의 딸인 발레리 대공녀도 아버지가 "놀라시긴 했지만 어쩐지 큰 짐을 더신 듯 가벼워 보이셨다"고 일기에 적었다. 그러나 그럼에도 불구하고 그는 합스부르크 제국의 왕위 계승자였다. 개인에 대한 호불호의 문제가 아니라 왕국의 존엄과 안위에 대한 명백한 도전이라는 데 문제의 심각성이 있었다. 오스트리아에서는 당장 책임자를 찾아내 처벌하라는 여론이 비등했다. 그러나 그것만으로는 부족했다. 어떤 형태로든 세르비아를 징벌하는 것이 필요했다. 그렇지 않으면 합스부르크 왕가의 위신은 실추될 것이고 세르비아를 중심으로 전개되는 남슬라브 민족주의 운동이 더욱 걷잡을 수 없이

번져버릴지도 몰랐다.

암살 배후에 대한 조사

오스트리아는 암살 음모에 세르비아 정부가 관여했다는 증거를 찾으려고 노력했다. 암살범들에 대한 첫 심문은 암살 당일 오후에 바로 이루어졌다. 프린치프는 병색이 있는 듯 누렇고 수척한 모습을 하고 있었는데, 재판을 담당했던 페퍼Leo Pfeffer 판사는 이 연약해 보이는 청년이 이런 엄청난 짓을 저질렀다는 것을 믿을 수 없다는 반응을 보였다.[96] 프린치프는 모든 것을 자신이 단독으로 했으며 어느 누구와도 모의하지 않았다고 주장했다. 심지어 카브리노비치와의 연관성도 부인했다. 카브리노비치도 처음엔 프린치프와 같은 주장을 펼쳤다. 누구와의 공모도 없이 혼자서 암살을 시도했으며 폭탄은 이름이 기억나지 않는 베오그라드의 한 무정부주의자로부터 얻었다는 것이다. 그런데 그 다음날 카브리노비치가 말을 바꾸기 시작했다. 프린치프와 자신이 공모했으며, 무기는 발칸 전쟁에 참전했던 어느 철도 잡역부에게서 구했다는 것이다. 카브리노비치의 증언을 들이대자 프린치프도 이내 둘이서 공모했다는 사실을 인정했다. 그러나 두 사람은 다른 공모자의 존재나 아피스 조직의 관여 사실에 대해서는 함구했고, 더 이상 사건의 전모가 드러나지 않도록 노력했다. 그리고 이는 어느 정도 성공하는 듯 했다. 프린치프와 카브리노비치는 각각 별개의 감방에 투옥되었지만, 러시아 소설에서 읽었던 벽을 두드리는 방법으로 의사소통을 함으로써 서로 말을 맞출 수 있었던 것이다. 조사과정에서 강압이나 고문은 전혀 없었고, 페퍼 판사도 집요하게 캐묻는 스타일이 아니라서 사건의 진실은 이쯤에서 덮이는 듯 했다.

그런데 이때 다닐로 일리치가 체포되면서 반전이 일어났다. 경찰은 일리치가 단지 세르비아 민족주의 단체의 일원이라는 것만 알고 있었을 뿐 암살사건에서 어떠한 역할을 했는지에 대해서는 아무런 정보를 가지고 있지 않았다. 그러니 이를 알 리 없었던 일리치는 페퍼 판사에게 교수형을 면하게 해준다면 알고 있는 모든 정보를 제공하겠다고 제안했다. 프린치프나 카브리노비치가 이미 자신의 관여사실을 자백했을 것으로 생각했기 때문에 유죄 인정의 조건으로 형을 감경시키려는 시도였다. 페퍼 판사로부터 정상참작의 여지를 확인한 일리치는 모든 것을 털어놓았다. 세르비아 지하조직으로부터 무기 제공, 국경 통과 등의 제반 도움을 얻은 사실, 프린치프와 카브리노비치 외에 공모자가 더 있다는 것을 폭로했을 뿐 아니라 그들이 있을 법한 장소도 알려주었다. 이렇게 해서 추가로 체포된 이가 그라베쥬였다. 군중들 틈에 끼여 폭탄을 꺼내지 못했다고 법정에서 진술하긴 했지만, 그 역시 다른 공모자들처럼 겁에 질려 현장에서 조용히 사라졌던 젊은이었다. 그는 암살 사건 직후 사라예보의 삼촌 집에 권총과 폭탄을 숨기며 은신하고 있다가 그 다음날 기차를 타고 자신의 고향인 팔레Pale에 가 있던 중이었다. 그러다가 세르비아로 도피하기 위해 국경지역 작은 마을에 있다가 체포된 것이다. 암살 사건이 일어난 지

➡ 암살사건에 대한 재판 장면: 1914. 12. 5., 맨 앞줄의 중앙이 프린치프

9일 만에 다른 두 명의 공모자 역시 체포되었고, 단지 한 명만이 이미 몬테네그로 국경을 넘어 도피에 성공했다.

일리치가 제공한 결정적 단서는 탄코시치 소령에 대한 폭로였다. 그는 '검은 손'의 조직원으로서 프린치프에게 무기를 제공하고 권총 훈련까지 시켰던 인물이었다. 암살에 사용된 폭탄과 권총이 세르비아에서 제조되었고 세르비아 정부 면허가 있다는 사실도 밝혀졌다. 사건의 전모가 서서히 드러나기 시작했다. 그러나 프린치프와 카브리노비치는 끝까지 세르비아 민족주의 운동에 타격을 입히지 않기 위해 애를 썼다. 그 덕분에 암살 음모의 실질적 지휘자이자 '검은 손' 조직의 지도자인 드미트리예비치 대령의 이름은 끝까지 나오지 않았고, 세르비아 정부의 직접적인 공모도 확실히 밝혀지지 않았다.[97] 7월 2일 나온 중간 조사 결과는 암살자들이 세르비아에서 무기를 구입하여 보스니아로 잠입했다는 사실과 누군가가 이들을 도와줬다는 정도였다.

그러나 그렇다고 암살사건의 배후에 세르비아 정부가 있다는 의혹이 해소된 것은 아니었다. 아니, 암살사건 직후부터 오스트리아는 세르비아의 유죄를 의심치 않았다. 포티오레크는 일찍이 카브리노비치가 베오그라드에서 지령을 받는 세르비아 사회주의 그룹의 일원이었다고 본국에 보고한 적이 있었다.[98] 이후 경찰 수사에서는 프린치프가 정통 세르비아주의 학교에서 한동안 공부했다는 사실이 밝혀졌고, 그의 형 집에서는 베오그라드에서 출판된 민족주의 혁명 관련 서적들이 쏟아져 나왔다. 어쩌면 증거의 유무는 처음부터 중요하지 않았는지도 모른다. 갈수록 위험하게 번지고 있는 범슬라브 민족주의의 기운과 그 운동의 구심점으로 세르비아가 자리 잡고 있다는 사실이 중요했다. 안 그래도 세르비아를 손보고 싶었는데 황태자 암살이라는 엄청난 사건이 터진 것이다. 결국 세르비아의 진짜 범죄는 존재 그 자체였던 것이다.

오스트리아-헝가리, 대응책을 모색하다

이제 오스트리아가 행동을 취할 차례였다. 뭔가 단호한 대응이 필요한 것은 분명했다. 특히 군부를 중심으로 군사적인 징벌을 주문하는 목소리가 높았다. 그 중 대표적인 인물이 콘라드Conrad von Hötzendorf

참모총장이었다. 예순 둘이라는 나이가 무색할 만큼 탄탄한 몸매와 넘치는 활력을 갖고 있던 그는 강경파 반(反) 세르비아 인사였다.[99] "오스트리아 발꿈치에 혀를 날름거리는 독사가 있다. 그저 독사를 한 대 때리는 것만으로는 부족하다. 독사의 머리를 으깨버려야 한다."는 것이 그의 신념이었다. 전쟁성 장관 크로바틴Alexander von Krobatin도 전쟁만이 오스트리아 왕국이 처한 불안요소를 해결할 수 있는 방안이라며 즉각적인 군사적 행동을 강조했다.[100] 총참모부의 건의는 훗날 베르히톨트 외무장관이 회고한 대로 한마디로 '전쟁, 전쟁, 전쟁'이었다. 이러한 비엔나의 강경 목소리에 힘을 보탠 인물이 포티오레크 총사령관이었다. 그는 시간이 오스트리아 편이 아니며, 이대로 방치할 경우 보스니아가 결국에는 통제 불가능한 지역이 될 것이라고 경고했다. 페르디난트 황태자를 사라예보에 초청한 장본인이며 경호 실패의 책임자였던 그는 자신의 잘못을 덮기라도 하려는 듯 초강경 대

➡ 콘라드 참모총장과 베르히톨트 외교 장관

응을 본국에 건의했다.[101]

강경한 군부와 달리 외교 수장 레오폴드 폰 베르히톨트Leopold von Berchtold의 입장은 다소 모호했다. 사실 페르디난트 황태자의 죽음에 대해 베르히톨트만큼 충격을 받은 인물도 없었다.[102] 두 사람은 비슷한 나이에 어려서부터 알고 지냈는데, 성격이 불같고 주관이 뚜렷한 페르디난트와 섬세하고 조심성 있는 베르히톨트는 정반대의 성격에도 불구하고 서로를 존경하며 돈독한 관계를 유지하고 있었다. 아내인 난디네Nandine도 황태자비 소피와 어린 시절부터 친구관계였다. 오히려 참모총장 콘라드는 페르디난트가 황제에 즉위할 경우 경질될 것으로 예견될 만큼 황태자와의 관계가 평탄하지 못했다. 모험주의적 대외정책에 거부감을 갖고 있던 페르디난트와 군사적 해결을 줄곧 주창해 온 강경 총참모총장은 조화되기 어렵다는 것이 비엔나 내부의 평가였다. 콘라드 자신도 새 황제가 즉위하면 자신의 시대는 끝이 난다는 것을 짐작하고 있었다. 세르비아를 응징하자는 자신의 주장이 황태자에 의해 번번이 묵살되었고 크고 작은 모욕도 여러 번 겪어온 터였다. 콘라드가 내연관계에 있던 기나 라이닝하우스라는 젊은 부인에게 보낸 비밀편지에 "질질 끌기만 하는 이 구역질나는 평화"라고 한 것은 바로 이런 좌절감을 반영한 말이었다.[103]

그러나 개인적 친분과 정책적 대응은 별개였다. 즉각적인 군사적 응징을 주장한 콘라드와 달리 베르히톨트는 테러 용의자 투옥, 세르비아 내 반 오스트리아 과격단체 해산 등과 같은 온건책을 제시했다. 부유한 보헤미안 백작 베르히톨트는 원래부터 신중하고 유화적인 외교정책을 선호하는 인물로 평가받고 있었는데, 강경파들은 그를 가리켜 우유부단하며 방향감각 없이 갈팡질팡하는 호사가라고 깎아 내리기 일쑤였다.[104] 암살 발생 이틀 후에 열린 내각회의에서도 베르히톨트에 대한 비난 발언이 있었다. 지난 수년간 발칸 위기에서 보였던 지나치게 조심스런 외교가 오늘의 사태를 만들었다며 외상의 책임론이 제기된 것이다. 외무성 내부에서도 강경한 발칸 정책을 주장하는 일련의 그룹이 있었다. 베르히톨트의 보좌관이었던 호요스Alexander Hoyos 백작, 세르비아 전문가로서 나중에 오스트리아의 최후통첩 초안을 작성한 무술린Alexander von Musulin 등이 대표적 인물들이었다. 이들은 그간 오스트리아의 발칸 정책이 지나치게 소극적이고 숙명론에 빠져 있다고 믿었는데, 특히 1912~13년 발칸전쟁 당시 베르히톨트가 보여준 유화책에 대해 내심 불만을 갖고 있었다.

비엔나의 분위기는 이렇게 베르히톨트를 제외하고는 강경 목소리가 주류를 이루고 있었다. 그러나 얼마 안 있어 이를 제어하는 주장이 부다페스트에서 제기되었다. 바로 헝가리 수상 티사István Tisza가 암살사건이 세르비아와의 전쟁을 위한 구실이 되어서는 안 된다며 강경책에 대해 반대 입장을 분명히 한 것이다.[105] 오스트리아-헝가리 이중 왕국 정치체제의 특성상 헝가리 수상의 반대를 묵살하고 정책이 결정될 수는 없었다.[106] 더욱이 티사는 정적 제거와 선거부정을 서슴지 않는 방식으로 권력을 유지해온 헝가리의 실세 정치인으로서 오스트리아의 의사결정에도 큰 영향력을 행사하고 있었다. 티사 수상이 강경 대응에 반대한 것은 전쟁이 발발할 경우 루마니아 등 다른 발칸 국가들과의 관계가 엉클어질 것으로 염려했기 때문이었다. 그는 세르비아를 혐오하긴 했지만 두려워하지는 않았다. 오히려 세르비아 응징 이후 합스부르크 왕가의 위신이 강화될 경우 이중 왕국 내에서 헝가리의 위상이 저하될 것을 걱정했다. 오스트리아가 전쟁에 승리하여 세르비아를 병합이라도 한다면 제국 내 슬라브족이 더 늘어나서 지금도 소수민족인 마자르족(헝가리 민족)이 위축될 가능성이 컸기 때문이었다.

또한 그는 러시아와의 안정적인 관계가 헝가리 안보에 필수적이라는 기본적인 믿음을 갖고 있었고, 오스트리아인들이 느끼던 분노와 복수심 같은 것은 전혀 공유하고 있지 않았다. 오히려 페르디난트의 죽음은 그에게 안도감을 주는 사건이었다. 평소 개혁적인 사고를 갖고 있던 페르디난트가 황제가 될 경우 티사 자신이 구축해 놓은 헝가리의 권력구조를 바꾸어 놓을 위험성이 있기 때문이었다. 특히, 페

➡ 좌: 티사 헝가리 수상, 우: 회의장에서 나오는 티사 수상과 콘라드 참모총장

르디난트가 염두에 두고 있던 선거권과 자치권의 확대는 티사의 정치적 기반인 상류층과 소수 마자르족을 허물 위험이 있었다. 이 때문에 페르디난트가 황제가 되어 개혁조치를 밀어붙일 경우 티사가 반기를 들 것이라는 수군거림이 있을 정도였다. 이유가 무엇이든 티사 수상은 단호했고, 이 같은 입장이 변하지 않는 한 오스트리아가 즉각적인 행동에 착수하는 것은 불가능하다는 것이 드러났다. 지도부 내 의견 차이 외에 기술적인 문제도 있었다. 콘라드는 줄곧 즉각적인 군사행동을 주장해 왔지만, 막상 6월 30일이 되자 병력 동원을 위해서는 최소한 2주일 이상의 시간이 필요하다는 것이 드러난 것이다.

독일의 의중을 묻다

이렇듯 오스트리아가 세르비아에 대한 대응책과 시기를 둘러싸고 갑론을박하는 가운데 어쩌면 가장 중요한 문제를 먼저 확인해야 할 필요성이 제기되었다. 그 선결 문제는 바로 독일의 입장을 확인하는 일이었다. 세르비아에 대한 군사적 응징은 자칫 러시아의 개입을 불러올 수 있었다. 따라서 행동에 앞서 독일의 지원 여부를 분명히 할 필요가 있었던 것이다. 슬라브 민족주의의 근원지인 러시아를 견제하려면 오스트리아 단독으로는 불가능했고 동맹국 독일의 힘이 절실했다. 그러나 오스트리아의 강경책에 대해 독일이 전폭적으로 지원해 줄지는 미지수였다. 1913년 빌헬름 황제는 수차례에 걸쳐 오스트리아에게 세르비아를 강하게 억누르기보다는 선심정책을 통해 회유하라고 조언한 바 있었고, 불과 몇 주 전 페르디난트와의 면담에서도 독일 황제는 오스트리아의 무조건적인 지원 요청에 대해 확답을 회피한 적이 있었다.

따라서 결정에 앞서 독일의 의사를 직접 확인하기로 했다. 암살 사건이 터진 후 닷새가 지나서야 비엔나의 정책결정자들 사이에 첫 번째 합의가 이루어진 것이다. 독일의 의사를 정확히 타진하기 위해 오스트리아는 처음엔 빌헬름과 요제프의 직접적인 만남을 기대했다. 비엔나에서 거행되는 황태자의 장례식에 빌헬름 황제가 참석하는 좋은 기회가 있었기 때문이었다. 그러나 독일 황제에 대한 암살 시도 소문 등 경호상의 문제가 제기되면서 빌헬름의 오스트리아 방문이 막판에 취소되자, 오스트리아는 할 수 없이 요제프 황제가 빌헬름 황제에게 보내는 서한을 준비하기로 했다. 서한은 외상 비서실이 작성하고 요제프 황제가 친필 서명했는데, 그 내용과 형식이 오늘날 외교문서의 기준으로 보자면 상당히 이상했다.[107] 분명한 초점이나 논리가 없었고, 단지 엄숙한 경고와 과장된 비유, 그리고 불길한 예감들로 가득 차 있었다. 독일에 대해 무엇을 요구하는지가 명확하지 않았고, 오스트리아가 무슨 정책적 제안을 하는지도 분명치 않았다. 다만, 세르비아에 대해 모종의 행동이 임박했다는 암시는 분명히 들어 있었다. "베오그라드의 범죄적 선동을 처벌하지 않을 경우 유럽의 모든 군주 국가들이 추구하는 평화는 위험에 처할 것"이라는 경고였다.

준비된 서한은 원래 통상적인 외교행낭을 통해 운반될 예정이었

➡ 독일 특사로 나섰던 호요스 백작

다. 그런데 이때 베르히톨트 외상의 비서실장을 맡고 있던 36세의 알렉산더 호요스 백작이 편지를 전달할 특사로 자원하고 나섰다.[108] 콘라드 장군 못지않게 반세르비아 성향이 강했던 인물로서 외무성에서 정책결정을 주도하고 있던 젊은 외교관 그룹의 일원이었다. 야심차고 에너지가 넘쳤던 호요스는 독일 핵심 인사들과의 친분도 두터웠다. 베를린 대사관 근무를 통해 독일 정관계 인사들을 두루 알고 있었으며, 친서를 전달할 짐머만Arthur Zimmermann 독일 외무차관과도 중국 근무시절 인연을 쌓은 바 있었다. 베르히톨트는 호요스의 제안을 받아들이고, 베를린 주재 오스트리아 대사 쇠지에니László Szögyényi에게 전보를 쳐서 요제프 황제의 친서를 보낼 예정이니 빌헬름 황제와의 면담을 준비하라고 일렀다.

호요스는 7월 4일 베오그라드를 출발해 그 다음날 황제의 친서를 쇠지에니 대사에게 전달했다. 쇠지에니는 포츠담 궁에서 7월 5일 빌헬름 황제와 오찬을 함께 하며 요제프 황제의 요청을 전할 예정이었다. 그 사이 호요스는 독일 짐머만 차관을 면담하면서 요제프 황제가 보내온 편지의 비공식적 의미를 풀어서 전달했다.[109] 예를 들어 "세르비아의 정치권력을 무력화시켜야 한다."라는 문구의 참뜻은 "전군을 동원해 세르비아를 무장 해제시켜야 한다."라고 설명했다. 다시 말해 원래 다소 모호하고 은유적인 표현으로 되어 있는 편지 내용을 훨씬 분명하고 강경하게 각색한 것이다. 오스트리아의 지원 요청을 받은 빌헬름은 처음에는 유보적 태도를 보였다. 오찬 전에는 "유럽 상황을 복잡하게 할 수 있다는 것을 고려해야 한다."며 재상 베트맨과 상의해 보기 전에는 확답을 줄 수 없다고 반응했다. 그러나 어떤 연유에서인지 식사를 마치고 나서는 곧 단호하게 입장을 바꿨다. 오스트리아와 러시아 사이에 전쟁이 일어난다면 독일은 충실한 동맹국으로서 오스트리아를 지원한다고 약속한 것이다. "러시아는 결코 전쟁준비가 되어 있지 않다. 만약 세르비아에 대한 군사적 행동이 필요하다면 지금과 같은 호기를 놓치는 것은 큰 후회를 남길 것"이라는 것이 쇠지에니에게 준 빌헬름 황제의 답변이었다.

빌헬름 황제의 백지수표

황제는 그날 오후 5시에 각료와 장군들을 왕궁으로 불러 모았다.

베트맨 재상, 팔켄하인Erich von Falkenhayn 전쟁상, 링커Moritz von Lyncker 군사 보좌관 등이 참석한 이 회의에서 황제는 오스트리아 대사에게 자신이 한 발언 내용을 알렸다. 참석자들은 대부분 동의했다.[110] 독일이 오스트리아를 돕지 않는 것은 러시아에 대한 굴복일 뿐 아니라 최후의 동맹국을 잃게 될 것이라는 이유에서였다. 다음날인 6일 아침 황제는 베트맨 재상과 짐머만 외무차관을 대동하고 궁정의 정원을 산책하면서 호요스가 '상세하게 설명'한 요제프 황제의 진의를 전해 들었다. 오스트리아의 뜻은 너무나도 명확히 전달되었다. 호요스의 설명으로 오스트리아가 무엇을 하려는지 일체의 의혹의 여지가 없어진 것이다.[111] 더욱 확신을 얻게 된 빌헬름은 최고사령관으로서 자신의 용맹함을 보여주리라 다짐했다. 그날 저녁 황제는 여름 휴가차 스칸디나비아로 요트 여행을 떠나며 선상에서 주변 사람들에게 큰 소리쳤다. "이번만은 나도 비겁하게 뒷걸음질 치지 않겠어."[112] 황제가 베를린을 떠난 후 베트맨 재상은 호요스와 쇠지에니 대사를 접견하고, 전날 결정된 독일의 입장을 오스트리아에게 공식적으로 전달했다. 이른바 '백지수표 외교'라고 불리는 오스트리아에 대한 독일의 전적인 지원 약속이 이루어진 것이다.

이렇게 하여 오스트리아의 세르비아 응징, 즉 발칸지역의 국지전쟁으로 끝날 수 있었던 사안이 세계대전으로 확대된 첫 번째 단추가 끼워졌다. 그렇다면 독일이 생각한 것은 무엇이었을까? 처음엔 주저했던 빌헬름 황제가 나중에 단호하게 변한 것은 무엇 때문일까? 황제의 과격함을 자제시키며 독일 외교를 유연하게 만들려고 노력했던

➡ 빌헬름 황제와 독일의 정치, 군사 지도자들

베트맨 재상은 왜 황제의 백지수표 정책을 지지했던 것일까? 오스트리아가 세르비아를 공격할 경우 러시아의 개입 가능성이 있었고, 그 경우 러시아-프랑스의 동맹까지 작동한다면 독일은 유럽의 강국들과 전면전을 벌어야 하는 상황을 맞을 수도 있었다. 그렇다면 일각의 해석처럼 황제와 그의 관료들이 사라예보 암살사건을 구실삼아 오랫동안 생각해 오던 유럽 열강들과의 숙명적인 승부를 결행하려 했던 것일까?

실제로 독일 군부는 수년 동안 더 늦기 전에 러시아를 상대로 예방전쟁을 주장해 오고 있었다. 군사력의 균형이 삼국동맹에 불리하게 변하고 있으므로 전쟁을 해야 한다면 빠를수록 좋으며, 만약 5년만 지나도 일체의 희망이 사라진다는 것이 독일 총참모부의 한결같은 경고였다. 군부야 그렇다 쳐도 민간 지도자들도 '지금 아니면 안

된다now or never' 라는 생각에 기본적으로 동의하고 있었다.[113] 재상 베트맨은 당시 유럽 지도자들 가운데 지적인 면에서는 아마 가장 뛰어난 인물이었을 것이다. 베르히톨트가 경마장에 갈 때, 아니면 그레이가 낚시를 할 때 그는 베토벤을 연주하고 플라톤을 읽었다.[114] 외모는 근엄했고 책임감이 투철한 인상을 풍겼다. 즉흥적이고 권력욕이 강한 빌헬름 황제도 오스트리아의 지원 요청에 대해 재상과 상의하기 전에는 답을 줄 수 없다고 할 정도로 독일 정부 내에서 존재감이 있었다. 그러나 그런 그도 당시 독일 지도부가 공유하고 있던 비관론에 똑같이 빠져 있었다. 현재의 영광과 번영에도 불구하고 독일 제국의 국세가 갈수록 기울고 있다는 불안감이 일종의 질병처럼 퍼져 있었던 것이다.

그러나 적어도 1914년 7월초 빌헬름 황제와 그의 핵심 참모들이 내린 결정은 유럽 전면전을 염두에 두고 이루어진 것은 아니었다.[115] 무엇보다 독일은 러시아의 개입 가능성을 믿지 않았다. 북유럽 요트 여행을 출발하기에 앞서 황제는 해군성 장관 대리 카펠레Eduard von Capelle 제독에게 말했다. "짜르가 이번 경우에 국왕 시해자들 편에 서지는 않을 것이다. 게다가 러시아와 프랑스는 전쟁을 할 형편이 아니야." 지난 수년간 위기 때마다 굴욕적 양보를 거듭해 온 러시아가 이번에도 독일의 단호한 모습에 물러설 것이라는 믿음이었다. 더욱이 폭동과 파업으로 국내 정정이 불안한 러시아가 독일과의 전쟁을 감당할 수 없다는 판단도 있었다. 러시아에서 7년간이나 대사로 근무한 독일 대사 포우탈레스Friedrich Pourtalès 백작은 혁명에 대한 두려움 때문에 러시아는 전쟁을 할 처지가 아니라고 줄곧 빌헬름 황제를 안심시키고 있었던 것이다.[116] 러시아가 개입하지 않을 것이라는 판단은 예방전쟁 논리와도 연결되어 있었다. 독일 총참모부가 보기에 러시아와의 전쟁은 시간이 흐를수록 독일에게 불리하니 빠를수록 좋다는 것인데, 이는 뒤집어 말하면 러시아로서는 전쟁은 가능한 한 뒤로 미룰수록 유리하다는 뜻이었다. 따라서 러시아가 준비가 되지 않은 상태에서 굳이 전쟁을 감수하고 세르비아를 지원하지 않을 것이라는 것이 독일의 판단이었다. 모로코 위기의 실패에서 적나라하게 나타났듯이 독일 외교의 오판과 실수는 정평이 나 있었는데, 이번에는 더욱 치명적인 판단 착오를 하고 있었던 것이다.

빌헬름 황제는 특히 러시아가 아무리 범슬라브 민족주의의 배후 지원자이긴 해도 같은 군주제 국가로서 니콜라스 황제가 왕실 인사 시해범을 두둔하지는 않을 것으로 생각했다. 또한 독일이 황태자를 잃은 오스트리아에게 그냥 넘어가라고 말할 수 있는 처지도 아니었다. 수년 동안 독일은 오스트리아가 겁 많고 유약하다고 비판해 왔는데, 이제 와서 독일이 오스트리아의 단호함을 자제시킨다면 아무래도 이상하게 보일 것이 분명했다.[117] 더욱이 오스트리아의 요청을 거부할 경우 독일은 중부유럽에서 그나마 유일하게 남아있는 동맹국을 잃게 될 수도 있었다. 베트맨 재상은 쇠지에니와 호요스를 만나고 난 직후 측근이던 리즐러Kurt Riezler에게 독일이 처한 이러한 외교적 딜레마를 털어 놓았다.

발칸에서 오스트리아의 모든 행동은 오래된 딜레마다. 우리가 그들을 격려하면 그들은 우리가 압박을 가한다고 말할 것이고, 자제시키려 하면 자기네들이 휘청거릴 때 우리가 이를 방치한다고 말할 것이다. 그렇게 되면 그들은 두 팔을 활짝 벌리고 있는 서방국들에게 접근할 것이고, 우리는 마지막 동맹국을 잃게 될 것이다.[118]

황제는 이렇게 백지수표를 던져 놓고 자신의 요트인 호엔촐레른Hohenzollern호를 타고 노르웨이로 연례 여름 휴가를 떠났다. 대부분의 각료와 장성들도 베를린을 비웠다. 몰트케 참모총장은 28일 신병 치료를 위해 카를스바트로 휴양을 갔고, 해군 장관과 육군 참모차장도 휴가 길에 올랐다. 야고브Gottlieb von Jagow 외상은 스위스 루체른 호수에서 신혼 여행 중이었다. 재상 베트맨은 자신의 시골집에서 베토벤

베트맨-홀베크 재상과 빌헬름 2세

을 연주하며 휴식을 취하고 있었다. 전쟁의 먹구름은 다가오는데 베를린은 텅 비어 있었다. 모두들 전쟁이 몇 주간의 휴가 사이에 끝나는 것처럼 생각하는 듯 했다. 전쟁을 얘기하긴 했지만 그것을 피부로 느끼는 사람은 없었다. 하긴 대규모 전쟁을 몸소 치른 인물은 이중에 아무도 없었다. 이들이 경험한 것은 저녁식사 시간에 맞추어 끝나는 기동 훈련 뿐이었다.[119] 어마어마한 액수를 적은 백지수표를 끊어 놓고 청구서가 날아오지 않을 거라고 믿는 것과 다름이 없었다.

비엔나의 계속되는 내부 혼선

황제가 여름휴가를 떠난 다음날인 7일 독일 정부의 공식 입장이 적힌 전보가 비엔나에 도착했다. "독일 제국의 완벽한 후원을 믿어도 된다. 오스트리아가 세르비아에 대한 군사행동이 필요하다고 느낀다면, 지금과 같은 좋은 기회를 이용하지 않는 것을 유감스럽게 생각한다고 빌헬름 황제는 말했다."는 내용이었다. 베르히톨트는 깜짝 놀랐다. 예상보다 독일의 태도가 너무 강경했다. 호요스가 오스트리아 정부의 입장을 과장해서 전달했음이 틀림없었다. 월권행위였다. 베르히톨트는 즉시 베를린과 장거리 통화를 시도했다. 그러나 외상은 너무 늦었음을 곧 깨달았다. 빌헬름 황제는 이미 스칸디나비아를 항해하는 요트를 타고 바다 한 가운데 있었다.

갈팡질팡하던 대신들은 강경한 콘라드 장군 쪽으로 기울기 시작

➡ 베르히톨트 외상과 요제프 황제

했다. 온건론을 펴던 일부 인사들도 입장을 바꿨다. 빌헬름 황제가 콘라드 진영에 합류한 이상 흐름은 정해진 것과 다름이 없었다. 베르히톨트는 바로 대세에 순응했다. 책임자만 처벌하고 무력충돌을 피한다는 일주일 전 자신의 입장은 온데간데없었다. 변화된 기류에 너무나 쉽게 뜻을 굽혔다. 아니 어쩌면 처음부터 뚜렷한 신념 같은 것은 없었는지도 모른다. 원래 원칙과 일관성, 통찰력이 있는 인물은 아니었다. 외교 수장으로서 매너 있고 스마트해 보이는 외모를 갖고 있었지만 결의와 뚝심은 부족했다. 대신 부족한 부분은 멋으로 채우려 한다는 비아냥거림을 듣던 위인이었다. '세상에서 가장 맵시 있는 제복을 입은 군대'를 자랑하며 멋으로 지탱해 가던 천년 역사 합스부르크 왕국에 어쩌면 잘 어울리는 외상이었다.[120]

호요스가 베를린에서 귀국한 다음날인 7월 7일 세르비아에 대한 대응을 논의하기 위한 각료회의가 열렸다. 독일의 지원 약속에 힘 입어 강경 목소리가 힘을 얻고 있었지만 아직 핵심 인사들 간에 완전한 의견조율이 이루어진 상황은 아니었다. 요제프 황제부터가 분명한 입장을 정하지 못하고 있었다. 물렁하게 넘어갈 수 없다는 것은 그도 잘 알고 있었다. 제국의 위신이 걸려 있었고, 어떤 식으로든 책임을 물어야 하는 것은 틀림없었다. 그러나 무력을 꼭 써야 하는가? 국제적인 전쟁으로 번질 위험은 없을까? 83세 나이의 황제로서는 극도의 무질서를 만들어낸 수 있는 군사적 방안이 너무나 부담스러웠다.[121]

또한 헝가리 티사 수상의 완고한 입장에도 변화가 없었다. 회의 모두에 베르히톨트는 과거 세르비아의 위협을 제어하고 나자 보스니아와 헤르체고비나 지역이 안정화되었던 사실을 상기시키면서, 이번 사건도 단호하게 다루어져야만 남슬라브와 루마니아 지역의 미수복 회복운동을 억제할 수 있다고 주장했다. 그러나 티사 수상은 완고했다. 그는 군사적 행동에 앞서 외교적 시도가 먼저 시도되어야 한다는 입장을 굽히지 않았다. 또한 그가 보기에는 세르비아와의 전쟁 목표가 분명하지 않았다. 군사적 응징을 한 이후에 세르비아를 어떻게 한다는 것인가? 베오그라드를 파괴한 이후에 그대로 철군한다는 것인지, 아니면 오스트리아가 세르비아를 직접 점령 통치한다는 것인지, 아니면 영토 일부를 합병한다는 것인지 알 수 없었다. 아니 전쟁 이후 최종 상태에 대한 논의 자체가 없었다. 단지 황태자 암살을 응징하고 위험하게 번지고 있던 세르비아 민족주의에 고삐를 채워야 한다는 강박적 반응만이 있는 상태였다.[122]

전후 오스트리아의 정책은 독일도 궁금해 하던 바였다. 호요스가 베를린을 방문했을 때 짐머만 차관은 오스트리아가 군사적 승리를 거둔 이후에 세르비아에 대해 어떤 복안을 갖고 있는지 물었다. 물론 이에 대한 답변은 전혀 준비되어 있지 않은 상태였다. 그러나 그렇다고 사실대로 말할 수는 없었다. 독일의 지원을 호소하는 마당에 오스트리아가 전쟁 이후 상황을 수습하는 청사진조차 없다는 인상을 줄 수는 없었기 때문이었다. 호요스는 임기응변으로 답변했다. 세르비아는 오스트리아, 불가리아, 그리고 루마니아에 의해 분할될 것이라는 요지였다. 물론 이것은 오스트리아 정부의 입장도 아니었고, 호요스가 이런 정책을 제안할 권한도 전혀 없었다. 후일 호요스는 자신이 즉석에서 영토분할 정책을 생각해냈다고 하면서, 그 때 중요한 것은 정책의 내용이 아니라 오스트리아가 단호하고 결의에 차 있다는 인상을 동맹국에 심어주는 것이었다고 자신의 행동을 변호했다.

티사 수상은 호요스의 이런 행동을 알고 나서 격분했다. 직분에 맞지 않는 월권 행위를 한 것도 문제였지만, 영토분할 제안 자체를 용납할 수 없었다. 분노에 찬 남슬라브 민족을 합스부르크 국민으로 받아들이는 것은 안 그래도 점점 통치가 힘들어지는 이중 왕국에게 더 큰 부담과 위험을 가져다줄 뿐이라는 것이 티사 수상의 믿음이었다. 티사는 슬라브 소수민족을 통치하는 어려움 외에도 러시아의 반발 가능성도 걱정했다. 오스트리아가 세르비아 영토에 욕심낸다면 안 그래도 개입을 고민하고 있는 러시아에게 분명한 명분을 준다는 우려에서였다. 따라서 전쟁에 앞서 세르비아의 영토적 변화는 없을 것이라는 점을 분명히 천명하자는 것이 티사의 제안이었다. 반면, 베르히톨트를 포함하여 많은 오스트리아 인사들은 어떤 형태로든 세르비아의 영토 축소가 오스트리아 안보를 위해 필요하다는 생각을 갖고 있었다. 세르비아를 괴롭히기만 하고 손발을 잘라놓지 않는다면 무엇 때문에 전쟁을 한단 말인가? 오스트리아 영토로 편입하지는 않더라도 세르비아의 일부를 불가리아 등 다른 발칸 국가로 쪼개버림으로써 세르비아로부터 제기되는 위협을 약화시켜야 한다는 것이 오스트리아인들의 기본적인 생각이었다. 결국 세르비아 영토 분할 문제는 분명한 결론 없이 애매하게 남겨졌다. 헝가리 수상의 반대를 무마하기 위해서는 이 문제로 정면 충돌할 수 없었기 때문이었다.

한편, 비엔나의 강경파들이 티사의 반대를 넘지 못하는 가운데 즉각적인 군사행동을 어렵게 하는 또 다른 문제가 부각되었다. 세르비아와 전쟁을 하기 위해서는 대규모 병력 충원이 필요했고, 이를 위해서는 여름철 수확을 위해 논밭에서 일하고 있던 젊은이들까지 모두 징집해야 한다는 부담이 그것이었다. 일 년 중 가장 중요한 7월 농번기에 동원령을 발동한다면 합스부르크 국민들의 대부분을 차지하는 농민들에게 크나큰 타격을 주는 것이 불가피했다. 오스트리아 군대는 농번기에 새로이 병사를 징집하지 않는 것은 물론이고, 이미 군 복무중인 젊은이들에게도 농촌의 일손을 거들기 위한 임시 휴가 제도를 실시하고 있었다. 1914년에도 각료회의 전날인 7월 6일, 콘라드 참모총장의 명의로 자그레브, 그라즈, 브레스버그, 크라코우,

인스부르크, 그리고 부다페스트 지역 병사들에게는 7월 25일까지 휴가를 준 상태였다.[123] 따라서 세르비아에 대한 군사적 조치를 취하기 위해서는 이미 내린 휴가 명령을 취소하고 병사들을 복귀시켜야 했는데, 이 경우 오스트리아의 식량 문제 악화와 농민들의 반발이라는 정치적 부담을 감수해야 한다는 사실을 알게 된 것이다. 사라예보 암살사건 직후인 6월 말부터 콘라드는 러일전쟁에서 일본이 보여준 기습공격을 언급하며 즉각적인 군사행동을 주장해왔지만, 오스트리아 총참모부는 이렇게 뻔히 내다보이는 기술적인 문제를 간과해왔던 것이다.

군사작전과 관련해서는 농번기 징집이라는 부담 외에 또 다른 쟁점이 제기되었다. 7일 각료회의는 점심 식사 후 오후 회합으로 이어졌다. 이때 콘라드와 해군 참모총장인 카일러Karl Kailer 제독이 참여하여 동원의 방향에 대한 문제를 제기했다.[124] 세르비아와 전쟁을 준비하기 위해서는 소위 작전계획 B(B는 발칸의 첫 글자에서 따온 이름)를 작동시켜야 했다. 이에 따르면 대규모의 병력이 오스트리아 남쪽 국경 방면으로 배치될 계획이었다. 그런데 만약 러시아가 개입한다면 오스트리아의 군사작전의 중심이 남쪽이 아니라 북동쪽으로 이동해야만 했는데, 콘라드는 이러한 동원의 방향 변화가 손쉽게 이루어질 수는 없다는 문제를 제기했다. 가능하면 동원령 이전에 누가 주적이 될 것인지를 알 수 있는 것이 바람직하고, 그렇지 않다면 군사작전의 방향을 바꿀 수 있는 최소한의 시간이 주어져야 한다는 요지였다. 콘라드는 최초 동원이 발령되고 나서 적어도 5일 이전에는 러시아와의 충돌 가능성에 대해 입장이 정리되어야 한다고 주장했다. 다시 말해 러시아의 의중을 알 수 없는 상태에서 무작정 군사적 행동에 나서기란 어렵다는 얘기였다.[125]

CHAPTER

05

최후통첩

황태자 암살이란 충격에도 불구하고 당장 세르비아와 전쟁을 시작하는 것은 불가능하다는 것이 분명해졌다. 티사 수상의 반대, 농번기 징집에 따른 정치적 부담, 그리고 러시아 개입가능성에 따르는 동원 방향의 문제 등 예상치 못한 문제들이 제기되었기 때문이었다. 할 수 없이 비엔나의 정책결정자들 사이에 한 가지 공감대가 형성되었다. 군사행동에 앞서 세르비아를 압박하는 외교적 조치, 즉 최후통첩을 보내기로 합의한 것이다. 티사 수상도 성급한 군사적 행동에 대해서는 부정적이었지만, 어떤 형태로든 세르비아를 강력하게 몰아붙여야 한다는 데에 이견이 있었던 것은 아니었다. 또한 전쟁을 하기에 앞서 외교적 명분을 쌓아야 한다는 측면도 있었다.

물론 콘라드를 비롯한 대부분의 인사들은 최후통첩의 목적에 대

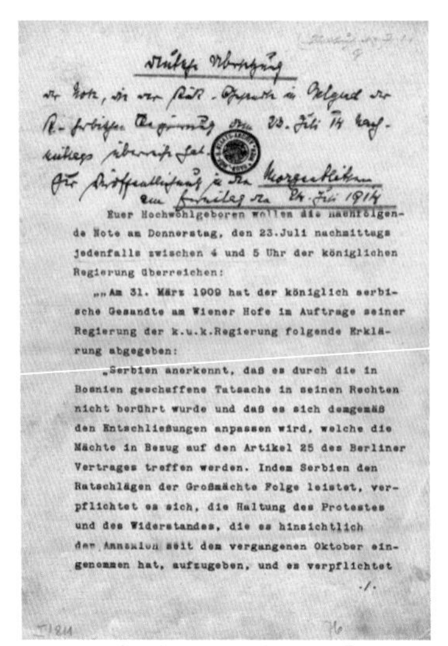

Euer Hochwohlgeboren wollen die nachfolgende Note am Donnerstag, den 23.Juli nachmittags jedenfalls zwischen 4 und 5 Uhr der königlichen Regierung überreichen:

„„Am 31. März 1909 hat der königlich serbische Gesandte am Wiener Hofe im Auftrage seiner Regierung der k.u.k.Regierung folgende Erklärung abgegeben:

„Serbien anerkennt, daß es durch die in Bosnien geschaffene Tatsache in seinen Rechten nicht berührt wurde und daß es sich demgemäß den Entschließungen anpassen wird, welche die Mächte in Bezug auf den Artikel 25 des Berliner Vertrages treffen werden. Indem Serbien den Ratschlägen der Großmächte Folge leistet, verpflichtet es sich, die Haltung des Protestes und des Widerstandes, die es hinsichtlich der Annexion seit dem vergangenen Oktober eingenommen hat, aufzugeben, und es verpflichtet

./.

➡ 오스트리아가 세르비아에 보낸 최후통첩

해서도 티사 수상보다는 훨씬 확고한 생각을 갖고 있었다. 외교적 승리란 강경파들이 보기에 아무 의미가 없었다. 아무리 세르비아에게 굴욕감을 주더라도 물리적 응징 없이 외교적으로 금번 사건을 무마하는 것은 있을 수 없다고 생각했다. 이는 비엔나의 유약함만 확인시켜줄 뿐 세르비아 민족주의자들을 더욱 대담하게 만들 위험성이 있기 때문이었다. 따라서 최후통첩은 외양은 외교적 요구라는 형식을 취하고 있지만, 실제에 있어서는 세르비아가 도저히 수용할 수 없는, 그래서 전쟁으로 가기 위한 선행 단계에 불과하게끔 작성되어야 한다는 것이 강경파들의 생각이었다. 이렇게 해서 만들어진 것이 총 10개항으로 구성된 세르비아에 대한 최후통첩이었는데, "한 나라가 다른 주권국가에게 보낸 문서 가운데 가장 가공할 만(the most formidable document addressed by one State to another that was independent)"하다고 불린 바로 그 문서였다.[126]

세르비아 왕국은 아래와 같은 사항을 실천에 옮긴다.

1. 오스트리아-헝가리 왕국에 대한 증오심이나 경멸감을 조장하거나

그 영토의 보존에 반대하는 경향을 띤 일체의 출판물을 금지한다.

2. '인민의 방어' 같이 오스트리아-헝가리에 반대하는 선전활동에 종사하는 모든 단체들을 즉시 해체하고 그 선전 수단들을 몰수한다.

3. 오스트리아-헝가리에 반대하는 세르비아 내의 공공 교육 활동을 지체 없이 제거한다.

4. 오스트리아-헝가리에 반대하는 선전활동에 가담한 인물들은 군대 및 행정 조직 전체로부터 축출한다.

5. 오스트리아-헝가리 왕국의 영토 보존에 반대하는 전복 활동의 제거를 위한 오스트리아-헝가리 정부 대표의 세르비아 내 활동의 협조를 수락한다.

6. 6월 28일의 음모에 가담한 방조자들에 대한 사법절차에 오스트리아-헝가리 정부의 대리인들이 참여토록 한다.

7. 사라예보에서의 정부 조사단의 결과를 손상시킨 보야 탄코비치 및 밀란 치가노비치Milan Ciganovich 두 사람의 관리를 지체 없이 체포한다.

8. 세르비아와 보스니아 국경을 넘는 무기 및 화약류의 불법거래를 방지하고 사라예보 사건 당시 무기 거래를 방치했거나 방조한 관리들을 처벌한다.

9. 6월 28일 범죄 이후로 오스트리아-헝가리에 대한 적대적 발언을 자제하지 않았던 세르비아 고위 관리들의 정당화할 수 없는 발언에 대한 설명을 촉구한다.

10. 앞서 제시된 조치들의 집행에 대해 오스트리아-헝가리 정부에 지체 없이 보고한다.

오스트리아-헝가리 정부는 7월 25일(토요일) 저녁 6시까지 세르비아의 답변을 기대한다.

최후통첩 내용 중 가장 문제가 되는 부분은 제 5항과 6항이었다. 특히, 오스트리아 인사가 암살 사건에 대한 수사와 재판과정에 관여해야 한다는 요구가 논란거리였다. 언뜻 보기에 이는 세르비아의 사법질서를 무시한 무리한 요구로 보였다. 한 국가가 개인의 범죄행위를 벌함에 있어서 외국의 통제를 받는다는 것은 분명히 주권 침해적 요소가 있었기 때문이었다. 최후통첩을 접하고 나서 그레이 수상이 남겼다는 '역사상 가장 가공할 만한 문서'라는 평가는 이 외교문서에 대한 후대의 평가에 결정적인 영향을 미쳤다. 윈스턴 처칠도 훗날 "유례를 찾아보기 힘들 정도로 가장 무례한 문서(the most insolent document of its kind ever devised)"라고 묘사했다.[127]

그러나 오스트리아 입장에서 보자면 불가피한 측면도 있었다. 우선 세르비아가 사건의 전모를 밝히는 데 최선을 다하지 않고 있었기에 황태자를 잃은 오스트리아로서는 선의를 기대하고 방관하고 있기 어려운 상황이었다. 또한 현재와 같은 주권국가의 개념으로 당시 상황을 이해하는 것에도 한계가 있었다. 슬라브 소수 민족이 거주하고 있던 오스트리아-헝가리의 일부 지역은 언젠가 '대(大) 세르비아 건설'을 위해 흡수되어야 한다는 것이 세르비아 민족주의자들의 공공연한 주장이었다. 다시 말해 세르비아도 오스트리아의 영토적 주권을 완전히 인정하지 않고 있었던 것이다. 따라서 인종적 분포가 영토적 경계와 엇갈리고, 국경을 넘나드는 실지회복 운동이 주창되는 상황이었다는 점을 고려한다면 오스트리아의 요구가 그렇게 야만적이거나 가혹하다고 할 수만도 없었다. 물론 오스트리아도 세르비아가 최후통첩을 수용할 것이라고 기대했던 것은 아니었다. 오히려 받아들일 수 없는 요구를 함으로써 차후에 군사적 행동에 나선다는 것이 기본 전략이었다. 다만, 세르비아 영토에 대한 욕심이나 근대 주권국가 시스템을 유린하는 팽창 정책의 발로는 아니었다는 것이다. 오스트리아가 추구했던 것은 철저히 다민족 제국의 결속과 안전이었으며, 이를 위해서는 갈수록 대담해지는 세르비아의 기세를 꺾어 놓고자 했던 것이다.

최후통첩 문서는 7월 19일 최종안이 마련되었다. 7월 14일부터 초안 작업이 시작되었고, 19일에 대신들이 베르히톨트 저택에 모여 최종 문구까지 다듬었다. 이제 세르비아에게 통보하는 일만 남았다. 최후 통첩안은 즉시 베오그라드 주재 오스트리아 대사 바론 기즐Baron Giesl 남작에게 전달되었다. 그런데 이때는 프랑스 포앵카레Raymond Poincaré 대통령과 비비아니 수상이 러시아를 방문하고 있을 때였다. 시기가 좋지 않았다. 포앵카레 대통령과 니콜라스 황제에게 발칸 문제에 대해 머리를 맞대고 논의할 기회를 줄 수는 없었다. 오스트리아는 기다리기로 했다. 암살 사건이 발생한 지 너무 많은 시간이 흘렀기 때문에 되도록 신속하게 행동하고 싶었지만, 최소한 프랑스 대통령 일행이 러시아를 떠나는 23일 이전까지는 참는 것이 바람직하다고 본 것이다. 따라서 베르히톨트는 기즐 대사에게 23일 오후 6시 정각에 최후통첩 문서를 세르비아 정부에 전달하되 가급적 당일 전달받은 인상을 풍기라는 지침을 내렸다. 그 시간이라면 프랑스 대통령 일행이 페테르부르크를 떠나 북해 한 가운데 있을 시간이었다.

23일 아침 기즐 대사는 본국의 지침대로 행동에 착수했다. 밀봉된 채 사무실 내 금고에 보관되어 있던 문서를 꺼내들고, 세르비아 외교부에 전화를 걸어 저녁 6시에 수상에게 오스트리아 정부의 중요한 문서를 전달하겠다고 통보했다. 그런데 이때 파시치 수상은 베오그라드에 없었다. 8월 14일에 열릴 선거에 대비하여 유세차 지방에 가 있었기 때문에 재무대신이 수상을 대리하고 있던 상황이었다. 재무대신 파추Lazar Paču는 니스에 있는 파시치에게 전화를 걸어 이 사실을 알리고 수상의 복귀를 요청했다. 그러나 수상은 수도로 돌아오는 대신 본인을 대신해 접수하라는 지침만을 내렸다. 할 수 없이 파추가 기즐 대사를 접견했다. 기즐 대사는 재무대신에게 최후통첩을 건네면서 48시간 내에 세르비아의 답변을 요구한다고 덧붙였다. 그러니까 7월 25일 토요일 저녁 6시가 시한이었다. 이때까지 답변이 없으면 일요일 아침 오스트리아의 군 동원이 시작된다는 의미였다. 파추는 봉투도 열어보지 않은 상태에서 그것은 물리적으로 어렵다고 대답했다. 선거 기간이라 많은 장관들이 베오그라드를 비웠다는 이유를 댔다. "철도와 전화의 시대에 그리고 이 정도 크기의 나라에서 장관들이 돌아오는 것은 몇 시간이면 될 것입니다." 기즐 대사는 단호하게 말했다. 파추는 그래도 주저하며 문서를 접수할 수 없다며 버텼다. 그러자 기즐 대사는 그렇다면 테이블에 놓고 갈 테니 원하는 대로 하라는 말을 던지며 떠나버렸다.

세르비아의 답변

파추는 곧바로 파시치 수상에게 돌아오라는 전갈을 보내는 한편, 곧바로 남아 있던 장관들을 소집해 긴급회의를 열었다. 한동안 무거운 침묵이 흘렀다. 어느 누구도 의견을 피력하지 못하고 주저했다. 한참 후에 첫 번째 발언에 나선 사람은 교육부 장관 요바노비치Ljuba Jovanović였다. 그는 "우리는 싸우는 것 외에 다른 선택이 없다."고 소리쳤다.[128] "최후통첩을 수용하는 것은 최소한의 존엄을 가진 국가라면

➡ 세르비아 파시치 수상

절대적으로 불가능하다." 다른 이들의 발언도 이어졌다. 그러나 회의는 결론을 내지 못하고 종료되었다. 아무리 수치스럽다 해도 국가의 생존이 걸린 문제였다. 강대국 오스트리아와 전쟁을 한다는 건 상상하기 어려웠다. 시간이 흐를수록 오스트리아의 요구를 수용할 수밖에 없다는 분위기가 강해졌다.

급히 복귀해 달라는 재무대신의 요청에도 불구하고 파시치 수상은 책임을 피하고 싶었는지 수도로 복귀하는 것을 미루고 있었다. 오히려 선거 유세가 끝났는데도 그리스로 휴가를 떠나기까지 했다. 1913년 그리스로 병합된 살로니카Salonika에 가서 신분을 숨기고 2~3일 푹 쉬고 오려는 계획이었다. 살로니카로 떠나는 기차에서 대기하고 있을 때 조속히 돌아와 달라는 파추의 전화를 받았으나 파시치 수상은 서두르고 싶은 마음이 전혀 없었다. 베오그라드에 도착하면 그때 입장을 알려주겠다는 것이 그의 답변이었다. 기차는 그대로 출발했다. 그러다가 니스Niš로부터 50km 가량 떨어진 레스코바츠Lescovac라는 지역에 도달해서야 마침내 열차를 세우고 베오그라드로 복귀했다. 왕실로부터 긴급히 돌아오라는 소환 전보를 받았던 것이다.

파시치가 베오그라드로 복귀한 시간은 24일 새벽 5시였다. 그는 결론 없이 끝난 전날의 각료회의 내용을 보고받았다. 수상이라고 해서 뾰족한 수가 있는 것은 아니었다. 파시치는 일단 러시아의 입장을 확인하기로 했다. 러시아의 지원 정도에 따라서 오스트리아에 대한 답변의 강도가 달라질 수 있었기 때문이었다. 이때만 해도 세르비아의 분위기는 오스트리아의 최후통첩을 수용하고 전쟁만은 피해야 한다는 분위기가 우세했다. 파시치는 즉시 페테르부르크 주재 공사 스팔라예코비치Miroslav Spalajković에게 전보를 쳐서 러시아 정부의 입장을 타진할 것을 지시했다. 스팔라예코비치 공사는 신속하게 답변을 보내왔다. 첫 번째 답신은 25일 오전 4시 17분에 도착했고, 이어서 오전 10시에 두 번째 전보를 보내왔다. 전보는 사조노프 외상이 전달한, 24일 오후 3시에 열렸던 러시아 각료회의의 결과를 담고 있었다. 스팔라예코비치는 러시아 외상이 오스트리아의 최후통첩을 강력하게 비난하면서 주권국가라면 이를 절대 수용해서는 안 된다는 입장을 보였다고 본국에 보고했다. 그러면서 러시아의 지원을 기대해도 좋다는 사조노프의 발언이 있었음을 덧붙였다. 러시아의 입장에 고무된 세르비아 장관들은 하루 전의 숙명론을 벗어던지고 용기를 얻었다. 특히 오전 11시 30분에는 러시아가 동원에 착수한 것 같다는 전보까지 전해져 왔다.

세르비아는 즉시 답변서 작성에 착수했다. 가능하면 최대한 수용하는 모양을 갖추되 주권과 관련된 부분만은 타협하지 않는다는 것이 기본 원칙이었다. 일단 요구 사항 중 대부분은 받아들이기로 했다. 오스트리아-헝가리 제국 해체 주장을 배격하라는 항목을 수용했고,

미수복 지역 회복을 꾀하는 불순단체를 격멸하라는 요구도 받아들였다. 또한 세르비아 교육내용 중에 일체의 반 오스트리아 선전 주장을 삭제하라는 요청도 수용하기로 했다. 이 외에도 세르비아 군 내의 의심분자를 축출하라는 요구에도 동의하기로 했다. 다만, 오스트리아와 세르비아 간 공동 조사단을 구성하자는 제안에 대해서는 애매한 입장을 취했다. 국제법의 원칙과 선린 우호관계의 정신에 따라 처리해야 한다는 조건을 붙인 것이다. 한편, 공모자들에 대한 사법절차에 오스트리아 관리가 참여하는 문제에 대해서는 반대 입장을 분명히 했다. 세르비아의 헌법적 가치와 충돌하고 주권을 침해한다는 것이 그 이유였다. 따라서 10개의 요구 사항 중 2개항만 거부한 것이다.

이런 내용을 골자로 25일 토요일 오후 내내 수없이 초안 수정 작업이 계속되었다. 장관들이 차례로 의견을 추가하는가 하면, 일부는 삭제되고 수정되었다. 4시가 되어서야 최종안이 마련되었는데, 두 줄 그어 지워진 단어, 순서가 변한 문장 등으로 거의 알아볼 수 없는 수준이었다. 이제 타이핑할 차례였다. 그런데 경험이 부족한 타자수가 심리적 동요가 너무 심했는지 작업을 거부하고 나섰다. 다른 타자수를 구할 시간도 없었다. 장관들은 할 수 없이 수작업으로 정리하기로 했다. 그러나 펜으로 여기저기 수정하자 문서는 더욱 지저분해졌다. 잉크 자국이 문서 전체에 남았고, 단락 전체가 밑줄 그어져 삭제된 곳도 있었다. 우여곡절을 거친 끝에 문서를 완성하고 나니 시간은 5시 45분을 가리켰다.

이제 지체 없이 오스트리아에게 전달하는 일이 남았다. 파시치 수상은 다른 사람이 답변서를 전하길 바랐지만 나서는 이가 없었다. “좋아, 내가 직접 하지.”라고 중얼거리며 그는 오스트리아 대사관까지 바쁘게 걸어갔다. 5시 55분 파시치 수상은 오스트리아 대사관에 도착했다. 최후통첩 시한이 완료되기 5분 전이었다. 기즐 대사는 파시치에게 앉으라고도 하지 않았고, 수상은 선 채로 답변서를 전달했다. 기즐은 재빨리 문서를 훑어보았다. 무조건적인 수용이 아니란 걸 확인한 그는 준비해 둔 외교 노트를 수상에게 전달했다. 오스트리아와 세르비아 간 외교 관계를 단절한다는 내용이었다. 기즐은 세르비아로부터 이런 답변이 오리라고 확신하고 모든 준비를 마쳐놓은 상태였던 것이다. 대사관 폐쇄에 대비해 비밀문서는 전부 찢어서 처리했고, 짐은 모두 싸둔 상황이었다. 자동차도 문 밖에서 대기 중이었다. 단교선언을 하자마자 기즐 대사는 파시치에게 작별 인사를 하고 바로 차에 올랐다. 6시 30분 대사 일행은 베오그라드를 떠나는 기차에 올랐고 10분 뒤 세르비아 국경을 넘어 헝가리 영토에 도착했다.

러시아, 세르비아 지원을 결심하다

세르비아의 전갈을 받은 러시아도 긴박하게 움직였다. 24일 오전 사조노프 외상은 먼저 참모총장 야누스케비치Nikolai Yanushkevich를 외교부로 불렀다. 그는 피로 맺어진 형제국 세르비아의 존엄성이 위협받는다면 러시아는 행동하지 않을 수 없다는 자신의 기본입장을 밝혔

➡ 사조노프 외상과 야누스케비치 참모총장

다. 외상과 참모총장은 이어서 오스트리아-헝가리 전선에 대한 부분 동원 방안을 논의했다.[129] 그리고 나서 즉각 니콜라스 황제에게 오스트리아의 최후통첩 소식을 전화로 보고했다. 짜르는 각료회의를 소집하라고 명령했다. 그러면서 그는 오스트리아가 이토록 가혹한 요구를 했다면 독일과의 교감 없이는 불가능하며, 독일은 유럽 전면전을 일으킬 생각임이 분명하다는 자신의 견해를 덧붙였다.

사조노프는 세르비아 사태를 러시아 안보와 연결지어 생각했다. 신사적이지만 명석하다고는 할 수 없고 뭔가 수수께끼같은 구석이 있던 그는 낭만적인 슬라브주의에 헌신하는 것을 자신의 의무라고 생각하는 사람이었다.[130] 한 때 범슬라브주의 신봉자로서 발칸지역까지 러시아의 힘을 확장하는 것을 꿈꿨지만, 현재는 발칸지역은 발칸 국가들에게 맡겨야 한다는 현실론에 머물러 있었다. 국력의 한계 때문에 과도한 욕심을 부릴 수 없었기 때문이었다. 그러나 러시아가 세상으로 나가는 관문인 보스포루스Bisphorus와 다르다넬스Dardanelles 해협을 다른 유럽 강국들이 통제하는 상황은 막아야 한다는 것이 그의 확고한 믿음이었다. 이들 해협을 통해 중공업을 위한 철강과 기계류를 수입하고 밀을 수출하고 있던 러시아로서 이곳의 안전은 국가의 안위와 직결되는 문제였던 것이다. 특히 독일이 터키에서 영향력을 확장해가는 것을 불안하게 지켜보고 있던 사조노프는 오스트리아가 세르비아를 지배하게 될 경우 독일의 입김이 콘스탄티노플까지 미치게 되는 상황을 우려했다. 한편, 외상의 머릿속에는 국내정치적인 계산도 있었다. 유럽에서 가장 전제적인 국가인 러시아에서도 점차 자유주의적 정파들이 두마(duma, 러시아의 의회)에서 힘을 얻어가고 있던 상황이었다. 따라서 만약 슬라브 대의명분을 저버리고 무기력하게 행동한다면 이들을 자극할 소지가 있다는 것이 사조노프의 생각이었다.

짜르의 지시에 따라 24일 오후 3시 긴급각료회의가 열렸다. 모두 발언에 나선 사조노프는 세르비아가 오스트리아 요구에 굴복한다면 사실상 독일과 오스트리아의 보호국이 될 것이라고 강조했다. 그렇게 되면 슬라브 국가들의 독립을 위해 애써 왔던 러시아의 노력은 물거품이 될 것이며, 발칸 지역에서 러시아의 위신은 땅에 떨어질 것이 분명하다고 경고했다. 문제는 발칸 정세에 국한되지 않는다고 사조노프는 생각했다. 이번 사태를 유약하게 처리하면 독일은 점점 더 대담하고 공격적으로 나올 것이고, 나중에는 이를 통제하기가 거의 불가능해질 수도 있었다.[131] 두 번째 발언에 나선 인물은 짜르의 특별한 신임을 받고 있던 농업상 크리보셰인A.V. Krivoshein이었다. 강경한 민족주의자였던 그는 과거 러시아의 과도한 조심성을 비판하면서 더 이상의 화해조치는 평화에 도움이 되지 않는다고 강조했다. "우리의 유화정책 노력에도 불구하고 전쟁은 일어날 수 있다. 따라서 중부유럽 강국의 비합리적인 주장에 대항하는 가장 최선의 방법은 보다 단호하고 정력적인 태도"라는 것이 그의 주장이었다. 전쟁성 장관 수콤리노프와 해군성 장관 그리고로비치Ivan Grigorovich도 전쟁 준비가 완벽하지는 않지만 계속 주저하는 것은 더 이상 대안이 될 수 없다고 동조했다.

회의를 주재한 고래미킨Ivan Logginovitch Goremykin 각료회의 의장이 논의를 종합했다. 먼저 세르비아를 돕는 것이 러시아의 의무임을 분명히 했다. 또한 평화를 위해서는 유화책보다는 단호함이 필요하고, 만약 평화가 깨진다면 러시아는 필요한 희생을 치를 준비가 되어 있다고 결론지었다. 이렇게 두 시간에 걸친 회의를 종결하면서 장관들은 다섯 가지 항목에 합의했다. 첫째, 오스트리아는 최후통첩 시한을 연장할 것, 둘째, 세르비아는 전투에 나서지 말고 병력을 후방으로 후퇴시킬 것, 셋째, 키예프, 오데사, 카잔 그리고 모스크바 군구에 대한 부분동원 승인을 짜르에게 건의할 것, 넷째, 전쟁성 장관은 군수품 비축을 서두를 것, 마지막으로 독일과 오스트리아에 투자되어 있는 자산을 즉각 인출할 것 등이 그 내용이었다.

그러나 이 같은 결론은 1914년 7월 당시 러시아의 정치, 군사적 상황을 볼 때 놀라운 일이었다. 당시 러시아는 가능하면 전쟁을 하지 않거나 불가피하다면 뒤로 미뤄야 할 형편이었다. 러일전쟁에서 패배한 이후 충격에서 벗어나지 못해 군의 사기와 준비태세가 말이 아니었다. 1913년부터 러시아 총참모부가 유럽 전면전에 대비하기 위해 '대 프로그램'이라는 재무장 계획을 준비하고 있었으나, 그 효과가 나타나려면 몇 년이 더 필요한 상황이었다. '대 프로그램' 자체가 계획대로 이루어진다 해도 1917년이 되어야 완성되는데, 1914년 6월말까지 재무장 계획은 아직 두마도 통과되지 못해 지연되고 있던 상태였다. 병력과 중화기 증강이 늦어지고 있던 상황이라 러시아가 독일과 오스트리아에 맞선다는 것은 아무래도 무리였던 시점이었다. 정치적으로도 전쟁을 생각하기에는 국내 정정이 너무 불안정했다. 1914년 상반기에는 최대 규모의 파업이 진행 중이었고 경제사정과 민심이 흉흉했다. 자칫 혁명이 일어날지도 모르는 분위기였다. 그럼에도 불구하고 러시아가 강경하게 나온 것은 독일과의 전쟁이 시간의 문제일 뿐 불가피할 것으로 보았기 때문이었다. 사라예보 위기는 러시아의 의지를 물어보는 시험으로 여겨졌다. 오스트리아의 지원 요청을 받은 베트맨 재상이 금번 발칸 사태를 독일의 의지를 시험하는 것으로 받아들인 것과 같은 논리였다. 즉, 자신은 방어적 동기에서 단호한 입장을 견지하는 것일 뿐인데, 만약 상대방이 전쟁을 선택한다면 이는 어쩔 수 없다는 사고였다.

다음날인 25일, 짜르는 각료회의를 다시 주재하면서 전날의 회의 결과를 추인하고 군사적 준비에 착수했다. 즉 세르비아 지원을 결의하는 한편, '전쟁준비단계 규정Regulation on the Period Preparatory to War'의 발효를 승인했다. 1913년 3월에 만들어진 이 규정은 전시 동원과는 달랐다. 단지 위기가 고조될 경우 만약의 사태에 대비하여 전 부처 전투준비태세 점검, 예비군들의 훈련캠프 소집, 철도 보수 가속화 등의 조치를 담고 있는 일종의 사전 조치 성격을 띠고 있었다. 그러나 아무리 예비적 조치라 하더라도 주변국을 긴장시키고 오판하게 할 위험성은 있었다.[132] 외부에서 보기에는 단순히 비상상황에 대비하기 위한 것인지, 아니면 전쟁을 일으키기 위해 동원을 시작한 것인지 구분하기 쉽지 않았기 때문이다.

실제로 러시아 주재 각국 대사관은 본국에 사실과 추측이 뒤섞인 정보 보고를 잇따라 올리기 시작했다. 7월 26일 페테르부르크 주재 벨기에 무관은 사전 조치를 동원령 발령으로 오인하고, 짜르가 키예프와 오데사 지역 10개 군단에 동원령을 발령했다고 보고했다. 독일과 오스트리아의 외교관들도 경고 전보를 본국에 타전하기 바빴다. 27일 키예프의 오스트리아 영사는 긴급 전보를 통해 장교들이 부대에 복귀하고 있고 대포를 가득 실은 16대의 열차가 긴 행렬을 이루어서 오스트리아 국경을 향해 이동하고 있다고 보고했다. 러시아가 전쟁으로 치닫고 있다는 인상은 우방국 외교관에도 똑같이 전달되었다. 프랑스 외교관 팔레올로그Maurice Paléologue는 파리로 복귀하는 동료를 전송하기 위해 페테르부르크의 다음과 같이 바르샤바 역에 나왔다가 플랫폼을 가득 매운 러시아 장교들을 목격하고 결론지었다. "이제 전쟁이다It's war this time."

돌이켜보면 7월 24일과 25일 이틀에 걸친 러시아 각료회의의 결론은 이후 사태전개의 방향을 결정한 중요한 분기점이었다. 세르비아의 반발 자체가 러시아의 강경한 입장 때문에 가능했던 것이고, 러시아의 개입으로 이제 사라예보 사건은 오스트리아와 세르비아 간의 양자 분쟁으로 끝날 수 없게끔 성격이 변화되었기 때문이었다. 더욱이 러시아의 사전 동원조치는 당시까지만 해도 아무런 군사적 준비 없이 위기를 국지화하려고 했던 독일을 딜레마에 빠뜨렸다. 오스트리아를 지원하겠다는 약속을 저버리고 굴욕적인 평화를 택하든지, 아니면 러시아와 프랑스를 상대로 한 양면전쟁의 위험을 감수하든지 하는 양자택일에 내몰린 것이다. 최악의 경우에는 영국마저 개입할 수도 있었다. 더욱이 동서 양면전쟁에서 승리를 기대하기 위해서는 도발이 없더라도 프랑스를 선제공격할 수밖에 없다는 것이 독일의 고민이었다. 다시 말해 러시아가 군사적 준비태세를 갖추어 나가자 유럽 각국이 최악의 사태에 대비하기 위해 연쇄적으로 움직이기 시작했다. 어쩌면 당시 한 관찰자의 표현대로 7월 25일에는 이미 전쟁이 기정사실화되었고, 이후 유럽 각국에서 전쟁을 막아보겠다고 분주하게 움직인 모든 것들은 역사적 드라마에 흥미를 더해주는 것에 지나지 않았는지도 모른다.

물론 7월 마지막 주 이후에도 사태의 전개를 바꿀만한 몇 번의 고비는 있었다. 또한 러시아가 전쟁을 원했다거나 전쟁 발발에 가장 큰 책임이 있다는 뜻도 아니다. 러시아 역시 평화를 얘기했고, 다만 단호함이 독일과 오스트리아를 억제하는 데 도움이 된다고 믿었을 뿐이었다. 짜르의 표현대로 하면 "힘을 과시함으로써 평화를 지킨다."는 정책이었다. 문제는 모든 나라가 같은 생각으로 부딪혔나는데 있었다. 사조노프뿐만 아니라 베르히톨트도, 베트맨도, 포앵카레도 모두 단호함을 부르짖었고 그것이 평화를 담보한다고 생각했다. 위기 시에 가장 어려운 일은 성급한 행동을 삼가는 일이었다. 그러나 위기의 먹구름이 모두의 시야를 가릴 때 절제의 용기를 보여주는 사람은 없었다. 모두들 만약의 사태에 대비하고자 했고, 유약하게 보이지 않기를 원했으며, 상대방이 굴복할 것이라는 환상에 매달렸다. 독일의 백지수표에 이어 러시아가 취한 군사적 조치로 인해 발칸 위기는 이제 세계대전의 문턱까지 또 한 발 다가갔다.

발칸전쟁이 시작되다

오스트리아는 최후통첩을 통보한 후 세르비아의 답변을 초조하게 기다렸다. 7월 25일 저녁 황제의 군사보좌관실 전화벨이 울렸다. 세르비아가 거절했다는 소식이었다. 베르히톨트의 얼굴이 창백하게 변했다. 보고를 받은 요제프 황제도 "퀭한 눈"을 한 채로 "그래, 결국은……."이라며 중얼거렸다.[133] 목소리는 갈라졌고 힘이 없었다. "베르히톨트가 일이 잘못되지 않을 거라고 했는데 결국 이렇게 되었군. 하지만 외교관계를 끊는다고 반드시 전쟁을 해야 하는 것은 아니지." 황제는 애써 상황을 낙관적으로 보려 했다. 베르히톨트는 산책 중에 세르비아의 답변을 들었다. 그 날 저녁 요제프 황제를 만나 동원령 발령을 건의하면서도 그 역시 꼭 전쟁을 해야 하는 것은 아니라고 생각했다. 그러나 3일 뒤인 7월 28일 세르비아 군이 오스트리아에게 총격을 가했다는 보고가 전해지면서 상황은 더욱 심각해졌다. 마침내 요제프 황제는 전쟁선포를 재가할 수밖에 없었다.

총격사건은 사실이 아니었다. 그러나 베르히톨트는 정정 보고를 하지 않았고 황제는 그대로 전쟁선포를 재가했다. 훗날 외상은 세르비아를 굴복시키기 위해 강력한 제스처가 있어야 했다고 강조하면서 황제를 기만할 의도는 없었다고 항변했다. 오히려 콘라드 참모총장은 즉각적인 전쟁선포에 반대했다. 줄곧 예방전쟁을 역설해온 강경론자였지만 동원에는 시간이 걸리므로 12일까지는 기다려야 한다는 것이 군사작전 책임자로서의 생각이었다. 준비가 안 된 상태에서 전쟁을 선포한다면 세상의 비웃음거리가 될 것이라고 우려한 것이다. 이상한 상황이었다. 온건론을 펴던 외상은 전쟁선포를 주장하고 강경론자인 총사령관은 반대하고 있었다. 그러나 베르히톨트 역시 진심으로 전쟁을 원했던 것은 아니었다.[134] 그에게 전쟁선언이란 또 하나의 외교적 조치였을 뿐이었다. 단호한 모습을 보인다면 세르비아가 물러설 것이라는 기대, 이 잘못된 판단은 위기가 점점 깊어지는데도 고쳐지지 않았다. 단호한 최후통첩을 보낼 때도 그랬고, 외교관계 단절을 선언할 때도 마찬가지였다. 이제 남은 것은 동원령 선포였다. 과연 세르비아는 마지막 순간에 움츠려들 것인가? 이렇게 상황에 대한 오판과 자기 기만은 계속되고 있었다. 어쩌면 베르히톨트는 단지 보여주고 싶었는지도 모른다. 나약한 외교관이 아니라는 것을, 그리고 세르비아를 겁줘서 굴복시킨 유능한 정치인이라는 것을. 그러나 베르히톨트의 의도가 중요한 것은 아니었다. 중요한 것은 세르비아에 대한 선전포고를 통해 그가 자신도 알지 못하는 사이에 프린치프에 이어 1차 대전에서 두 번째 총성을 울렸다는 사실이었다.

한 가지 남아 있는 문제는 세르비아에 어떤 방법으로 선전포고를 할 것인가였다. 이미 외교관계가 단절되어 있었기 때문에 통상의 외교 경로를 통하는 것은 불가능했다. 베를린 주재 대사관을 통해 독일이 대신 전달해주는 방법이 있었지만, 이 역시 적절치 않았다. 야고브 외상의 표현대로 이렇게 되면 "우리가 오스트리아를 괴롭혀서 전쟁으로 몰고간다는 인상을 줄 수 있기 때문"이었다. 결국 오스트리아 외무성은 손쉬운 방법을 찾아냈다. 7월 28일 오후 1시 전보를 통해 세르비아에 대한 선전포고를 전달하는 방법이었다. 전쟁이 전보로 시작된 전대미문의 사건이 이렇게 이루어졌다. 그러나 전쟁이 선포되었지만 아직 아무것도 느껴지는 상황은 아니었다. 전보를 받은 파시치 수상은 처음엔 이것이 오스트리아의 기만전술이 아닌지 의심했다. 세르비아의 도발을 유도하기 위한 속임수일지 몰랐기 때문이었다. 곧바로 파시치는 런던, 파리, 페테르부르크 대사관에 정말 오스트리아가 전쟁을 선포했는지 물었다. 오후 늦게 답변이 돌아왔고, 사실임이 확인되었다. 전쟁이 시작된 것이다. 적어도 이론적으로는 그랬다. 아직 총성 한 방 들리지 않는 이상한 상태였지만 곧 엄청난 폭풍이 몰아칠 것이라는 건 분명했다. 더욱이 이번 전쟁은 유럽 내에서

Weather Forecast: Cloudy Tonight and Wednesday

The Washington Times

HOME EDITION

NUMBER 8244. WASHINGTON, TUESDAY EVENING, JULY 28, 1914. PRICE ONE CENT.

AUSTRIA HAS CHOSEN WAR

TYPICAL SERVIAN SOLDIERS AND THEIR ANTIQUATED EQUIPMENT

MEDIATION REJECTED, EXCEPT TO PREVENT SPREAD OF CONFLICT

Occupation of Belgrade Unofficially Reported—Servians Said to Have Withdrawn Without Contest—England Told Events Have Gone Too Far to Permit Turning Back.

LONDON, July 28—Austria today formally declared war against Servia, according to Vienna dispatches received here.

It is understood that Belgrade has already been occupied by the Austrians.

This announcement of war quickly followed the refusal of Austria to suspend hostilities at England's suggestion, pending mediation.

Foreign Minister Berchtold, of Austria, made it plain, in a courteous note to Sir Edward Grey, that Aunstria had gone too far to turn back.

It is semi-officially admitted here that Sir Edward Grey had met with rebuffs in his attempt to bring about mediation, and for the time being his plan is held in abeyance.

Minister Berchtold's note said in brief that military measures and Austria's present course of action as regards Servia cannot be interrupted, pending negotiations looking toward mediation by Germany, England, France, and Italy in ambassadorial conference.

While the reply is a courteous note thanking Sir Edward Grey for his efforts, it is nothing less than a flat rejection of any scheme of intervention by the powers, except plans looking toward the localization of the war.

A Paris dispatch says:

"Word reaches the Austrian embassy in Paris that two army corps of Austrian troops crossed the Danube into Servian territory last night, and today occupied Belgrade, meeting with no resistance. The news is not given as official.

"Unofficial reports in Berlin, London, and Paris declare a detachment of Austrians invaded Servia at Mitrovitz, fifty miles northwest of Belgrade. The Servians, it is stated, withdrew before the advance of the Austrians.

"Unconfirmed reports declared, it was announced in Vienna, that hostilities were opened at daybreak today."

Rejection of Mediation Is Backed by Germany

By KARD H. VON WIEGAND.

BERLIN, July 28.—Austria today formally declared war on Servia.

Troops are being massed on the border, reservists are pouring into Austria from Germany, and all prepaations ae being made for an immediate invasion of the little kingdom. Austrian warships and transports are moving up and down the Danube and within a short time official report of the occupation of Belgrade is expected.

The formal declaration of war followed the rejection of the proposals of Sir Edward Grey, British foreign minister, for mediation. Both Austria and Germany refused to consider mediation as to the issues between the Vienna and Belgrade government.

In notes addressed to Grey, the two governments left the way open for further negotiations between the powers looking toward localization of the war. Austria refused to submit to an ambassadorial conference, however, her demands that Servia punish all accomplices in the assassination of Archduke Ferdinand, suppress the Pan-Servian societies and permit Austrian officers to enter Servian terri-

MME. CAILLAUX, IN FAINT, STOPS TRIAL

Drops Unconscious as She Is Assailed by Lawyer for Calmette's Heirs.

By WILLIAM PHILIP SIMMS.

Letters to McAdoo Show Trade Pickup

Advices From Twenty-seven States Indicate Biggest Record Crop and Need of Money to Move It Will Cause Great Business Boom.

Secretary of the Treasury McAdoo is confident that a great revival of business in the United States will follow the marketing of the record crops in the West and South this year.

The Secretary bases this conviction on the replies received from bankers in all parts of the country to his inquiry as to the necessity of depositing Government funds in the banks this summer and fall to assist in moving the crops and for other commercial purposes.

It was upon these optimistic advices that Secretary McAdoo prepared to deposit $34,000,000 of Treasury funds to aid the crop movement.

BANKERS SEE NEED OF BIG SUMS.

Newsies Ask Friends' Help Them to Bury Drowned Lad

District to Share Reclamation Cost

Assessments for Work on Anacostia Flats May Be Levied on Any Land in Washington Which Jury Holds Is Benefited.

Owners of property anywhere in the District may be called upon to contribute to the cost of the reclamation and development of the Anacostia flats, according to the terms of the District appropriation bill for the current fiscal year.

For continuing the reclamation and development of the Anacostia flats from the Anacostia bridge northeast to the District line, the bill carries an appropriation of $100,000 to be expended under the supervision of the chief of engineers of the United States army.

FIRST ASSESSMENT ON DISTRICT.

CORONER BRANDS MRS. ANGLE SLAYER

Bridgeport Official Accuses Divorcee of Causing Ballau's Death.

Marshall Hit By Traffic Rule

Steals $131; Plays Lady Bountiful

IN CONGRESS TODAY.

Upton's Challenger Arrives at the Azores

G. O. P. Senate Caucus Agrees Not to Filibuster

Fear Bond Default.

➡ 오스트리아의 선전포고를 다룬 1914년 7월 28일자 워싱턴포스트 기사

벌어지는 전쟁이었다. 그동안 유럽 강국들이 수없이 전쟁을 치러왔지만 모두 유럽 밖의 국가들과의 충돌이었다. 1870년 보불전쟁 이후 유럽국가간의 전쟁선포는 이번이 처음이었다.

28일 오후 2시, 세르비아의 수도 베오그라드에 전쟁선포 소식이 전해졌다. 긴급 뉴스를 실은 신문이 나오자마자 팔려나갔고, 성년 남

자들은 군대에 징집되기 시작됐다. 나머지 사람들도 지방으로 피난을 떠나면서 도시는 썰물이 빠져나간 것처럼 텅텅 비기 시작했다. 세르비아 장관들도 수도를 버리고 오스트리아-헝가리 국경으로부터 멀리 떨어진 니스로 이동했다. 파시치 수상은 오스트리아 대사에게 답변서를 전달한 직후 이미 기차를 타고 니스로 피신한 상태였다. 29일 새벽 1시 세르비아군은 베오그라드와 세믈린Semlin을 연결하는 사베강 교각을 파괴했고, 이어 오스트리아군의 포격이 시작되었다. 전쟁 소식이 전해지자 오스트리아인들은 두려움과 흥분이 뒤섞인 반응을 보이기 시작했다. 비엔나를 경멸하며 멀리했던 심리학자 지그문트 프로이트Sigmund Freud도 그 중 하나였다.

30년 만에 처음으로 나는 내가 오스트리아인임을 느낀다. 나의 온 리비도는 오스트리아-헝가리를 향해져 있다.

CHAPTER 06 발칸을 넘어서는 먹구름

오스트리아가 세르비아를 공격함으로써 발칸 전쟁이 비로소 시작되었다. 그러나 이것이 그들이 할 수 있는 최대치였다. 이 충돌이 유럽 전면전으로 확대될 것인가는 다른 강대국들의 손에 달려 있었다. 특히 독일의 입장이 어떠할지가 관건이었다. 빌헬름 황제는 자신이 공언한 백지수표 약속을 이행할 것인가? 러시아와 충돌하는 위험은 어떻게 판단해야 하는가? 독일 지도부가 이 문제를 놓고 우왕좌왕하는 사이 프랑스와 영국도 고민에 빠졌다. 처음엔 다른 나라 때문에 전쟁에 연루되는 것을 피하고 싶은 정서가 강했다. 프랑스는 러시아의 발칸 정책 때문에 전쟁에 말려드는 것을 원치 않았고, 영국은 유럽 대륙 내의 분쟁에 개입하고 싶지 않아 했다. 그러나 그들 중엔 일찍이 이번 사안의 본질을 알아차린 이들이 있었다. 금번 분쟁이 단순히 발칸 문제가 아니라는 것을, 문제의 핵심은 유럽 대륙 내의 힘의 균형에 관한 것이라는 것을 간파한 것이다. 따라서 시간이 흐를수록 런던과 파리에서도 자신들의 국익을 동맹국과 연결시켜 생각하는 숙명론적 입장이 강해지기 시작했다.

움츠려드는 빌헬름 황제

7월 27일 저녁 빌헬름 황제는 북유럽 요트 휴가를 마치고 포츠담 궁전에 도착했다. 크루즈 여행기간에도 황제는 간간이 발칸 문제에 대한 소식을 들으며 상황을 파악하고 있었다. 7월 14일 노르웨이 해안 마을에 정박해 있을 때는 요제프 황제에게 편지를 써서 "문명화된 국가로서 군주제를 공격하는 프로퍼갠더에 대해 대응하는 것은 도덕적 의무다."라고 강조하기도 했다.[135] 당시까지 빌헬름의 걱정은 시간이 지나면서 오스트리아가 용기를 잃고 행동을 하지 못하는 사이 국제적 분노가 가라앉는 것이었다. 그래서 15일 오스트리아의 결정이 임박했다는 소식을 듣고는 안도하기도 했다. 그러나 19일 도착한 전문은 황제의 심경을 어지럽혔다. 오스트리아가 최후 통첩안을 준비했다는 내용이었다. 위기의 무게가 느껴지지 시작했다. 최후통첩의 내용을 보고 나서 동행하던 뮐러Wilhelm Müller 제독이 전쟁이 임박한 것 같다고 말하자, 황제는 강하게 반박했다. 세르비아는 결코 전쟁을 감당하지 못한다는 것이 황제의 믿음이고 희망이었다.

자신이 베를린을 비운 사이 위기가 현실화되었다는 것을 감지하고 걱정하던 황제는 귀국 다음날 안도의 한숨을 내쉬었다. 세르비아가 오스트리아에게 보낸 답변서를 보고 난 직후였다. "48시간 시한치고는 훌륭한 결과군. 이건 우리가 기대한 이상이야. 비엔나의 영광스러운 승리일세. 전쟁의 원인이 모두 사라졌다!" 빌헬름 황제는 세르비아의 응답에 만족해하며 유보된 부분은 나중에 협상을 통해 해결하면 된다고 생각했다. 그러나 불과 몇 분 뒤 오스트리아의 선전포고 소식이 전해졌다. 빌헬름 황제는 큰 충격에 빠졌다. "도대체 어떻게 이런 일이 생겼나?" 황제는 재상을 질책했다. 베트맨은 우물쭈물 답변했다. 전쟁이 안 일어날 수도 있고, 세르비아가 곧 항복할 수도 있고 하는 식이었다. 황제는 버럭 소리를 질렀다. 겁에 질린 베트맨은 책임을 지겠다며 사의를 표명했다. "자네가 쑨 죽이니 이제 자네가 먹게." 황제는 퉁명스럽게 말했다.

➡ 독일의 빌헬름 황제

그러나 애초에 백지수표를 발행한 것은 빌헬름 자신이었다. 이번만큼은 물러서지 않겠다고 호기롭게 다짐하지 않았던가? 그러나 그는 위대한 프리드리히 대왕처럼 보이고 싶은 허영심만 있었지 실제로 심각한 일이 벌어지면 그 압박을 견디지 못하는 인물이었다. 변덕이 심했고 신경쇠약 증세까지 있었다. "위기가 멀리 있을 때에는 엄포를 늘어놓지만, 진짜 위기가 다가오면 입을 다문다."라는 조롱 섞인 평가를 받던 그였다. 무엇보다 애당초 발칸의 작은 전쟁으로 국한될 것으로 예상했기에 큰 소리를 쳤을 뿐 그 이상을 생각했던 것은 아니었다. 요트 여행을 떠나면서 황제는 전쟁장관 팔켄하인에게 "긴장국면이 좀 더 갈 수 있다. 아마도 3주 정도"라고 말했는데 이것이 그가 생각한 위기의 최대치였던 것이다.

황제는 나름의 해결책을 궁리해냈다. 오스트리아가 수도 베오그라드만 잠시 상징적으로 점령한 뒤 세르비아로부터 최후통첩 내용을 준수한다는 맹세를 확약 받고 명예롭게 물러난다는 구상이었다. 이른바 '베오그라드에서의 정지Halt in Belgrade'라는 제안이었다. 그러나 황제의 명령은 집행되지 않았다. 베오그라드에서 멈추기에는 사태가 너무 많이 나가 있었기 때문이었다. 오스트리아는 제국의 위신을 걸고 최후통첩을 했으며, 이미 그에 따른 행동에 착수하고 있었다. 상황이 여기까지 온 이상 오스트리아는 세르비아의 주권을 존중하고 중간에서 멈출 생각이 없었다. 헝가리 티사 수상의 반대만 극복할 수 있다면 세르비아 영토 전체를 합병하든지 아니면 적어도 일부분을 불가리아나 알바니아에 붙여버리든지 할 심산이었다.[136] 애초에 자신의 백지수표 약속을 믿고 움직인 오스트리아였지만 이제 그의 통제를 벗어나 행동하고 있었던 것이다. 만약 카이저가 자신의 의지대로 상황을 장악할 수 있었다면 세계 역사는 달라졌을 것이다. 그러나 그러기 위해서는 좀 더 일찍 손을 썼어야 했다. 그가 지난 3주를 바다

위에 떠있는 동안 상황은 벌써 너무 많이 나가 있었던 것이다.

전쟁을 국지화하라

오스트리아만 빌헬름의 지시에 귀 막은 것이 아니었다. 재상 베트맨도 황제의 유화책에 반대하고 나섰다. 베트맨은 위기를 밋밋하게 끝내는 것을 좋아하지 않았다. 그가 원했던 것은 오스트리아가 단호하게 행동함으로써 실추된 위신을 회복하는 것이었다. 그 결과 독일의 도움으로 모든 것이 가능했다는 것을 유럽의 모든 나라들이 알게 되기를 바랐다. 그런데 만약 오스트리아가 타협한다면 이제는 반대로 오스트리아의 위신뿐 아니라 독일의 위상도 흔들릴 위험이 있다는 것이 재상의 생각이었다. 따라서 세르비아 수도만 잠시 점령했다가 빈손으로 어정쩡하게 물러선다는 빌헬름 황제의 아이디어에 반대했던 것이다. 그러나 그렇다고 베트맨이 발칸의 위기를 기회삼아 러시아와 프랑스와 결전을 벌이고자 했던 것은 아니었다. 몰트케를 비롯한 참모부 장군들은 "빠를수록 좋다."며 러시아와의 예방전쟁을 외쳐 왔지만 재상이 이들의 생각에 동조했던 것은 아니었다.

그렇다면 베트맨은 무슨 생각을 했던 것인가? 재상이 추구한 노선은 한마디로 '국지화 정책policy of localization'이었다. 즉, 발칸의 위기는 발칸 전쟁으로 국한시킨다는 생각이었다. 암살사건이 발생한 6월 말은 물론, 사태가 악화일로에 있었던 7월 3주차에 이르러서도 베트맨은 줄곧 국지화 목표에 매달렸다. 외무성이 7월 21일 영국, 러시아, 이태리에 있는 독일 대사들에게 보낸 전문을 보면 이러한 독일의 입장이 잘 나타나 있다. 베트맨은 "우리는 현재 갈등이 국지화되는 것을 원한다. 어떤 강국이라도 개입하게 된다면 계산할 수 없는 결과를 초래할 것이다."라며 전쟁 확대의 위험성을 강조하고 있다.[137]

갈등이 국지화되려면 독일도 위기고조를 초래하지 않아야 했다. 주변국의 의심을 자극하고 불필요한 혼선을 주는 것은 피하는 것이 좋았다. 빌헬름 황제가 발트 해로 계획된 여름휴가를 그대로 가도록 한 것도 이런 이유에서였다. 황제뿐 아니라 주요 직위자 모두가 휴가 차 베를린을 비운 것도 마찬가지였다. 이들이 발칸 위기를 경시했던 것은 아니지만 독일의 군사능력이라면 만약의 사태에 충분히 대응할 수 있다고 믿었고, 오히려 평상시와 다른 행동을 하는 것은 도움이 되지 않는다고 판단했던 것이다. 이를 두고 일각에서는 독일 지도부가 은밀하게 전쟁을 준비하기 위해 고도의 기만전술을 폈다고 해석하기도 한다. 그러나 이를 뒷받침할만한 증거가 없고 오히려 반대 정황이 적지 않았다.[138] 우선 당시 군 고위 장성 간에 군사토의가 없었고 특히 군 첩보 활동에서 특이 동향이 전무했다. 예컨대 참모부에서 대첩보 활동 책임을 맡고 있던 부서장인 니콜라이Walter Nicolai 장군은 가족 휴가를 떠났고, 동부 전선의 지역정보국들도 상부로부터 특별한 지시를 받지 못하고 있었다. 7월 16일이 돼서야 러시아 동향을 자세히 알아보라는 지시가 있었으나, 지역정보국은 예정된 휴가를 25일까지 진행했다. 군 최고 책임자 몰트케도 보헤미아의 칼스배드에서 25일까지 예정된 휴가를 마치기 전까지 베를린에 복귀하지 않고 있었다.

독일이 오스트리아에게 신속한 행동을 주문한 것도 국지화 정책의 일환이었다. '기정사실화fait accompli' 전략에 따라 세르비아를 신속히 응징하고 사태를 종결한다는 복안이었던 것이다. 그런데 비효율적 업무처리로 악명이 높았던 합스부르크 왕국이 계속 굼뜨게 움직이자 베트맨은 조바심을 내기 시작했다. "오스트리아인들의 동원이 끔찍이도 오래 걸리고 있다. 콘라드는 16일이 걸린다고 한다. 이건 매우 위험하다. 신속히 행동한 후 우호적인 정책으로 전환하는 것이 필요하다. 그래야만 충격에 견딜 수 있다."[139] 즉, 국제적 간섭을 최소화하면서 필요한 응징을 완료한다는 구상이었다. 48시간이라는 짧은 최후통첩도 이런 고려에서였다. 베트맨은 세르비아가 어느 순간 굴복할 것으로 믿었다. 러시아도 독일로부터 위협이 있다면 개입하지 않을 것으로 판단했다. 프랑스도 7월 3~4주 내내 대통령과 수상 모두 북유럽을 순방하는 것을 볼 때 발칸의 작은 나라 때문에 독일과의 전쟁을 감수할 것 같지는 않았다. 특히, 프랑스군의 준비태세는 전쟁을 감당할 형편이 아니라는 것이 독일 총참모부의 판단이었다. 특히 대포, 박격포, 탄약의 부족이 심각하다고 평가하고 있었다. "독일이 단호하다면 전쟁은 피할 수 있다." 이것이 국지화 정책을 추진하던 베트맨의 생각이었다.

계산된 위험

단호함을 통해 전쟁을 막을 수 있다는 베트맨의 생각은 그의 측근 정치학자 리즐러가 발전시킨 소위 '계산된 위험calculated risk' 이론에 기초하고 있었다.[140] 리즐러는 미래의 전쟁은 전투현장이 아니라 협상 테이블에서 이루어진다고 보았다. 전쟁이 초래하는 고통과 위험이 너무 크기 때문에 어느 나라도 실제 전면전을 감당할 수 없다는 논리였다. "전쟁은 더 이상 싸우는 것이 아니라 계산될 것이다. 대포는 발사되지 않을 것이다. 다만 협상 테이블에서 그 역할을 할 뿐이다."라는 것이 그의 믿음이었다. 그에 따르면 전쟁이란, 아니 더 정확하게는 전쟁의 위협이란 일종의 '엄포 게임game of bluff'에 가까웠다. 전쟁이 발발하기 직전까지 위기를 최대한 끌어올리되 막판에 극적으로 물러서면서 최대한 유리한 결과를 얻는다는 논리였다. 베트맨이 영국의 중립에 끝까지 매달린 것도 위기가 폭발하지 않고 해소되기 위해 신뢰할 만한 중재자가 필요하다고 믿었던 것과 관련이 있었다.

그러나 위험이 과연 계산될 수 있는가? 위기고조의 사다리 마지막에서 상대방이 굴복하지 않으면 어떻게 되는가? 만약 러시아가 개입하기로 결정한다면 어떻게 되는가? 이어서 프랑스-러시아 동맹에 따라 프랑스까지 개입하게 된다면? 시간이 지날수록 위기가 무르익자 점점 이 같은 시나리오를 무시할 수가 없게 되었다. 그러나 만약 러시아가 개입한다면 이는 독일이 통제할 수 있는 문제가 아니었다. 독일로서는 최대한의 노력을 하지만 전쟁에 참여하는 문제는 결국 상대방이 내리는 것이기 때문이었다. 따라서 러시아가 군사개입을 포기하도록 유도하되 만약에 전쟁을 선택한다면 독일은 그 위험을 감수할 수밖에 없다는 것이 독일의 생각이었다. 외상 야고브는 독일 지도부의 이런 정서를 다음과 같이 표현했다.[141]

> 우리는 오스트리아-세르비안 간 갈등을 국지화해야 한다. 이것이 가능한지는 첫째로 러시아에 달려 있고 두 번째로 삼국협상 다른 국가들에 달려 있다. 나는 예방전쟁을 원하지 않는다. 그러나 만약 전쟁이 일어난다면 움츠려들지 않을 것이다.

만약 러시아의 군사개입이라는 상황을 맞게 된다면 외교적으로 중요한 과제가 하나 있었다. 바로 전쟁의 발발 책임을 모두 러시아에게 전가하는 일이었다. 독일은 가만히 있는데 러시아가 움직여서 전쟁이 난 것으로 보이게 만들 필요가 있었다. 그렇게 되면 프랑스는 러시아가 도발하는 공격적인 전쟁에 동참하는 것을 주저하게 될 것이라고 베트맨은 생각했다. 영국의 중립을 담보하기

➡ 독일 야고브 외상

위해서도 이점은 중요했다. 그렇지 않아도 불개입 정서가 강한 영국으로서는 침략 당한 독일을 상대로 유럽대륙의 전쟁에 뛰어들지 않을 것이기 때문이었다.

베트맨이 러시아의 책임을 부각시키려 한 데에는 국내정치적인 목적도 있었다.[142] 보수주의자였지만 재상으로서 좌우 세력을 모두 아우르려고 노력했던 그는 당시 가장 큰 단일 정당인 사회민주당을 정부에 참여시키길 바라고 있었다. 당시 독일 사회주의자들은 이론적으로는 막시즘을 신봉하고 반전 평화를 표방하고 있었지만, 독일인들 사이에 강렬히 번지고 있던 게르만 민족주의 정서에 젖어 있었다. 특히, 반러시아 정서가 강했는데, 사회민주당 리더였던 베벨은 "러시아를 상대로 사회민주당원들은 하나로 전진할 것"이라고 선언할 정도였다. 따라서 전쟁을 '독일을 침략하는 러시아' 구도로 만들 수 있다면 정파를 초월한 단일 대오를 결성할 수 있다는 것이 베트맨의 생각이었다.

계산된 위험을 감수하겠다는 생각, 그리고 이 경우 러시아에게 책임을 지우겠다는 발상은 독일이 외부 제약 하에서 움직이고 있다는 생각을 깔고 있었다. 다시 말해 전쟁과 평화를 가르는 책임이 오로지 상대국의 어깨에 놓여 있다고 믿고 있었던 것이다.[143] 이들은 오스트리아의 배후에는 독일이 있고 전쟁을 피할 수 없다고 생각하는 러시아의 숙명론을 알지 못했고, 자신들의 슐리펜 계획이 프랑스-러시아 동맹의 작동을 압박하고 있다는 사실도 이해하지 못했다. 특히 '계산된 위험' 정책은 슐리펜 계획과 본질적으로 모순관계에 있다는 점에서 성공하기 어려웠다.[144] 민간인 재상이 '조절된 강압'이라는 위험한 담력 게임을 통해 갈등을 국지화하려고 했던 반면에 독일 총참모부는 프랑스와 러시아를 선제공격하는 유럽 전면전이라는 단일 시나리오에 따라 움직였기 때문이었다. 배트맨은 결코 무능한 인물은 아니었지만 확실히 비스마르크와 견줄만한 통찰력과 상황통제 능력을 갖추고 있지는 않았다.

독일 지도부의 다른 인사들도 마찬가지였다. 이들은 위기가 무르익어 위험한 수준까지 발전하는 것을 제때에 간파하지 못했다. 7월 13일 짐머만 차관은 유럽에서 대전쟁이 없을 것으로 확신했고, 26일에 이르러서도 독일 외교부는 프랑스와 영국이 발칸 분쟁에 개입하지 않을 것으로 판단하고 있었다. 상황을 장악하고 주도하기보다는 항상 새로운 소식에 대응하기 급급했고, 사태발전을 따라잡기 바빴던 것이다. 빌헬름 황제의 상황 통제능력은 더 문제가 있었다. 황제가 있던 포츠담 왕궁과 재상이 있는 베를린 간에는 전화선이 없어서 모든 메시지는 전령이 양쪽을 오가며 전달해야 했다. 황제는 긴급한 소식을 제때에 보고받지 못했고, 지침을 내려도 한참이 지나서야 베를린에 접수되기 일쑤였다. 그럴 때마다 황제가 듣는 것은 매번 '이미 너무 늦었다'는 말 뿐이었다.[145] 항상 사건이 앞질러 갔다. 몇 분 몇 초가 중요한 시기에 유럽의 최고 실력자는 항상 사건에 한 발 뒤처져 있었던 것이다.

포앵카레의 포커 게임

1차 대전에 참전한 주요 강국 중에 유일하게 다른 선택의 여지가 없었던 프랑스도 점차 위기의 블랙홀에 빨려 들어가고 있었다. 사라예보 암살 사건 이후 한동안 프랑스는 위기감을 거의 느끼지 않고 있었다. 1871년 보불전쟁 패배로 독일에 대한 원한이 깊었으나 시간이 갈수록 복수revanche는 빈 구호가 되어가고 있는 상황이었다.[146] 알자스-로렌을 탈환하겠다는 열망도 점차 힘을 잃어가는 듯 했으며 그곳의 주민조차 독일의 지배에 익숙해져 가고 있었다. 독일과의 전쟁이 발발한다면 알자스-로렌을 회복하려 하겠지만 그것 때문에 전쟁을 일으킬 생각까지는 없었다. 무엇보다 위기가 소리 없이 무르익어 가고 있던 7월, 프랑스는 대형 정치 스캔들에 빠져 있었다. 1914년 3월 16일 카요Joseph Caillaux 전 수상의 부인이 프랑스의 유력 매체인 피가로Figaro 본사에 걸어들어가 편집장 칼메트Gaston Calmette를 권총으로 살해한 충격적인 사건이 발생했는데, 그 공개재판이 7월 20일부터 열리고 있었던 것이다.[147] 카요 수상의 불륜이 폭로된 이 자극적인 사건은 온 나라의 이목을 집중시켰고, 수상이 낙마하는 등 정치적 파장이 이어졌다. 이런 가운데 사라예보의 암살 사건은 거의 잊힌 듯 했고, 프랑스에서만큼은 이른바 '7월 위기'가 느껴지지 않는 상황이었다.

더욱이 전쟁이 터지기 직전까지 프랑스는 대통령, 수상 등 국가 핵심 지도부가 보름간이나 해외에 나가 있었다. 러시아, 스웨덴, 노르웨이, 덴마크 4개국을 포앵카레 대통령과 비비아니 수상이 이례적으로 동반 순방한 것이다. 무선 통신 기술이 초보적인 수준이었기 때문에 항해하는 기간 동안 대통령 일행은 간간이 끊어진 정보만 접할 수 있었다. 당연히 정확한 그림을 이해하기 어려웠고 신속한 대응이 곤란할 수밖에 없었다. 결정적으로 포앵카레 대통령 일행은 오스트리아의 최후통첩 소식을 모른 채 23일 러시아 방문을 마쳤다. 그리고 크론스타트 항을 출발했다가 25일 스웨덴 국왕과 만찬을 하는 자리에서야 최후통첩 시한이 이미 지났다는 사실을 알 정도였다. 대통령 일행은 그럼에도 일정을 계속하기로 하고 27일 덴마크로 출발했으나, 각료들이 조기 귀국을 강력히 요청하자 나머지 일정을 취소하고 그제야 파리로 기수를 돌렸던 것이다.

그렇다고 대통령 일행의 북유럽 방문이 의례적이고 의미 없는 행사는 아니었다. 순방의 목적은 러시아를 비롯한 우방국들과 변화하는 국제정세에 대한 인식을 공유하고 동맹관계를 견고하게 다지기 위한 것이었다. 특히 프랑스와 러시아 동맹의 연대감을 확고히 하는 것에 포앵카레 대통령은 집중했다.[148] 러시아 니콜라스 황제와의 수차례 회담을 통해 포앵카레는 양국이 유사시에 단순히 외교적 지지를 보내는 것에 그치지 않고 공동의 군사적 행동을 다짐해야 함을 강조했다. 또한 러시아-프랑스 양자 협력뿐 아니라 영국이 포함되는 3국 협상국가 간의 단합도 중요한 문제였다. 영국과 러시아와의 관계가 우호적으로 변화했지만 아직 페르시아에서 긴장이 남아 있는 상황이었다. 그러나 이런 작은 성가심 때문에 삼국협상 관계가 희생되어서는 안 된다는 것이 프랑스의 생각이었고, 포앵카레는 러시아 측에 이를 설득력 있게 제시했다. 세르비아 문제는 중요한 이슈로 부각되지 않았다. 프랑스가 준비해간 회담 의제에는 열네 번째 항목으로 포함되어 있었지만 실제 회담에서는 거의 논의되지 않았다. 그보다는 불확실한 국제 정세 속에서 삼국협상의 연대감을 확실히 하는 것이 회담의 목적이었다. 프랑스의 러시아 방문은 성공적이었다. 니콜라스는 포앵카레와의 회담 결과에 대해 큰 만족을 표시했고, 사조노프를 비롯한 러시아 주요 인사들도 러-프 동맹에 대한 프랑스의 확고한 생각을 분명히 이해 할 수 있었다.

본래 프랑스 헌법상 외교에 관한 권한은 수상에게 있었다. 그러나 비비아니는 수상에 임명된 지 4주 밖에 되지 않은 상태였다. 카요 전 수상이 부인의 피가로 편집장 살해 사건의 여파로 낙마하자 임시방편 격으로 수상의 자리에 오른 것이다. 더욱이 그는 외교문제에 대

➡ 비비아니 수상과 포앵카레 대통령

해서는 일체의 경험과 지식이 없는 문외한이었다. 다만, 평화를 중시하는 사회주의자로서 무력의 사용이나 전쟁을 불사하는 강압외교에 대해 본능적으로 거부감을 갖고 있던 인물이었다.[149] 특히, 비비아니는 러-프 동맹이 지나쳐서 프랑스의 운명이 러시아와 엮여버릴 가능성을 경계했다. 이 점은 러시아 방문 마지막 날 '프랑스 호' 갑판에서 열린 기자회견 문안 조율과정에서 분명히 드러났다. "발칸반도를 비롯한 유럽의 세력균형 문제에 있어 양국의 입장이 완전히 일치한다."라는 초안 문구에 비비아니가 강력하게 제동을 걸었던 것이다. 러시아의 발칸정책에 프랑스가 너무 과도하게 연루된다는 것이 그 이유였다.

또한 비비아니는 성격이 유약하여 위기가 그 무게를 더해갈수록 눈에 띠게 동요하는 모습을 보였다. 특히 러시아 방문을 마치고 떠나기 전날인 22일부터 그는 이상한 행동을 보이기 시작했다. 알아들을 수 없는 중얼거림을 반복하기도 하고, 큰 소리로 욕설을 내뱉기도 했으며, 얼굴은 점점 슬픈 기색을 띠고 의기소침한 모습을 보였다. 파리에서 진행되고 있는 카요 스캔들에서 새로운 사실이 폭로될 것을 우려하는 것 같기도 했고, 아니면 자신의 눈앞에서 벌어지는 포앵카레와 니콜라스와의 호전적 언사에 불안해하는 것 같기도 했다. 이유가 무엇이든 간에 수상의 비정상적 행동은 누구에게나 분명히 보였고, 마침내 조기 사임이 불가피할 것이라는 말까지 돌 정도였다.

반면에 포앵카레 대통령은 노련하고 강단있는 모습을 보였다. 로렌 지방 출신으로서 친독일 유화정책에 줄곧 반대해 왔던 그는 프랑스의 강국 지위에 강한 신념을 갖고 있었다. 거기에 수상과 외무, 재무장관 등 폭 넓은 국정경험까지 갖추고 있던 인물이었다. 북유럽 순방 중에는 동요하는 비비아니의 기운을 북돋아주기 위해 애를 쓰기도 했다. "유약함은 언제나 상황을 더 복잡하게 한다. 단호함을 견지하는 것만이 유일하게 분별 있는 방안"이라는 것이 그의 신념이었다. 따라서 헌법상 실질적 권능이 크지 않았음에도 불구하고 1차 대전 과정에서 그 누구보다 주도적 역할을 수행했던 인물이 포앵가레였다. 7월 28일 덴마크 방문을 포기하고 조기 귀국길에 올랐을 때 그는 이미 위기의 엄중함을 십분 이해하고 있었다. '프랑스 호'가 북해에 들어섰을 때 항구에서의 환영행사를 취소하고 곧바로 파리로 가는 열차를 준비시킨 것도 사태의 심각성을 고려한 조치였다. 이때 이미 발칸 위기가 외교적으로 해결되기 어렵다고 보고 대응책을 서둘러야겠다고 마음먹었던 것이다. 29일 파리로 향하는 기차에 동석했던 르노René Renoult 공공사업 장관은 대통령에게 정부차원의 비상조치 사항을 보고했다. 군인들은 휴가가 취소되어 자대로 복귀했고 주지사와 공무원은 비상대기 명령을 받았으며 주요 물자는 비축되고 있다는 내용이었다. 포앵카레는 유럽 전면전 가능성에 대해 점점 비관론으로 기울고 있었다.

그렇다고 포앵카레 정부가 대독일 복수 전쟁에 몰두했던 것은 아니었다. 그보다는 러시아와 영국과의 삼국협상을 통해 독일의 위협에 대처하는 것이 프랑스 외교안보 정책의 근간이라는 믿음 하에 움직였을 뿐이었다. 특히 러시아의 지원 없이 독일과 단독으로 맞서는 상황을 피해야 했기에 불러 동맹의 공고함을 유지하는 것은 너무도 당연한 과제였다. 러시아에게 프랑스의 동맹 충성도를 확신시키지 않는 한 유사시 프랑스의 안보도 담보받을 수 없었기 때문이다. 반면, 프랑스는 지나치게 공격적인 러시아의 도발을 자제시켜야 한다는 딜레마도 안고 있었다. 동서양면 전쟁을 기획하고 있는 독일 때문에 러시아가 독일과 전쟁을 벌일 경우 프랑스로서는 원치 않는 전쟁에 끌려들어갈 수 있었기 때문이었다. 즉, 프랑스-러시아 동맹의 목적은 처음부터 끝까지 전쟁 억제였는데, 억제가 실패한다면 바로 그 동맹구조 때문에 전쟁을 하게 된다는 역설을 안고 있었던 것이다. 원치 않는 연루의 위험성을 걱정한 인물이 비비아니라면, 포앵카레는 동맹국으로부터 방기될 가능성을 없애는 데 역점을 두고 있었다고도 할 수 있다.

포앵카레는 삼국협상이 힘을 바탕으로 확고한 태세를 유지한다면 독일과 오스트리아의 도발을 억제할 수 있다는 신념을 갖고 있었고, 이런 의미에서 그는 자신의 입장을 '평화를 위한 정책'으로 불렀다. 문제는 상대방도 똑같은 생각을 하고 있다는 데 있었다. 모두들 확고부동한 태세를 고수해야 평화가 유지된다고 믿었다. 연대를 과시하고 무력사용을 불사하겠다는 위협을 보인다면 상대방은 고개를 숙일 것이라고 생각했던 것이다. 일종의 포커 게임이 시작된 것과도 같았다. 허세와 엄포가 통할 것이라고 믿었지만, 모두 상대방이 어떤 패를 들고 있는지는 알지 못했다. 어느 누구도 중간에서 포기하지 않자 판돈은 눈덩이처럼 불어났고, 어느 시점부턴가는 파국이 눈앞에 보여도 이러지도 저러지도 못하는 상황에 빠져들었다. 억제가 위기를 억누를 것인지, 아니면 폭발시켜 버릴 것인지. 7월 마지막 주에 이르러 포앵카레 정부는 갑자기 기로에 서 있는 느낌이었다.

명예로운 고립

7월 하순에 이르러 독일은 더욱 예민하게 영국의 입장에 수목했다. 전면전 위기가 무르익을수록 유럽의 세력균형에서 지렛대 역할을 하는 영국의 선택이 결정적으로 중요하기 때문이었다. 영국이 과연 '명예로운 고립' 정책을 벗어나 반독일 대륙전쟁에 뛰어들 것인가? 영독 관계는 지난 20여 년 동안 계속해서 악화일로를 걷고 있었다. 1890년 비스마르크 사임 이후 빌헬름 황제가 '세계정책'의 기치하에 해군력 증강에 나서면서 대영제국의 해양패권을 건드린 것이 그 발단이었다. 여기에 1905년 모로코 위기에서 보이듯 갈수록 모험주의적이며 강압적 성격을 띠어 가는 독일 외교의 공격성에 영국의 경계감은 더욱 커져만 갔다. 아울러 전통적인 적대국이던 러시아와의 관계가 러일전쟁 이후 협조적으로 변하자 영국의 제국적 이익에 위협을 주는 국가로 독일의 위상이 더욱 선명하게 부각되고 있는 상황이었다.

그러나 6월 말 사라예보 암살과 이어진 유럽 대륙 내의 7월 위기는 런던의 정책 결정자들의 관심을 끌지 못했다. 1914년 여름 내내 영국 정치권의 관심은 온통 아일랜드 자치를 둘러싼 내부 문제에 집중되어 있었고, 발칸에서의 사건은 여느 위기처럼 곧 외교적으로 해결될 것이라는 믿음이 있었던 것이다. 설사 사라예보 문제로 전쟁이 발발하더라도 영국이 관여하게 될 것이라는 생각을 하는 사람은 거의 없었다. 외무성 사무차관 하딩Charles Hardinge, 주 프랑스 대사 버티Francis Bertue 등 반 독일적 태도를 견지하는 독일 경계론자들이 없는 것은 아니었다. 그러나 이들은 주로 외무성에 한정되어 있었고, 국제적 개입에 소극적인 당시 집권당인 자유당 내 다수파가 런던의 분위기를 지배하고 있던 상황이었다.[150] 일반 여론도 발칸 문제 개입에 호의적이지 않았다. 맨체스터 가디언The Manchester Guardian은 "베오그라드가 맨체스터에 관심 없는 만큼 맨체스터도 베오그라드에 관심 없다."고 냉소적으로 반응했고, 데일리 뉴스The Daily News도 영국인의 생명이 슬라브 세계에서 러시아 패권을 위해 희생될 수 없다고 강조했다. 특히 세르비아에 대한 평판이 부정적이었는데, "유럽 공동체에서 가장 자격이 없는 구성원the least worthy member of the European family"이라고 일컬어질 정도였다. 주요 언론 중에는 타임즈The Times만이 영국의 개입을 지지하는 소수 목소리를 내고 있을 뿐이었다.

한 가지 변수가 있다면 벨기에의 중립 문제였다. 만약 독일이 프랑스를 공격하기 위해 벨기에를 침공하는 루트를 선택한다면 이는 영국 외교가 오랜 기간 보증해온 벨기에의 중립을 정면으로 짓밟는 처사가 될 것이기 때문이었다. 그렇게 되면 상처받은 대영제국의 명예심을 회복하기 위해 어떤 식으로든 행동해야 한다는 여론이 일 수도 있었다. 하지만 독일이 전면적으로 벨기에 중립을 침범한다는 것은 상상하기 어려웠다. 훗날 영국의 몇몇 정치인들은 자신들이 프랑스 지원 공약을 확고히 하지 않은 이유가 어차피 벨기에가 침범당하면 영국의 개입이 보장될 것이기 때문이었다고 주장하기도 했다. 그러나 침략국으로 낙인 찍히고 영국을 적으로 돌리는 중립국 침범이란 카드를 독일이 과연 쓸 것인지에 대해 심각하게 생각하는 사람은 많지 않았다. 프랑스는 명예와 자존감에 호소하는 등 갖은 논리를 동원하면서 영국의 개입을 절박하게 촉구했는데, 이때도 벨기에의 중립 위반이 거론되지 않았음은 이를 말해준다. 또한, 설사 벨기에의 중립이 침범된다 하더라도 이것이 영국의 자동 개입을 초래할 정도로 강력한 사안인지도 확실하지 않았다. 당시 내각의 분위기가 그랬다. 즉, 영국이 벨기에 중립 조약의 당사자이긴 하지만 이는 다른 서명국에게도 똑같이 적용되는 것이며, 이를 준수하고 지키는 것은 국제사회의 공동의 책임이라는 것이 대다수 각료들의 생각이었던 것이다. 다시 말해 벨기에 중립이란 영국 외교에 있어 하나의 정책이었지 의무는 아니라는 인식이었다.

자유당 내각에서 영국의 국제적 역할에 그래도 적극적 입장을 가졌던 인물은 그레이 외상, 할데인 육군상, 애스퀴스 수상 정도였다. 소위 '자유당 제국주의자'로 불리며 제국으로서 영국의 국제적 지위에 적극적이었던 이들은 그러나 내각 다수파에 의해 심하게 견제 받고 있던 형편이었다. 영불간 군사협력에 대한 입장도 마찬가지였다. 양국 참모부간 유사시 영국군의 대륙파견에 대해 실무협의를 마쳐놓았지만, 영

➡ 왼쪽부터 애스퀴스 수상, 할데인 육군성 장관, 처칠 해군성 장관

국 정부는 이것이 공식적인 안보 약속이 아니라는 이상한 입장을 견지하고 있었다. 일부 보수파는 프랑스와의 공식적인 동맹을 선호했지만, 이미 영불관계가 너무 가깝다고 불편해하는 세력도 적지 않았던 것이다. 따라서 대다수 정치인들은 이도저도 아니게 한 발만 프랑스에 걸친 현재의 모호한 상태에 만족하고 있는 상황이었다.

영국의 이익은 프랑스, 러시아와 묶여 있다

영국의 외교정책 결정 방식은 다른 유럽 대륙의 국가들과는 달랐다.[151] 대륙에서는 군주, 외상, 참모총장 등 몇몇 개인의 판단이 국가 운명을 결정했다. 독일에서는 빌헬름, 베트맨, 몰트케가 그랬고, 러시아에서는 니콜라스와 사조노프가 있었으며, 오스트리아에서는 요제프, 베르히톨트, 콘라드가 중요했다. 만약 이들이 다르게 행동했다면 결과는 달라졌을 것이다. 각료회의가 있었더라도 거의 유명무실했다. 그러나 영국은 달랐다. 수상이나 외상이라 할지라도 외교정책을 독립적으로 수행할 수 있는 구조가 아니었다. 국가적 방침을 정하기 위해서는 내각의 뒷받침이 있어야 했고 의회 전체의 결정이 뒤따라야 했다. 따라서 외상 그레이는 독일에 비판적인 외무성 내 독일견제파와 영독 우호관계 가능성을 포기하지 않았던 내각 다수파 사이에서 움직일 수밖에 없는 한계를 안고 있었다.

그래서인지 그레이의 초기 입장은 다분히 모호하고 때론 이중적이었다.[152] 그는 7월 8일 캉봉Paul Cambon 주영 프랑스 대사에게 영국은 러시아를 자제시킬 것이라고 말했고, 같은 날 러시아 대사에게는 독일에게 의심을 줄 만한 행동을 하지 말 것을 요구했다. 반면에 다음날 9일 독일 대사에게는 영불러간 삼국협상 관계가 긴밀함을 강조했다. 그러면서도 3국간에 어떤 비밀협약 같은 없다고 독일을 안심시키기도 했다. 다시 말해 그레이는 독일이 프랑스나 러시아에 적대적인 행동을 한다면 영국이 좌시하지 않을 것임을 분명히 하지 않았다. 한편, 프랑스와 러시아에게 그들이 비합리적으로 행동한다면 영국은 중립을 지킬 것이라고 확실히 경고하지도 않았다. 아마도 이를 넘어선 어떤 분명한 태도도 내각의 지지를 받기 어렵다고 판단했을 수도 있다. 어쩌면 영국이 어떻게 하는 것이 최선인지, 자신이 무엇을 원하는지 그레이 스스로 확신이 없었는지도 모른다.[153]

우유부단한 그레이의 태도는 많은 비판을 받았다. 특히 외무성 고위관료들의 평가가 혹독했다. 크로Eyre Crowe 차관보는 "포르투갈보다 큰 나라의 외무장관에는 적합하지 않은 무지하고 자만심이 많으며 심약한ignorant, vain and weak 인물"이라고 자신의 상관을 깎아내렸다.[154] 외무성 내 반독 파벌의 수장이었던 그는 그레이의 분명하지 않은 태도가 마음에 들지 않았던 것이다. 내각의 동료였던 재무장관 로이드 조지도 회고록에서 그레이가 좀 더 일찍 명확하게 프랑스에 대한 지원의사를 밝혔다면 독일을 억제할 수 있었을 것으로 평하기도 했다. 빌헬름 황제도 전쟁 중에 "누구라도 내게 영국이 우리를 대적해 참전할 거라는 걸 미리 말해 주었더라면"이라고 탄식하기도 했다.[155] 그러나 성격과 역량의 문제라기보다 협상을 통해 문제를 해결할 수 있다는 기대와 환상이 그레이의 잘못이라면 잘못이었다. 특히 독일과의 대화에 마지막까지 미련을 버리지 못한 것이 영국의 입장 정리가 늦어진 원인이었다. 그레이가 끝까지 추구했던 것은 영국이 어느 한쪽 편을 들지 않음으로써 위기의 중재자가 되려는 것이었다. 사실 과거 20년 간의 국제분쟁이 이런 식으로 해결되어 왔기 때문에 그레이의 목표가 아주 비현실적인 것도 아니었다. 다만, 1914년의 위기는 한 가지 측면에서 과거와는 결정적으로 달랐는데 그것은 바로 동원mobilization이라는 변수였다.[156] '군사적 준비를 하지 않을 경우 치명적인 결과를 불러올 수도 있다'는 두려움은 외교가 움직일 수 있는 시간 자체를 허용하지 않기에 어느 순간 통제가 불가능해진다는 점을 그는 몰랐던 것이다.

모호한 태도로 비판받았던 외무장관이었지만 영국의 참전을 이끌어내는 데 가장 결정적 역할을 한 인물 역시 그레이였다. 그는 7월

하순 들어 대외문제에 소극적인 내각을 점점 더 압박하기 시작했다. 23일 저녁 오스트리아가 세르비아에게 전달한 최후통첩이 그 발단이었다. 이 때문에 그전까지 조용하게 잊혀가던 문제가 급박한 이슈로 등장하기 시작했다. 외무성의 분위기도 더욱 강경해졌다. 그레이 외상이 24일 멘스도프Albert von Mensdorff 주영 오스트리아 대사에게 강력 항의하면서 "독립국을 상대로 한 가장 가공할 문서"라는 유명한 말을 남긴 것도 이 무렵이었다. 그리고 그레이는 같은 날 내각의 승인을 얻어 직접 당사자가 아닌 4개국(영국, 프랑스, 독일, 이탈리아)이 개입하여 오스트리아와 세르비아간의 갈등을 해결하자고 제안하기도 했다. 이때부터 그도 발칸 분쟁이 결국은 러시아를 끌어들이고 유럽 전면전으로 확대될 가능성을 심각하게 받아들이기 시작한 것이다.

7월 마지막 주 들어서 그레이는 기회가 될 때마다 아일랜드 문제에 빠져 있던 내각에 발칸 위기를 현안으로 제기하며 정부의 관심을 촉구했다. 27일 그는 만약 프랑스가 독일의 침공을 받을 경우 내각이 영국의 개입을 지지할 것인지를 물었다. 즉, 영국이 유럽대륙 문제에 개입한다면 어떤 조건과 상황이어야 하는지에 대해 내각의 입장을 분명히 하라는 요구였다. 군사 실무적으로는 준비해 놓았지만 정치적으로 애매하게 덮어 두었던 예민한 문제를 정면으로 제기한 것이다. 평화당 당수 몰레이John Morley를 비롯하여 사이먼John Simon, 번즈John Burns 등 그레이의 정적들과 대다수 각료들은 강력하게 반대했다. 만약 개입을 밀어붙일 경우 사임하겠다는 위협이 이어졌다. 29일과 30일 양일에 걸쳐 다시 영국의 개입문제에 대해 결론 없는 긴 토론이 이루어졌다. 프랑스를 지원해야 한다는 그레이의 설득에도 불구하고, 애스퀴스 수상, 할데인 육군상, 처칠 해군상 3명을 제외하고 나머지 각료들은 반대 입장을 고수했기 때문이었다. 그레이가 제안한 4개국 중재 방안도 지지부진하기는 마찬가지였다. 직접 당사국은 아니라고 해도 이미 4개 국가 모두 분쟁 당사자인 오스트리아와 세르비아와 전략적 관점에서 분명히 얽혀 있었기 때문이었다. 더욱이 오스트리아를 두둔할 국가는 독일 하나였고 나머지 3개국은 모두 세르비아를 지지하는 구도여서 균형이 맞지 않는 문제도 있었다. 또한 설사 어렵게 중재안이 마련된다고 해도 오늘날과 같은 국제기구가 있는 것도 아니라서 집행을 담보한다는 신뢰를 주기도 어려웠다.

암살 사건 초기에는 내각 다수파처럼 그레이도 세르비아가 양보해야 한다는 입장을 갖고 있었다. 사안의 옳고 그름을 떠나 세르비아의 주권보다 유럽의 평화가 중요하다는 생각이었다. '무릇 작은 나라는 양보해야 한다'라는 사고는 영국 외교의 일반적인 관점이기도 했다.[157] 소국이 굴욕을 견디면 세계 평화는 유지될 수 있다는 다분히 제국주의적 발상이었다. 그러나 시간이 흐를수록 그레이는 점점 '삼국협상'의 렌즈로 사태를 보기 시작했다.[158] 발단은 작은 나라에서 시작했지만 만약 러시아가 개입하고 독일이 관여한다면 프랑스도 연루될 수밖에 없는 상황이기 때문이었다. 그렇다면 영국도 프랑스가 독일에 의해 무너지는 것을 방관할 수 없게 될 것이었다. 유럽 강국이 모두 뛰어드는 엄청난 대격돌로 비화되는 것이다. 따라서 발칸에서의 분쟁을 누가 시작했는가는 더 이상 중요한 문제가 아니었던 것이다. 세르비아의 무죄 여부도 상관이 없었고, 오스트리아의 주장이 얼마나 설득력이 있는가의 문제도 아니었다. 그레이는 암살 배후에서 세르비아가 어떤 역할을 했는지, 오스트리아가 요구하는 최후통첩이 얼마나 정당한지에 대해서 전혀 관심을 갖지 않았다. 그런 것들은 문제의 본질이 아니었다. 그레이가 생각한 문제의 핵심은 유럽 대륙 내 세력균형의 변화였다. 누가 유럽의 패권을 차지할 것인가? 변화된 세상에서 조국은 지금까지 누리던 자유와 부를 지키며 살 수 있을 것인가? 이런 전략적 관점에서 사라예보 위기를 처리해야 한다는 그레이의 생각은 영국 외무성의 시각이기도 했다. 그레이를 비판했던 크로는 이를 다음과 같이 정리했다.[159]

> 세르비아에 대한 오스트리아의 주장을 어떻게 평가하든 간에 프랑스와 러시아는 이를 하나의 구실로 생각할 것이다. 그리고 삼국협상과 삼국동맹의 대결이라는 더 큰 명분이 걸려 있다는 것이 분명하다. 나는 영국이 이렇게 분명한 이슈를 반박한다거나 회석시키려 한다면 위험까지는 아니라도 현명한 처사는 아니라고 생각한다. 유럽에서 정치적 독재를 꿈꾸는 독일과 평화를 지키려는 나라들과의 투쟁에서 우리의 이익은 프랑스와 러시아와 묶여 있다.

PART 03

전쟁 머신의 작동

CHAPTER

07

주사위는 던져지고

7월 23일 세르비아에 대한 최후통첩이 알려지고 28일에 마침내 오스트리아의 군사작전이 시작되자 각국은 급박하게 움직였다. 러시아는 전쟁을 결심하지는 않았지만 만약의 사태에 대비한 군사적 조치를 단행했다. 먼저 본격적인 동원에 앞서 사전 동원조치를 실시했다. 그것은 전투태세를 강화하기 위한 일련의 조치들, 즉 철도보수 가속화, 정부와 군부대 대비태세 점검, 예비군 훈련 캠프 소집 등으로 이루어져 있었다. 7월 24일 각료회의에서는 사조노프 외상의 주장대로 오스트리아 전선에 국한된 부분 동원령을 내리기로 했는데, 이는 독일과의 대결 모습을 최대한 피하기 위한 자구책이었다. 주변국들은 사조노프의 아이디어에 동조했다. 그레이 영국 외상은 오스트리아만을 상대로 한 군사적 준비는 너무나 당연한 조치라고 생각했고, 독일의 야고브 장관도 이에 반대하지 않는다고 알려 왔다. 독일과의 전쟁을 아직도 막을 수 있다고 생각한 사조노프가 위기탈출 방안으로 생각했던 것이 바로 이 부분 동원 카드였던 것이다.

그런데 7월 28일 막상 부분 동원령을 발령하려 하자 예상치 않았던 문제가 드러났다. 오스트리아의 전쟁선포 소식을 듣고 난 직후 사조노프가 짜르를 접견하여 부분 동원을 건의하자 장군들이 불가능하다며 반대하고 나선 것이다. 러시아의 동원 시스템은 각기 다른 인구 밀도를 가진 각 지역을 하나로 엮어 한 지역의 예비군이 다른 지역에 동원되는 일체화된 계획이라는 것이 그 이유였다.[160] 다시 말해 애당초 부분 동원, 총동원의 구분이란 것이 없다는 설명이었다. 더 치명적인 것은 일단 부분 동원을 해 버리면 나중에 총동원이 불가능하다는 사실이었다. 철도 운송, 집결 계획 등이 세밀하게 짜인 복잡하고 거대한 시스템의 작동원리를 무시하고 임기응변으로 오스트리아만을 상대로 부분 동원을 했다가는 총동원을 망쳐 버릴 수 있다는 지적이었다. 그렇게 되면 독일과의 전선은 무방비로 노출되고 러시아는 독일의 처분에 맡겨지는 꼴이 된다는 것이 장군들의 주장이었다.[161]

사조노프는 절망했다. 군사 문외한인 그는 이런 군사기술적인 문제가 있으리라고는 전혀 예상하지 못했던 것이다. 그런데 답답한 것은 야누스케비치 참모총장도 사전에 부분 동원 아이디어에 이의를 제기하지 않았다는 것이다. 원래 야전군인 출신이 아니라 황제를 가까이서 모시는 이점을 이용해 능력보다는 황제의 총애로 이 자리까지 올랐던 인물이었다. 니콜라스는 주저했고, 결정은 유보됐다. 사조노프는 장군들과 동원에 대해 계속 논의했다. 마침내 그는 부분 동원이 불가능하다는 군의 의견을 수용했고 총동원이 필요하다고 결론지었다. 다음날 아침 사조노프는 황제에게 전화를 걸어 결코 그가 생각하지 않았던 전면전 준비, 즉 총동원을 건의하기에 이르렀다. 니콜라스 황제도 동의를 표시했다. 그러나 이때까지만 해도 황제와 외상 모두 희망을 완전히 접은 것은 아니었다. 두 사람 모두 위기의 무게감은 더해졌지만 총동원으로 인해 단지 경매가격을 올렸을 뿐 반드시 전쟁으로 가는 것은 아니라고 생각했던 것이다.[162]

니콜라스의 승낙이 있자 총참모부는 동원령 발령을 위한 절차에 착수했다. 총동원이 발령되기 위해서는 전쟁성 장관, 해군성 장관, 내무성 장관의 서명을 받아 짜르의 최종 재가를 받아야 했다.[163] 실무책임을 맡은 도브로롤스키Sergei Dobrorolsky 장군이 차례로 장관들을 방문했다. 분위기는 한껏 무거웠다. 평소 호전적인 말투로 떠벌리기 좋아하던 전쟁성 장관 수콤리노프는 말이 없어졌고, 해군성 장관 그리고로비치는 "독일과 전쟁이라고? 우리 함대는 독일과 맞설 준비가 안 되어 있어."라고 중얼거렸다. 내무성 장관 마클라코프Nikolai Maklakov는 "전쟁은 러시아 인민에게는 인기가 없어. 혁명이 그들의 구미에 맞지. 그러나 인간은 자신의 운명을 피할 수 없는 법이지."라며 체념하듯 성호를 긋고 명령서에 서명했다. 마지막으로 총동원 명령서는 짜르에게 전보를 통해 건의되었고 마침내 최종 재가가 떨어졌다.

29일 저녁 9시 모든 서명을 받은 도브로롤스키 장군은 페테르부르크 중앙 전보국으로 출발했다. 그곳에서 동원 명령이 타이핑되어 러시아 전역으로 보내질 것이고, 다시 각 마을 마을로 동원명령서가 하달될 예정이었다. 동원 명령에 관한 의례에 따라 다른 모든 전보발송은 완전 중단된 상태였다. 그런데 9시 30분 동원 명령이 막 전송되려는 순간, 갑자기 전화벨이 울렸다. 야누스케비치 참모총장이었다. 동원 명령을 보내지 말고 대기하라는 지시였다. 몇 분 후 총참모부의 한 장교가 새로운 명령을 전달했다. 총동원 대신 부분 동원을 발령하라는 내용이었다. 불가능하다고 하여 장군들의 반대로 무산된 부분 동원을 다시 내리라는 지시였다. 지침대로 움직일 수 밖에 없었다. 곧 새로운 명령서가 다시 만들어지고 정오경에 이르러 키에프, 오데사, 모스크바, 그리고 카잔 지역에 대한 부분 동원 명령이 전송되었다.

빌헬름과 니콜라스의 핫라인

무슨 일이 있었던 것일까? 비슷한 시기 독일의 상황도 러시아 못지않게 긴박하게 돌아가고 있었다. 7월 28일 오스트리아의 군사작전이 시작되자 몰트케는 "지금이 적을 저격하는데 가장 좋은 시기"라며 예방전쟁의 필요성을 역설했다. 반면, 베트맨은 영국의 중립이 담보되지 않은 상태에서 선불리 움직일 수 없다고 판단하고 있었다. 군부의 전쟁 열기를 당분간 억누르며 사태의 전개를 좀 더 지켜보아야 한다는 것이 그의 판단이었다. 러시아가 총동원을 내리기 전에 먼저 움직인다면 독일이 침략국으로 비춰질 수도 있었다. 국내정치적으로는 사회민주당을 포섭하는 것이 어려워지고 무엇보다 영국의 개입을 불러올 수 있었다.

그러나 시시각각 전해져 오는 러시아군의 동향은 독일의 지도부를 압박했다. 7월 25일 프랑스 에펠타워와 러시아 보부르스크 전신역 사이에 평소보다 많은 암호화된 교신이 이루어지고 있다는 첩보가 입수됐고, 27일과 28일에 걸쳐서 부분 동원으로 보이는 러시아 군 움직임이 보고되고 있었다.[164] 이때는 러시아 부분 동원이 아직 발령되기 전이었지만 그전에 취해진 사전 동원 조치들 때문에 얼마든지 이렇게 보일 여지가 있던 상황이었다. 몰트케는 베트맨을 압박했다. 러시아가 지금은 오스트리아만을 상대로 부분 동원을 하더라도 결국에는 독일을 상대로 한 총동원으로 확대될 수밖에 없다는 주장이었다. 전쟁을 막아보려는 빌헬름에 대해서도 군부는 황제가 "사태의 진행에 대한 통제력을 상실했다."고 나올 정도였다.

➡ 사촌지간이던 빌헬름과 니콜라스 황제

7월 29일 늦은 저녁 빌헬름

황제는 이종 사촌인 러시아 니콜라스에게 긴급 전보를 보냈다.[165] 러시아가 총동원을 발동한다면 자신도 호전적인 장군들을 더 이상 통제할 수 없다는 호소였다. 러시아가 동원하면 평화적 사태 해결이 불가능해진다는 경고이기도 했다. 짜르는 흔들렸다. 민족주의적 열정과 독일에 밀리지 않겠다는 결의에 차 있었지만 막상 전쟁의 위험이 눈앞에 다가오자 두려워진 것이다. 원래 변덕이 심하고 개인적인 호사에만 관심을 둘 뿐 황제의 직무를 수행할 만한 지식과 훈련이 되어 있지 않은 인물이었다. 침착하게 보이는 얼굴은 사실상 일에 대한 냉담함 때문이었는데, 러일전쟁 때는 러시아 함대가 쓰시마 해협에서 전멸 당했다는 전보를 받아보고는 그걸 호주머니에 넣고 테니스를 치러 간 일화가 있을 정도였다. 니콜라스 황제는 잠옷 차림으로 수콤리노프에게 전화를 걸었다. "이 괴물 같은 살육에 책임지지 않겠다." 며, 총동원을 당장 멈추라고 지시했다.[166] 수콤리노프가 불가능하다고 답하자 짜르는 "멈추시오!"라고 잘라 말했다. 수콤리노프는 일단 복종할 수밖에 없었다. 이것이 페테르부르크 전보국에 마지막 순간에 총동원 변경 명령이 내려진 경위였다.

러시아, 총동원의 버튼을 누르다

다음날 30일 아침 사조노프는 장군들과 총동원 중단 사태에 대해 논의했다. 크리보쉐인Alexander Krivoshein 장군은 전화로 총동원이 멈춰진 것에 대해 큰 우려를 표명했고, 오전 11시 야누스케비치는 총동원의 필요성을 다시 한 번 강조했다. 모두들 짜르를 설득해야 한다고 입을 모았다. 사조노프는 짜르에게 전화를 시도했으나, 연결이 되지 않았다. 전쟁 준비가 필요하다는 장군들의 얘기를 이미 지겹도록 들어온 니콜라스가 전화 받기를 거부하고 있었던 것이다. 짜르는 전쟁의 위험이 다가오자 두려워지기도 했지만 원래 일에 대해서는 짜증스러울 정도로 회피하는 사람이었다. 발트 해 연안 여름 별장에서 수영과 테니스를 즐기고 혈우병을 앓고 있던 아들의 출혈을 걱정하는 것이 그의 주된 관심사였다.[167] 마침내 전화연결이 되었으나 짜르는 요지부동이었다. 수콤리노프와 야누스케비치는 총동원을 재가해줄 것을 간청했지만 소용이 없었다. 사조노프가 전화를 바꿔 황제와의 직접 면담을 요청했다. 니콜라스는 일정이 바빠 어렵다고 버티다가 마침내 오후 3시가 되어서야 외상과의 접견을 허락했다. 그러나 이때도 장군들과 함께 만나는 것은 허용하지 않았다. 신하들이 무리지어 자신을 압박하는 것을 싫어했기 때문이었다.

사조노프는 혼자 기차를 타고 황제가 머물고 있는 페테르호프 Peterhof로 떠나면서 두마(러시아 의회) 의장의 메시지를 지참했다. "러시아 인민의 대표자의 수장으로서 조국을 치명적 혼란에 빠뜨릴 지연을 절대 용서할 수 없다."는 내용이었다. 사조노프는 50분 동안 니콜라스를 설득했다. 부분 동원이 불가능하다는 것과 만약 독일을 저지하지 않으면 러시아의 흑해 출구인 보스포러스 해협이 막힐 수 있다는 자신의 근심을 전달했다. 사조노프의 얘기를 듣고 짜르는 동요했다. 사촌 빌헬름의 경고와 외상의 간청 사이에서 어찌할 줄을 몰라 얼굴이 창백해졌다. 배석했던 짜르의 개인 비서 타티스체프Ilya Leonidovich Tatishchev가 분위기를 감지하고 "결정하기 어렵습니다."라고 말했다. 그러자 짜르는 불쾌하다는 듯이 거칠게 내뱉었다. "나는 결정할 것이다."[168] 그리고는 사조노프에게 명령했다. "당신이 옳소. 공격 외에는 준비할 것이 아무것도 남아 있지 않군. 총참모부에 동원명령을 하달하시오." 사조노프는 접견을 마치고 나와 야누스케비치에게 전화를 걸어 총동원령을 발령하라는 짜르의 지시를 전했다. 그러면서 "이제 전화통을 박살내도 좋소."라고 말하며 전화를 끊었다. 짜르가 다시 변덕을 부릴까봐 하는 말이었다. 다시 임무는 도브로롤스키 동원국장에게 맡겨졌다. 그가 전신국에 도착했을 때는 저녁 6시였다. 엄숙한 침묵이 흐르는 가운데 남녀 직원들이 각자 자리에 앉아 명령을 타이핑하기 시작했다. 찰칵 찰칵 동원 명령서가 전송되는 소리가 전신국을 가득 메웠고, 빨간색 소집 통지서가 밤사이 러시아 전역에 붙여졌다.

돌이켜보면 러시아의 총동원은 7월 위기 과정에서 가장 결정적인 순간의 하나였다. 이때는 오스트리아가 아직 세르비아만을 상대로 부분 동원 조치를 취하고 있었고, 독일은 아직 예비 동원도 착수하지 않고 있던 상태였다. 그런데 이런 상황에서 러시아가 총동원이란 전면적 군사조치를 시작한 것이다. 따라서 독일로서는 더 이상 전쟁 돌입을 지연시킬 이유도, 그럴 여유도 없는 상황에 몰렸던 것이다.[169] 그러나 그렇다고 러시아가 총동원을 발령하면서 전쟁을 결심

➡ 비참한 최후를 맞은 제정 러시아 마지막 황제 니콜라스 2세와 그의 가족들

했던 것은 아니었다. 니콜라스 황제는 동원된 러시아군이 국경으로 진격하지 않고 무한정 현 위치에서 대기할 수 있다고 생각했다. 다음 날 오후 빌헬름에게 전보를 보내 러시아군이 오스트리아와 세르비아 간에 협상이 진행되는 기간에는 움직이지 않겠다고 약속한 것도 이런 맥락에서였다. 니콜라스의 발언은 빈말이거나 기만책이 아니었다. 그 말은 진심이었고 또 그렇게 지켜질 수도 있었다. 문제는 오스트리아가 협상할 마음이 전혀 없었다는 것이다. 무엇보다 베르히톨트가 세르비아를 군사적으로 응징하겠다는 목표에 집착하고 있었다. 강대국이 개입할 틈을 주지 말라고 독일로부터 채근당할 때는 그토록 느

려터진 반응을 보이던 오스트리아가 이제는 빌헬름의 중재도 거부하고 완고하게 전쟁준비에 나서고 있었던 것이다. 특히 콘라드 장군은 조만간 러시아를 상대로 한 총동원 여부에 대해 결정이 필요하다며 행정부를 압박하고 있었다. 일단 세르비아만을 상대로 동원을 준비하지만 늦어도 8월 1일까지는 러시아 개입여부를 알아야 하고 그래야만 너무 늦지 않게 러시아 국경 방향에 대한 동원에 착수할 수 있다는 논리였다.

누가 베를린을 지배하는가

7월 29일 러시아의 부분 동원 소식이 전해지자 독일은 더욱 당황하기 시작했다. 29일 두 차례 열린 베를린 지도부 회의에서 베트맨은 힘겹게 조심과 자제의 필요성을 강조했지만, 팔켄하인 전쟁성 장관을 비롯한 군부가 역설하는 군사적 대응조치 목소리가 점점 힘을 얻고 있었다. 특히 총참모부 내에 신설된 정보판단부는 국경 지역에서 전해져 오는 첩보를 전하며 위기의 무게감을 더하고 있었다.[170]

러시아는 분명 부분 동원을 실시함. 규모를 확실히 식별할 수는 없음. 오데사와 키예프 군구는 확실함. 모스크바는 불확실함. 바르샤바 군구의 동원에 대한 개별 보고는 확인 불가함. 다른 지역들, 특히 빌나는 동원령 아직 발령되지 않음. 그럼에도 불구하고 러시아가 독일

> 국경에 대한 군사적 조치를 취하고 있는 것은 확실함. 전쟁준비기간을 제국 전역에 선포한 것으로 보임. 전투준비를 갖춘 국경수비대가 도처에 있고 진군 준비를 마침.

여기에 30일 아침 런던으로부터 날아온 소식은 독일을 더욱 절망시켰다. 주영 독일대사 리크노브스키Karl Max Lichnowsky에 따르면 영국은 갈등이 오스트리아-세르비아에 국한된다면 중립을 지키겠지만 만약 독일과 프랑스가 개입된다면 삼국협상의 편을 들 것이라고 했다는 내용이었다.[171] 이 소식에 빌헬름 황제는 격분했다. 조모의 고향이자 삼촌 에드워드 왕의 나라인 영국이 자신을 위협한다며 "비열한 악당" 운운하며 흥분했다.[172] 영국을 생각할 때마다 빌헬름은 복잡한 마음이었다. 한편으로 유럽의 패권을 놓고 양보없이 경쟁해야 할 국가면서 다른 한편으로는 세계 최강의 해군과 과학기술력을 보유한 부러움의 대상이기도 했다. 그날 오후 다시 베트맨은 몰트케와 팔켄하인을 불러 대응책을 논의했다. 그러나 끝없는 토론만 이어질 뿐 결론을 낼 수가 없었다. 군부는 계속 강경대응을 주문했다. 몰트케와 팔켄하인은 러시아의 부분 동원이 예상보다 빠르게 진행되고 있다면서 벨기에를 기습 공격할 기회가 사라질까봐 불안해했다. 이에 맞서 베트맨은 러시아가 총동원에 나설 때까지 기다려야 한다는 입장을 고수하고 있었다. 재상은 끝까지 영국의 중립 가능성이 남아 있다고 보았던 것이다.

그런데 이때 이상한 일이 벌어졌다. 몰트케가 황제와 재상을 제치고 콘라드에게 바로 전보를 쳐서 '러시아를 상대로 즉각 동원하라'고 요구한 것이다. 이때만 해도 빌헬름과 베트맨은 여전히 오스트리아를 설득해 갈등을 발칸 전쟁으로 국한시키기 위해 애쓰고 있던 상황이었다. 니콜라스도 빌헬름에게 러시아의 동원 조치는 순전히 방어적 성격임을 호소하며 러시아군은 오스트리아와 세르비아간에 협상이 진행되는 동안에는 움직이지 않을 것이라고 약속하고 있던 시점이었다. 이런 상황에서 러시아를 자극하는 조치를 참모총장이 독단으로 취하고 나선 것이다. 아무리 군국주의적인 독일이었지만 군주의 통제를 벗어나는 일이었고 베트맨에 위임해온 외교영역에 대한 분명한 간섭이었다.

31일 아침 콘라드는 몰트케의 전보를 베르히톨트에게 보여주었다. "누가 베를린을 움직이는가? 몰트케인가 베트맨인가?" 베르히톨트는 어리둥절해 했다. 그러나 그는 곧 몰트케 라인을 따르기로 했다. "나는 독일이 손을 떼고 있다는 인상을 받았다. 그러나 지금 책임 있는 군주로부터 최고로 안심이 되는 견해를 전달받았다."[173] 콘라드에게 이렇게 말하며 베르히톨트는 총동원 명령서를 요제프 황제에게 제시했다. 독일로부터 압박을 받을 때 보였던 소심함에서 벗어나 점점 세르비아 응징에 대한 열의를 발전시키고 있던 그는 이제 몰트케의 강경책을 선호하고 있었던 것이다.[174] 베트맨이 애써 추진해온 국지화 정책을 무력화시킨 오스트리아의 총동원령은 이렇게 해서 7월 31일 발령되었다.

한편 31일 정오 마침내 전쟁과 평화를 가르는 결정적인 뉴스가 베를린에 도착했다. 러시아가 전날 밤 총동원을 발령했다는 소식이었다. 어떻게든 막아보려 했던 사태였지만 숙명처럼 받아들이며 내심 기다리고 있던 상황이기도 했다. 전쟁의 책임은 이제 러시아라는 것이 분명해졌다. 희망이 사라졌다는 것도 의심의 여지가 없어 보였다. 동원은 곧 전쟁이라는 말을 장군들로부터 수없이 들어온 베트맨도 더 이상 상황을 되돌리는 것은 어렵다고 판단했다. 이제는 전쟁에 승리하는 것에 관심을 쏟아야 할 때였다. 슐리펜으로부터 물려받은 일정표에 홀려 있었던 몰트케는 말할 것도 없었다. 러시아가 군대를 움직이기 시작한 이상 시간이 없었다. 독일도 빨리 전쟁머신에 스위치를 켜야 했다. 31일 마침내 독일은 러시아를 향해 12시간 내에 동원을 멈추라는 최후통첩을 던졌다. 물론 러시아가 수용할거라 기대했던 것은 아니었으며, 최후통첩 시한이 지나면 즉시 선전포고가 이루어질 예정이었다.

한편 프랑스에 대한 독일의 조치는 러시아보다 간단하지 않았다. 프랑스는 당시까지 위기를 조장할 만한 특별한 행동을 보이지 않고 있었기 때문이었다. 러시아의 군사적 준비를 특별히 자제시켰던 것은 아니지만 그렇다고 이를 고무하거나 조장하는 모습은 없었다. 공무원 비상대기 등 정부차원에서 예비적 조치는 있었지만 군사적 동원에 착수한 상태도 아니었다. 그런데도 독일은 러시아에 대해 동원을 멈추라는 최후통첩과 함께 프랑스에 대해서는 동원을 하지 말라고 요구했다. 이때 만약 프랑스가 동원을 할 의도가 없다고 대답했다면 독일은 곤혹스러울 수도 있었다. 슐리펜 계획에 따라 전쟁은 서부

전선 프랑스로부터 시작되어야 하는데, 프랑스가 유화적으로 나온다면 곤란하기 때문이었다. 따라서 이에 대비해서 독일은 프랑스 국경의 토울과 베르됭 요새를 넘기라는, 프랑스가 받아들일 수 없는 추가적 요구까지 준비해 놓고 있었다. 파리의 답변은 단호했다. 프랑스는 오직 프랑스의 국익에 따라 행동할 것이라는 입장이었다. 비타협적인 프랑스의 반응을 접한 8월 1일 독일은 러시아와 프랑스에 보낸 최후통첩이 모두 거부된 것으로 입장을 정리했다. 총참모부의 희망대로 된 셈이었다. 이제 마침내 독일도 총동원령을 발령할 시간이 도래한 것이다. 빌헬름 황제는 군복을 갖춰 입고 포츠담 궁을 떠나 베를린으로 이동했다. 그러고는 오후 5시, 많은 장군들이 지켜보는 가운데 총동원령 문서에 서명했다.

8월 1일 독일의 총동원령 서명과 전쟁선포는 외교적 해결 가능성에 종지부를 찍는 결정적 순간이었다. 총참모부는 물론이고 재상과 황제도 전쟁의 불가피성을 받아들인 돌이킬 수 없는 결정이었기 때문이었다. 그런데도 러시아 외상은 아직도 사태를 정확히 파악하지 못하고 있었다. 그는 베를린의 최후통첩을 거부한다 하더라도 독일이 단지 동원으로 대응할 것으로 생각했다. 다시 말해 위기가 한 단계 더 올라가는 정도로 생각했지 독일 요구의 거부가 전쟁을 의미한다는 점을 이해하지 못하고 있었던 것이다. 따라서 그는 자신이 취하는 방어적 조치가 7월 위기의 정점을 찍으며 전쟁으로 치닫는 마지막 결정으로 훗날 역사의 평가를 받을 줄은 꿈에도 몰랐을 것이다. 만약 러시아가 동원령을 발령하지 않았다면 어떻게 됐을까? 그래도 독일이 프랑스를 공격하며 슐리펜 계획을 작동시켰을까? 영국의 중립 여부에 온 신경을 곤두세우고 있었던 독일이 동쪽으로부터 도발이 없는데도 서쪽으로 진군하는 위험을 감수했을까? 빌헬름과 베트맨이 기울인 전쟁회피 노력을 고려할 때 러시아가 자제했다면 전쟁은 훨씬 작은 규모로 일어났을지도 모른다. 그러나 문제는, 언제나 그렇듯이, 모든 것이 불확실한 위기의 순간에 '방어적 조치'를 취하지 않고 기다린다는 것은 너무나 어렵다는 데 있었다. 사조노프 뿐만이 아니었다. 베트맨도 그랬고, 몰트케도 마찬가지였으며, 조프르도 예외가 아니었다. 적 병력이 국경으로 집결하고 아군에 허용된 기회의 창이 닫혀 갈 때, 그래서 불확실성이 그들의 어깨를 짓누를 때, 이를 끝까지 견뎌낸 인물은 아무도 없었다.

빌헬름과 몰트케의 충돌

8월 1일 정오 러시아에 대한 최후통첩 시한이 종료되고 마침내 빌헬름 황제는 전시 총동원령을 선포했다. 그런데 이때 예상치 못한 마지막 혼선이 발생했다. 런던에 있는 리크노브스키 대사가 베를린 외교부 사무실로 긴급히 보내온 전문이 그 발단이었다.[175] 독일이 프랑스를 공격하지 않으면 영국 역시 중립을 지킬 것이며 프랑스의 중립도 보장하겠다는 그레이 외상의 발언을 전하는 내용이었다. 충격적인 뉴스였다. 영국이 중립을 지킬 뿐 아니라 프랑스까지 제어시켜

준다는 대반전이었기 때문이었다. 오후 5시 30분 베트맨은 야고브 외상과 함께 급히 빌헬름 황제를 만나러 왕궁으로 향했다. 이 무렵 황제는 위기의 무게에 눌려 "병든 수코양이"처럼 위축되어 있었다.[176] 그토록 피하고 싶었던 동서 양면 전쟁이 현실화되려 하자 불안한 마음으로 무기력하게 사태 전개만 지켜보는 중이었다. 그런데 뜻밖에도 영국이 적어도 서쪽에서의 전쟁은 해소해 주겠다는 언질을 독일에 전달한 것이다. 당장 총동원령을 중단시켜야 했다. 그러나 이미 프랑스 국경을 향해서 총동원이 진행 중이었고 1시간 내에는 룩셈부르크 지역에 대한 공격이 예정되어 있었다. "몰트케는 어디에 있는가?" 황제는 부관을 급파해 참모총장을 찾았다.

이미 베를린 시내는 두려움과 애국적 열기가 뒤섞이며 혼란스러운 모습을 보이고 있었다. 증권거래소는 요동쳤고 거리에는 국가가 울려 퍼졌다. 손수건을 흔들며 소집된 장소로 이동하는 군인들이 보였고 폭행과 방화로 여기저기서 러시아에 대한 분노를 터뜨리는 군중들도 눈에 띄었다. 무엇보다 거대한 동원 머신이 돌아가기 시작했다.[177] 소집 명령을 받은 예비군들이 각자 군복과 무기를 지급받고, 소대에서 중대로, 다시 중대에서 대대로 편성되어 국경 부근 집결지로 이동할 준비를 갖추고 있었다. 여기서 그들은 다시 사단으로, 사단은 군단으로 편성되어 전투에 투입될 예정이었다. 그리고 이 모든 병력과 물자는 정교하게 짜인 시간표대로 열차에 의해 운송될 계획이었다. 몇 날 몇 시 객차번호가 적힌 열차가 10분 단위로 출발하면서 정해진 부대를 반복해서 실어 나르는 시스템이었다. 독일군의 군단수는 40개였는데, 1개 군단을 수송하는 데에만 장교용, 보병용, 기병대용, 포병대용, 군수용으로 나뉘어 6천 개 이상의 객차가 소요되는 엄청난 계획이었다.

슐리펜 계획은 속도가 생명이었다. 리에쥬 공격을 시작으로 브뤼셀 접수, 프랑스 국경 도달, 그리고 파리 점령까지 하루 단위로 짜인 진군 일정이 차질 없이 수행되어야 했다. 그리고 이를 위해서는 계획된 대로 정해진 부대가 약속된 시간에 맞춰 정확히 지정된 장소에 투입되는 것이 필수적이었다. 동원계획은 마치 연립방정식을 풀듯 수학적 엄밀함을 띠었고 동원의 속도와 전투의 양상은 마치 자연법칙처럼 연결되어 있었던 것이다. 오늘날 기상학자들이 기압골의 변화를 가리키는 전선이라는 단어 자체가 1차 대전 독일의 작전계획에서 유래된 용어였다.[178] 가히 '일정표에 의한 전쟁'이라 할 만큼 독일은 무자비할 정도로 융통성이 없는 계획에 매달려 있었던 것이다.

재가받은 동원령을 지참하고 사무실로 복귀 중이던 몰트케는 긴급 호출을 받고 다시 황제 앞에 섰다. "이제 우리는 러시아만을 상대로 싸울 수 있게 되었소. 군대를 전부 동쪽으로 보내시오." 황제는 전보를 보여주며 몰트케에게 지시했다. "폐하, 그건 불가능합니다." 뜻밖의 명령에 몰트케는 단호하게 말했다. "수백만 병력의 배치를 즉흥적으로 할 수는 없습니다. 일단 정해지면 그것은 바뀔 수 없습니다."[179] 유럽의 패권을 위해 진군하는 결정적인 이 순간, 오직 이 한날을 위해 준비해 온 완벽한 계획이 막 실행되려 하는 때였다. 아무리 황제의 지시지만 즉흥적인 결정으로 모든 것을 엉망이 되게 할 수는 없었다. 백만 명의 병력이 11,000대의 열차로 수송되는 엄청난 계획이었다. 동원의 방향을 갑자기 동쪽으로 바꾼다면 극심한 혼란이 뒤따를 것이 불 보듯 훤했다. 몰트케의 머리에는 병사 따로 장교 따로 움직이고, 탄약과 보급품은 여기저기 흩어지고, 기차는 뒤죽박죽 얽히게 되는 악몽이 떠올랐다.[180]

> 수백만 군대의 배치를 임기응변으로 할 수는 없습니다. 폐하께서 전군이 동쪽으로 진군하라 고집하신다면 그것은 전투를 할 수 있는 군대가 아니라 질서 없는 한 무리의 무장 군중일 뿐일 것입니다.

몰트케는 계속해서 호소했다. 황제의 명령에 직설적으로 반대하는 몰트케의 태도는 옆에 있던 사람들을 놀라게 할 정도였다. 원래

➡ 동원령 발령을 놓고 정면 충돌했던 몰트케 참모총장과 빌헬름 황제

내성적이고 융통성이 없는 성격이었지만 강골로 생각되는 인물은 아니었다. 건강이 좋지 않고 늘 걱정스러운 표정을 하고 있는 66세의 노장은 용맹스러운 프러시아 장교상과는 어울리지 않는 취향을 갖고 있었다. 그는 그림과 첼로 연주에 조예가 있었고 괴테의 파우스트를 즐겨 읽었다. 또 대(大) 몰트케라 불리는 위대한 삼촌의 그늘을 벗어나지 못했던 탓인지 어딘지 어둡고 자신감이 없는 인상을 풍겼다. 평생 위대한 삼촌과 비교당했던 그는 걱정 많은 자신의 기질을 보완하기 위해 일부러 니체를 읽었고 영웅을 그린 토머스 칼라일Tomas Carlyle의 작품을 자주 입에 올렸다.[181] 그런데 그런 그가 이번만큼은 군주의 지시를 정면으로 거부하고 있었던 것이다.

정치-군사 관계의 역전

그만큼 철도를 바탕으로 한 엄밀한 동원이 슐리펜 작전의 요체였다. "더 이상 요새를 짓지 말라. 철도를 건설하라."는 것이 몰트케의 표어였다.[182] 예전의 병참은 어느 정도 융통성이 있었다. 군수물자를 운반하는 짐승은 그때그때 구입하거나 약탈할 수 있었고, 필요하지 않을 때는 식량으로 사용할 수도 있었다.[183] 그러나 철도의 시대는 달랐다. 한가롭게 농가의 마당에서 주워서 할 수 있는 것은 없었다. 얼마나 많은 병력을 얼마나 빨리 전선에 투입하느냐가 승패를 가르는 시대에 철도는 작전의 요체였고 그만큼 군 작전을 경직적으로 만들었던 것이다. 따라서 철도는 전 · 평시를 막론하고 엄격한 군의 통제하에 관리되고 있었다. 총참모부의 허가 없이는 신규 노선이 추가될 수 없었고, 당시 군 최고 수뇌들이 철도 관리에 몰려드는 시대였다.

그러나 황제는 요지부동이었다. 함께 있던 베트맨, 티르피츠도 프랑스를 향한 군사적 움직임을 중단해야 한다는 황제의 의견에 동조했다. 몰트케는 고집을 꺾지 않았다. 룩셈부르크 진입을 위해 16사단이 이미 이동하고 있는데, 룩셈부르크 장악은 동원 철도 노선 장악을 위해 필수적이라고 강조했다. 황제도 완강했다. "다른 루트를 이용하라."는 명령이었다. 몰트케가 물러서지 않자 황제는 직격탄을 날렸다. "당신 삼촌이라면 나에게 다른 답변을 했을 것이오. 내가 지시하면 반드시 가능할 것이오." 황제의 이 말에 훗날 몰트케는 이것이 그에게 "깊은 상처를 남겼다."고 회고했다. 결국 황제의 명령을 거부할 수 없었던 몰트케는 타협안을 제시했다. 프랑스 방향으로 병력의 이동은 계속하되 국경에서 정지하고, 프랑스의 중립이 담보되면 그 때 동부전선으로 이동한다는 것이다. 회의는 그렇게 종료되었다.

베트맨은 즉시 영국에 전문을 보냈다. 프랑스로 향하는 독일군의 이동을 멈출 수 없어 유감이지만, 8월 3일 오후 7시 이전에는 국경을 넘지 않겠다는 내용이었다. 빌헬름 황제도 영국의 조지 국왕에게 개인적인 전보를 보냈다. 영국의 프랑스 중립 보장을 환영하며 기술적인 이유로 동원령을 철회하지 못하지만 "프랑스가 너무 민감하게 반응하지 않기를 바란다."는 내용이었다. 이어서 시종 무관을 불러 룩셈부르크로 향하고 있던 16사단의 진군을 멈추라고 명령했다. 몰트케는 또 한번 절망했다. 훗날 "그 순간 나의 심장이 터지는 느낌이었다."라고 회고한 그는 총참모부로 돌아와 절망의 비통한 울음을 터뜨렸다.

그런데 이때 또 한 번의 반전이 일어났다. 런던으로부터 새로운 전문이 도착했는데 영국이 프랑스의 중립을 보장하기는커녕 독일의 행동이 영국의 개입을 초래할 수 있다는 경고 메시지가 담겨 있었다. 이전의 전보와는 정반대의 내용이었다. 영국 주재 독일 대사인 리크노브스키가 그레이 외상과의 면담을 통해 다시 파악한 런던의 입장이라는 것이다. 특히, 벨기에의 중립이 침범된다면 영국인의 감정을 자제시키기 어렵다는 분명한 경고가 포함되어 있었다. 처음의 전문이 오해에서 비롯된 것인지, 그레이가 마음을 바꿨는지, 아니면 시간을 끌기 위한 영국의 작전이었는지는 분명하지 않았다. 확실한 것은 영국의 중립을 기대하기 어려워졌다는 사실이었다.

한편, 빌헬름 황제의 전보를 받은 런던에서는 정반대의 혼선이 생겼다. 영국의 중립에 감사하다는 독일 황제의 전보를 받은 조지 국왕은 무슨 영문인지 혼돈스러웠다. 당장 그레이 외상이 버킹엄 궁전으로 불려갔다. 상황을 점검하고 난 조지 국왕은 저녁 9시 빌헬름 황제에게 답변을 보냈다. "그레이 외상과 리크노브스키 대사간에 이루어진 대화 속에 담긴 제안에 대해 오해가 분명 있었다."는 내용이었다. 리크노브스키 대사도 다시 본국에 전보를 보내 "영국의 제안은 전혀 없다."고 밝혔다. 이제 모든 혼선은 정리되었다. 이때가 밤 11시경이었다. 총참모부에 있던 몰트케는 안도의 한숨을 쉬었다. 자정이 지나 왕궁에 호출을 받은 몰트케에게 빌헬름 황제는 침대에서 일어나지도 않은 채 말했다. "원하는 대로 하시오. 나는 어느 쪽이라도 더 이상 신경 쓰지 않겠소."

만약 빌헬름 황제의 뜻대로 독일이 서부 전선에서는 방어태세만 유지한 채 러시아 쪽으로 동원을 진행했으면 어떻게 됐을까? 그러기 위해서는 프랑스의 중립이 담보되어야 했지만 프랑스는 독일과의 전쟁이 불가피하다고 판단했을 뿐이지 도발 받지 않은 전쟁을 먼저 일으킬 마음은 없었다. 그러나 몰트케는 그것이 불가능하다고 생각했다. 아니 슐리펜 계획이 그것을 허용하지 않기 때문에 몰트케로서도 방법이 없었다. 상황이 바뀔 경우에 대비한 대안을 준비해 두지 않음으로써 국가의 명운을 오직 하나의 시나리오에 의존하게 만들었던 셈이다.

사실 플랜 B가 아예 없었던 것은 아니었다. 독일 총참모부는 슐리펜 계획의 대안으로서 프랑스가 중립을 지킨다면 서부전선에는 최소한의 방어병력만 남기고 독일 주력군을 동부에 배치해 러시아와 전쟁을 실시한다는 구상을 매년 검토해 왔었다. 일명 '대 동부 배치계획the Eastern Campaign Plan'이었다. 그러나 이 계획은 1913년 4월 이후에는 검토가 완전히 중단되어 폐기된 상태였다.[184] 만약 '대 동부 배치계획'이 살아 있었다면 세계대전은 피할 수 있지 않았을까? 적어도 황제와 재상이 아무런 선택의 자유 없이 흘러가는 상황과 십년 전에 만들어진 문서의 지배를 받는 일은 없지 않았을까? "군사적 과업이나 계획은 '순수한 군사적 판단'에 맡겨 두는 일은 용납될 수 없고 해롭

기까지 하다."라는 프로이센의 대 전략가 클라우제비츠의 경고를 후배 장군들은 왜 무시한 것일까?[185] 경직된 군사논리가 정치논리를 속박했던 1차 대전 전야, 정치와 군사 관계에 대한 전통적 관념은 더 이상 통용되지 않고 있었다.

8월 1일, 독일의 선전포고문을 전달하기 위해 주 러시아 독일대사 포우탈레스는 페테르부르크에 있는 사조노프의 사무실을 방문했다.[186] 독일군이 룩셈부르크 공격을 시작하던 저녁 7시 무렵이었다.[187] "이는 명백히 귀국의 범죄행위요. 전 세계가 귀국을 저주할 것이오!" 문서를 전달받은 사조노프가 말했다. "우리는 우리의 명예를 지키려는 것 뿐입니다." 포우탈레스는 이렇게 본국의 결정을 항변했지만 이내 비틀거리며 울음을 터뜨렸다. 사조노프 역시 흐느끼며 다가와 오랜 친구의 어깨를 토닥거렸다. 그리고는 다시 만나지 못할 적대국의 외교관을 문까지 배웅하며 마지막 인사를 건넸다.

비비아니 수상과 조프르 참모총장

독일과 러시아로부터 전해져 오는 위기의 무게감이 커질수록 프랑스 정부 역시 가만히 있는 것이 얼마나 힘든 것인지를 알게 되었다. 조프르는 7월 29일 대통령과 수상이 북유럽 방문 도중 급거 귀국하고 나자 동원령을 선포해야 한다고 행정부를 물고 늘어졌다. 조속히 병력을 편성하여 국경으로 출동시키지 않으면 독일군이 "총 한 방쏘지 않고 프랑스로 들어올 것"이라고 엄포를 놓았다.[188] 한편, 러시아도 프랑스에게 명확한 입장을 밝히라며 압력을 가하고 있었다. 아닌 게 아니라 러프 군사동맹 조항 중에는 "프랑스와 러시아는 별도의 사전 협약 없이 곧바로 자신들의 전 병력을 동원하고, 가능한 한 전선 가까이로 수송할 것이며, 이로써 독일은 동부와 서부에서 동시에 싸울 수밖에 없도록 할 것이다."라고 되어 있었다. 그러나 수상 비비아니는 조심스러웠다. 복지, 노동 문제에 관심이 많은 사회주의자였던 그는 러시아의 전쟁에 조국이 연루되는 것을 원치 않았고 우발적 충돌로 의도하지 않은 전쟁이 터지는 것을 경계했다. 8월 내내 그는 두려움과 긴장에 짓눌려 있었다.

> 수풀 속에서 두 순찰병이 조우하여 서로 위협적인 몸짓을 하다가 검은 그림자에 놀라 총을 쏘는 식으로 느닷없이 전쟁이 터질지도 모른다는 걱정에 괴로워했다.

7월 30일 전방 방위군을 룩셈부르크 부근에 배치하는 데 동의하면서도 독일과 마주한 모든 전선에서 10km 후퇴하도록 한 것은 바로 우발적 충돌을 염려한 조치였다. 한편, 분명한 입장을 밝혀 달라는 러시아의 요구에 대해서도 비비아니는 상당히 조심스럽게 접근했다. 29일 밤과 30일에 걸쳐 파리 러시아 대사관에는 사조노프가 보낸 전보가 도착했다. "러시아로서는 뒤로 물러설 수 없기 때문에 방어조치를 가속화하고accelerate our defense measures, 전쟁의 불가피성에 대비할 것"이라는 내용이었다. 부분 동원에 대해서는 이미 프랑스 정부에게 알린 바 있었기 때문에 '방어조치를 가속화'한다는 것은 누가 보아도 총동원이 임박했다는 뜻으로 해석됐다. 전보를 받은 파리 주재 대사 이즈볼스키Alexander Izvolsky는 한밤중에 비비아니를 면담하고 러시아 정부의 뜻을 전했다. "동맹국으로서 프랑스의 지원을 전적으로 신뢰한다."며 우회적으로 프랑스 정부의 입장을 재확인하고자 하는 의도였다.

잠시 후 30일 새벽 3시 비비아니는 엘리제 궁에서 메시미 전쟁성 장관과 포앵카레 대통령을 만나 프랑스 정부의 답변 방향을 숙의했다. 그 날 아침 프랑스 정부는 답변서를 러시아에 발송했는데, 주된 내용은 "프랑스는 동맹의 의무를 확실히 이행할 것이나, 독일이 동원할 구실을 주지 않도록 유의해야 한다."는 것이었다. 분명히 러시아가 기대한 것에는 미치지 못하는 답변이었다. 그러나 비비아니는 러시아의 기정사실화fait accomplis 전략으로 프랑스가 어쩔 수 없이 전쟁에 연루되는 것은 막아야 한다는 믿음이 확고했다. 프랑스가 선택하지 않는 전쟁, 무엇보다 상황이 통제 불가능해져서 일어나는 전쟁은 있어서는 안 된다는 것이 그의 생각이었다. 한편, 이렇게 조심스럽고 절제된 답변을 보낸 것은 영국을 고려한 측면도 있었다. 아직 입장을 정하지 못하고 있던 영국의 여론을 개입 쪽으로 유도하기 위해서는 프랑스가 러시아를 자제시키고 있다는 것을 보여줄 필요가 있었기 때문이었다. 적어도 프랑스가 지나치게 공격적인 모습으로 비춰져서는 안 되었기에 러시아의 군사적 조치를 전적으로 지지하지 못했던 것이다.

그러나 이건 어디까지나 정치 외교적 차원의 고려였고, 군사적 측면에서 본다면 상황은 점점 더 여유 없이 돌아가고 있었다. 독일의 침공 위협에 직면하고 있는 프랑스로서는 동부 진선에서 러시아가 신속히 군사행동을 취하는 것을 말릴 수 있는 형편이 아니었다. 아니 프랑스의 안전은 러시아의 동원 속도에 달려있다고 해도 과언이 아니었다. 서부전선에서 독일의 기세를 꺾고 군사적 에너지를 분산시키기 위해서는 러시아가 최대한 빨리 동부전선으로 진격해 들어가야 하기 때문이었다. 7월 31일 독일이 동원령을 내렸다는 소식이 전해지자 조프르의 두려움은 극에 달했다. 공격지상주의를 신봉하고 있던 그에게 우세를 빼앗기는 것만큼 치명적인 것은 없었다. 프랑스 병사가 아직 막사에 있을 때, 프랑스 예비군이 여전히 집에 있을 때, 독일군 부대가 은밀히 접근하여 밀어닥치는 악몽은 반드시 막아야 했다.

> 오늘 저녁부터 시작하여 우리의 예비군들을 소집하고 방어 작전을 지시하는 명령을 내보내는 데 24시간 이상 지체가 있다면 하루 지연에 15킬로미터에서 25킬로미터까지 집결지에서 후퇴하는 결과를 초래된다는 점을, 달리 말하자면 그만큼 우리 영토를 포기해야 한다는 사실을 정부가 이해하는 것이 절대적으로 필요하다.[189]

7월 31일 오후 조프르는 전쟁성 장관 메시미에게 위와 같은 메모를 전달했다. 총동원이 24시간 지체되면 15내지 25km의 영토를 상실

➡ 조심스러웠던 비비아니 수상과 조속한 군사행동을 촉구했던 조프르 참모총장

하게 된다는 경고였다. 8월 1일 아침 8시 조프르는 전쟁성을 방문해 메시미 장관과 동원령에 대해 다시 의논했다. 그날 밤 자정 동원이 시작되려면 늦어도 오후 4시까지는 동원명령이 중앙 전신국에 도착되어야 하는 상황이었다. 한 시간 뒤인 오전 9시 조프르는 메시미 장관과 함께 내각으로 가서 만약 동원령 허가가 나지 않는다면 참모총장직에서 사임하겠다고 최후통첩을 날렸다.

그날 오후 내각은 마침내 동원령에 동의했고, 서명된 명령서는 메시미를 거쳐 조프르의 참모와 다른 두 명의 장교에게 전달되었다. "이 작은 종이 조각으로부터 파급될 엄청나면서도 끝이 보이지 않는 결과를 의식한 우리 네 사람은 심장이 조여드는 느낌이었다." 동원령 문서를 접하던 당시의 심정을 메시미 장관은 훗날 이렇게 회고했다.[190] 오후 4시가 되자 동원 포스터가 파리 시내에 나붙기 시작했다.

예비군들은 거리를 행진했고, 파리 시민들은 '알자스 만세'를 외치며 환호했다. 콩코드 광장에 있는 스트라스부르 동상 앞에는 꽃다발이 놓였고, 여기저기서 프랑스, 러시아, 영국의 국가가 울려 퍼졌다.

CHAPTER

08

군화 소리

영국은 계속 주저하고 있었다. 아직도 대외 개입에 뿌리 깊은 의심을 갖고 있는 반 국제주의자 그룹의 목소리가 다수를 점하고 있었던 것이다. 애스퀴스, 그레이, 처칠과 같은 자유 제국주의자들이 있었지만 당내의 반대파를 설득하지 못하고 있던 상황이었다. 8월 1일 열린 각료회의에도 이견은 좁혀지지 않았다.[191] 처칠은 즉각적 동원을 주장하며 호전적으로 나왔고, 그레이 외상은 영국이 중립을 고수한다면 자리에서 물러나겠다는 위협까지 했다. 그러나 평화당 몰레이 경과 사이먼이 주도한 개입 반대가 주효했고, 결국 회의는 아무런 결정도 이끌어내지 못한 채 종료되었다. 비개입주의자들은 환호했고 자신감이 넘쳐 보였다. 몰레이는 회의 후 처칠에게 "우리가 결국 이겼다."며 승리를 과시하기도 했다.

평화당은 영국이 명예를 지키면서도 전쟁을 피할 수 있다고 생각했다. 당수 몰레이는 자신의 정책을 '외교적 에너지와 군사적 중립'으로 부르면서 그레이가 주장하는 군사적 개입과 대비시켰다. 반전 여론도 여전했다. 오스트리아가 세르비아에 선전포고 했다는 소식이 전해졌을 때 유럽 주식시장은 급히 폐장해야 할 정도로 요동쳤다. 외환시장이 붕괴될 지경이었다. 영국은행 총재는 재무상 로이드 조지를 방문해 전쟁 개입은 절대 안 된다는 금융권의 목소리를 전달했다. 전쟁은 "런던을 중심으로 구축된 전체 신용 시스템을 파괴한다."는 것이 재계의 강력한 호소였다. 일반 시민들의 반전 여론도 광범위하게 퍼져 있었다. 군사개입에 반대하는 영국 국민들의 정서는 당시 한 주간지에 실렸던 아래 노랫말 속에도 담겨 있었다.

> 왜 내가 너의 전선에 따라가야 하는가? 나하고는 아무 상관없는 문제를 위해! 나는 모든 싸움에 초청받게 될 거야. 유럽의 지도 위 어느 곳이든.[192]

참전으로 기우는 영국

이 같은 국론 분열 상태에서 전쟁에 뛰어들 수는 없었다. 참전에 반대하는 각료들이 사임할 경우 자유당은 분열되고 정권이 보수당으로 넘어갈 수도 있었다. 더욱이 지원병제인 영국 특성상 신병 모집조차 곤란을 겪을 수도 있었다. 프랑스는 다급해졌다. 9년에 걸쳐 영불간 군사협정을 맺어 놓았는데, 막상 프랑스가 위기에 처하자 영국은 군사협정이 실무적 차원의 준비일 뿐이라며 애매한 태도를 취하고 있었던 것이다. 8월 1일, 런던에 있던 프랑스 대사 캉봉은 그레이와 로이드 조지 등 영국의 정치인을 찾아다니며 따져 물었다.[193]

> 그동안 영불간 해군 협조는 무엇입니까? 영국이 지난 수년간 지지한 약속들은 무엇입니까? 우리의 계획은 공동으로 준비된 것이 아닙니까? 우리의 함대를 보십시오. 우리 전 함대는 귀측과 사전에 합의한 대로 지중해에 떠 있습니다. 우리의 해안은 적에게 그대로 노출되어 있습니다. 귀측이 우리를 이렇게 무방비 상태로 만든 겁니다.

외교적 에티켓을 생각할 때가 아니었다. "영국이 오지 않으면 프랑스는 절대로 용서하지 않을 것입니다. 명예? 영국은 명예가 어떤

➡ 캉봉 런던 주재 프랑스 대사, 로이드 조지 재상, 그레이 외상

것인지 이해합니까?" 캉봉은 절규하듯 물었다. 8월 1일, 독일이 러시아를 상대로 전쟁을 선포했다는 소식이 전해졌다. 그레이는 이제야말로 결론을 낼 때라고 생각했다. 이제 독일이 프랑스를 침공하는 것은 시간문제로 보였다. 8월 2일부터 여론도 점차 개입 지지 쪽으로 바뀌기 시작했다. 유보적 입장을 보이던 로이드 조지 재무상도 태도가 변화했다. 저녁 6시 내각회의에서는 프랑스 해안이 독일군에게 공격 받을 경우 영국 해군이 프랑스를 도울 것이라는 결정이 이루어졌다. "지금 당장의 상황에 국한된다."는 조건을 단 반쪽 약속으로서 프랑스의 기대에 미치지는 못했지만, 그래도 프랑스는 안도했다. 캉봉이 후일 했던 말처럼 "절반만" 전쟁하는 나라는 없을 것이기 때문이었다.

저녁 6시 반 다시 내각회의가 열렸다. 이때 독일군이 룩셈부르크에 진입했다는 보고가 들어왔다. 룩셈부르크 중립에 대한 영국의 의무는 분명하지 않았다. 이로부터 영국이 행동에 나서야 한다는 어떠한 법적, 도덕적 당위성이 있는 것은 아니었다. 그러나 이로 인해 독일이 벨기에 중립을 존중하지 않을 수 있다는 가능성이 더욱 현실적으로 다가왔다. 내각은 드디어 1870년 글래드스톤William Gladstone 정부가 내렸던 선례를 따랐다. 즉, "벨기에 중립이 심각하게 손상 받는다면 이것은 영국의 행동을 촉발할 것"이라는 합의를 도출한 것이다. 회의가 끝난 후 그레이는 할데인 육군상과 저녁 식사를 하고 있었는데 외무부 전령이 긴급 소식을 가지고 왔다. 독일이 곧 벨기에를 침공할 것이라는 첩보였다. 벨기에 중립과 영국의 의무에 대한 여러 가지 시각에도 불구하고, 막상 영국이 주도하여 만들고 보증해온 중립국을 독일이 건드리자 상황은 급속도로 심각해졌다. 이제 현재 위기는 더 이상 독일과 프랑스간의 해묵은 다툼이 아니라 영국의 명예와 의무를 상기시키는 도덕적 문제로 받아들여지는 분위기였다. 다음날 8월 3일 아침 내각은 다시 모였다. 그날 오후 그레이 외상이 의회에서 할 연설 최종문안을 다듬기 위해서였다. 이때 벨기에에 대한 독일의 최후통첩 소식이 날아들었다. 이제 전쟁을 막아보겠다는 모든 희망은 사라진 듯 했다. 비개입을 주장하던 평화당은 이내 혼란에 빠졌고, 당수 몰레이는 사임의사를 밝히기에 이르렀다.

8월 3일 오후 3시, 그레이는 의회 연단 앞에 섰다. 글래드스톤이 아일랜드 자치법안을 제안한 1893년 이후 처음으로 의원 전원이 참석한 회의였다.[194] 통로까지 빽빽하게 사람들로 채워졌으며 무거운 침묵이 의사당을 감싸안았다. 국론을 통일하여 영국을 전쟁으로 이끄는 임무가 그레이의 어깨에 놓여 있는 순간이었다. 그레이는 언변이 뛰어난 인물은 아니었다. 글래드스톤이나 디즈레일리Benjamin Disraeli 같이 카리스마가 넘치는 정치인도 아니었다. 29년간 하원 의원을 했고 8년 동안이나 각료 생활을 했지만 그의 외교정책이 무엇인지 아는 동료 의원이나 국민들은 거의 없을 정도였다. 성격은 정치인답지 않게 내성적이고 비사교적이었다. 외무장관이었지만 국제문제를 좋아하지도 않았고 외국어라곤 초급 수준의 프랑스어가 전부였다. 자기 일을 즐기는 스타일도 아니었고, 단지 자신에게 맡겨진 일을 의무로서 해나가는 그런 사람이었다. 쉰 두 살의 홀아비로 화려한 것이라고는 몰랐으며, 송어가 있는 강과 새들의 지저귐에 마음을 두느라 주말에도 도시보다는 자신의 시골집에 틀어박혀 있기를 좋아했다.

그레이는 천천히 입을 열었다. 그는 먼저 프랑스와 가졌던 군사협력의 경위를 설명했다. 영국 정부의 자유를 제한하는 어떤 "비밀약속"이 없었음을 강조하면서도 프랑스 해안이 유린될 때 영국이 팔짱을 끼고 있을 수 없다는 점을 지적했다. 프랑스 해안의 방어는 지중해의 영국 수송로 안전과도 직결된다는 점 역시 부각시켰다. 또한 벨기에 침략을 방치할 경우 역사의 범죄에 공범자가 될 것이라는 점과 이는 서유럽 전체가 하나의 열강 지배하에 들어가는 것으로 귀결될 것임을 경고했다.

> 만일 프랑스가 무릎을 꿇고, 벨기에 그리고 홀랜드와 덴마크가 함락되고, 만약 이러한 위기 속에 우리가 벨기에 협정에 관한 명예와 국익의 의무로부터 도망친다면, 우리는 세계 앞에 우리의 존경과 호평 그리고 명성을 잃게 될 것입니다.

독일이 지배하는 유럽에서 살 수 없음을 분명히 함으로써 전쟁참여가 영국의 국익에 부합함을 이해시키는 한편, 영국이 마땅히 지켜야 할 도덕적 의무가 있다는 점을 상기시킴으로써 영국인의 자존감과 명예심에 호소했던 것이다. 또한 벨기에를 명분으로 내세우면서도 프랑스가 근본 원인이라는 것을 숨기지 않았고, 영불군사협력이 영국정부를 구속하는 것은 아니지만 프랑스와의 약속에 영국의 명예가 걸려 있다는 점을 분명히 했다. 연설이 끝나자 우레와 같은 박수가 터져 나왔다. 하원의 분위기는 방향을 잡은 듯 했다. 반전주의자들은 침묵했고 오전에 사임했던 두 명의 각료들도 내각에 잔류하기로 마음을 바꿨다.

굴복과 재앙의 기로에 선 벨기에

러시아와 독일이 동원령을 선포하고 군사적 조치에 착수하자 벨기에는 긴장했다. 전쟁이 난다면 독일이 프랑스를 치기 위해 벨기에를 먼저 침공할지도 모르기 때문이었다. 7월 31일, 만약의 사태에 대비해 군 동원령을 내리고, 다음날 알버트Albert I 국왕은 독일 빌헬름 황제에게 전문을 보내 벨기에의 중립을 존중해 달라고 청원했다. 지난 75년간 평화가 유지되어 온 것은 열강들의 합의로 가능했던 것인데 이제 그 열강 중의 하나가 약속을 저버리고 벨기에 중립을 짓밟으려고 하는 순간이었다. "혈연관계와 우정을 고려"하여 벨기에의 중립에 대해 비공식적이라도 언질을 달라는 요청이었다. 서한은 독일 태생인 왕비의 도움을 얻어 단어 하나하나의 미묘한 의미까지 신경 쓰며 독일어로 번역했다.[195] 작은 나라의 국왕이 할 수 있는 일은 이처럼 빌헬름 황제에게 개인적으로 부탁하는 방법밖에 없는 것처럼 보였다.

벨기에가 알버트 국왕의 청원에 대한 답변을 기다리고 있을 때, 브뤼셀 주재 독일 공사 폰 벨로브Claus von Below-Saleske가 벨기에 외무장관 다비뇽Julien Davignon을 찾아 왔다.[196] 이때가 8월 2일 저녁 7시였다. 항상 옥으로 만든 담배 파이프를 입에 물고 다니던 벨로브는 평소와 다르게 안색이 창백하고 몸을 떨고 있었다. "건강이 안 좋으신가요?" 다비뇽 장관이 의아해하며 물었다. 벨로브는 계단을 너무 빨리 올라왔다고 둘러대고는 이내 준비해 온 문서를 읽기 시작했다. 독일은 프랑스군이 독일을 공격한다는 '믿을만한 정보'를 입수했고, 자위권 보장 차원에서 벨기에를 경유하여 프랑스를 선제공격하겠다는 내용이었다. 프랑스가 벨기에의 중립을 침범한다는 것은 너무나 이상한 주장이었지만, 어디까지나 전쟁을 위한 핑계였으므로 논쟁해 봐야 소용이 없었다. 그러면서 벨기에의 영토적 존엄성과 재산은 보장될 것이고 적대행위가 끝나면 곧 철수할 것이니 벨기에는 독일의 군사행동에 맞서지 말라고 덧붙였다. 벨기에에 끼친 손해는 모두 변상한다는 약속도 들어 있었다. 그러나 만약 벨기에가 거부한다면 독일은 유감스럽지만 이를 적대적 행위로 간주한다고 경고했다. 마지막으로 벨로브는 12시간 내에 벨기에의 입장을 요구한다고 말하며 떠났다. 이때가 8월 2일 저녁 7시였다.

벨로브가 읽어 내린 최후통첩은 사실 독일 정부가 한참 전부터 은밀히 준비해온 내용이었다. 7월 26일, 그러니까 오스트리아가 세르비아에게 선전 포고를 하기 이틀 전에 몰트케가 초안을 작성한 데 이어, 이후 외무성 짐머만 차관, 야고브 외무장관, 그리고 베트맨 재상이 차례로 수정을 거쳐 29일에 최종안이 마련되어 벨로브에게 전달되었던 것이다. 벨로브 공사는 별도 지시 없이는 열어보지 말라는 이 특별한 문서를 사무실 금고 안에 보관 중이었는데, 나흘 뒤인 8월 2일 본국으로부터 저녁 8시까지 문서를 벨기에 정부에 전달하되, "오늘 처음 받았다는 인상"을 풍기라고 지시 받았던 것이다.

그러나 치밀하게 준비한 최후통첩은 독일 외교의 실수였다. 신속한 군사작전의 필요상 벨기에를 침범할 수밖에 없었다면 바로 행동에 나서는 것이 좋았다. 일을 크게 키우기보다는 일단 저질러 놓고 수습하는 편이 나았을 지도 모르는 것이다. 군사상 불가피했다고 사후에 양해를 구할 수도 있었던 사안을 외교적 요청으로 공식화하자 벨기에는 국가의 자존심을 걸고 답변할 수밖에 없었기 때문이다. 독일은 약소국인 벨기에가 굴복할 것이고 그렇게 되면 중립국 침범이라는 국제적 비난도 피할 수 있다는 계산이었지만, 자국의 영토가 외국군의 군화에 짓밟히도록 허용할 정도로 벨기에가 자존심이 없는 국가는 아니었다.

벨로브가 떠나고 나서 2명의 사무차관과 드 브로케빌Charles de Broqueville 수상이 다비뇽 장관실에 모였다. 늘 침착하고 낙관적이던 다비뇽이 새파랗게 질린 얼굴로 독일로부터 받은 나쁜 소식을 전했다. 정무 비서관이 문서를 읽어 나갔다. 방안에는 "수 분간의 길고도 슬픈 침묵"이 흘렀다. 벨기에보다 열 배나 큰 군대를 갖고 있는 독일이었다. 6개 보병사단과 1개 기병사단이 전부인 벨기에에 비해 독일군은 벨기에 진격에만 34개 사단을 배정할 수 있었다. 독일의 요구를 거절할 경우 조국은 철저히 파괴되고 국민들은 강탈당할 것이 분명했다. 75년간 이어진 오랜 평화, 열강들의 중립 약속으로 저절로 지켜진 평화에 안주해 오던 벨기에였다. 국제 상황의 흐름에 대해 무관심했고 군대는 장비도 제대로 갖추지 않고 훈련도 엉망인 상태였다. 유능하고 야심 있는 젊은이들이 군대를 외면하다 보니 장교집단의 수준도 평균 이하였다. 또한 중립국으로서 방어에 전념해야 할 군이었지만 벨기에가 처한 지정학적 조건이나 능력은 아랑곳 하지 않고 프랑스 육군대학의 공격 교리를 기계적으로 받아들이고 있었다. 그렇다고 독일의 요구에 굴복할 수도 없었다. 독일이 필요한 군사행동을 마치고 약속대로 철군할 것인가? 벨기에의 주권을 존중해줄 것인가? 그렇지 않다면 벨기에는 자진해서 독일의 점령 하에 들어가는 꼴이 될 수밖에 없었다. 또 독일에게 길을 내줌으로써 프랑스 공격에 대한 방조자로 비난받을 것이 뻔했다. 독일에 맞서면 패배할 뿐이지만 굴복하면 명예마저 잃게 되는 상황이었다. "만일 우리가 궤멸되어야 한다면 영광스럽게 패배하자!" 벨기에 외무차관 바솜피에르Albert de Bassompienre는 말했다. 드 브로케빌 수상도 단호했다. 전쟁성 장관을 겸하고 있던 그는 큰 키에 인상적인 검은 콧수염을 하고 있었으며 항상 우아함을 잃지 않던 흑발의 신사였다. '이제 준비가 되었지'라고 스스로를 확신시키며 최후통첩에 대한 초안 작성을 지시한 후에 그는 왕궁을 향해 출발했다.

8월 2일 저녁 9시, 알버트 국왕은 긴급 국무회의를 소집했다. "우리의 대답은 그 결과가 무엇이든 간에 '아니요'여야만 합니다." 국왕은 단호하게 말했다. 허약한 행정부, 타락한 군대를 갖고 있던 벨기에였지만 국왕만큼은 넘치는 에너지, 꾸밈없는 성품, 왕성한 지적 호기심으로 신하와 국민들의 존경을 받고 있었다. 문학, 군사학, 의학을 가리지 않고 하루 두 권의 책을 읽는 독서광이었고, 승마, 오토바이, 비행기 조종을 즐기는 활동가였으며, 왕족이면서도 형식과 에티켓에 얽매이지 않고 세속적인 평판을 초월한 자유주의자였다. 그는 특히 등반을 좋아해서 유럽의 거의 모든 산들을 섭렵할 정도였고, 식민지 연구를 위해 아프리카 여행도 마다하지 않던 인물이었다. 항상 스스로 뭔가를 이루고 싶어 했던 알버트 국왕은 그러나 이제 모든 것을 파괴시켜 버릴 전쟁으로 조국을 이끌어야 하는 자신의 운명과 맞닥뜨렸다. "그는 나에게 무엇을 빼앗으려는 것인가?" 알버트 국왕은 빌헬름 황제를 향해 분노를 터뜨렸다. 국왕이 이처럼 단호한 태도를 보이자 각료회의는 토론 없이 종료되었다. 한밤중에 수상과 외무장관, 법무장관은 소위원회를 구성해 바로 답변서 작성에 들어갔고, 새벽 2시 30분 다시 국무회의를 소집하여 준비한 답변서를 승인했다. 그리고 8월 3일 아침 다비뇽의 정무비서관은 벨기에 정부의 답변서를 독일 공사 벨로브에게 전달했다. 오전 7시,

➡ 벨기에 알버트 국왕

정확하게 독일이 요구한 회신 시한 12시간이 경과한 시간이었다.

벨기에로부터 경유 요구를 거절당한 독일은 8월 3일 저녁 6시 30분 프랑스를 상대로 개전 선언을 했다. 러시아와는 다르게 프랑스는 동원도 없었고 독일을 위협하는 위기 조성 행위도 하지 않았기 때문에 약간 난처한 상황이었다. 그렇다고 전쟁을 결심한 이상 마냥 미룰 수는 없었다. 독일은 프랑스 항공기가 독일 뉘렌베르크를 폭격했다는 허위 사실을 조작했다.[197] 그리고 벨기에 영공을 비행한 프랑스가 벨기에 중립을 침범한 당사자라는 주장을 폈다. 이 같은 정부 방침을 프랑스에 전달하기 위해 폰 소엔Wilhelm von Schoen 독일 대사가 비비아니 수상을 방문했다. '명예를 아는 사람'이었던 소엔 대사는 부끄러운 마음으로 자신이 가져온 서류를 수상에게 전달했다.[198] 비비아니는 모든 것을 이해한다는 듯이 행동했다. 먼저 독일의 주장을 공식적으로 부인한 후에 그는 어색해 하는 쇼엔을 건물 밖까지 걸어 나와 배웅했다. 이제 곧 교전에 돌입할 적대국을 대표하던 두 사람은 잠시 불편한 마음으로 서 있다가 짧은 인사를 하고 헤어졌다.

전쟁이 선포되자 독일 신문들은 일제히 환호했다. '무기의 은총'이라는 특별호를 실은 어느 한 일간지는 "행복으로 들떠 있다. 우리는 이 순간을 너무도 기다렸다."고 썼다. "우리 손에 쥐어진 칼은 우리의 목적을 달성하고 우리의 영토가 필요한 만큼 넓어지기 전에는 칼집에 들어가지 않을 것"이라는 선언도 이어졌다.[199] 전쟁이 독일을 파괴할 것으로 우려한 일부 좌파 의원들이 없는 것은 아니었다. 이들은 불안해하며 "이 무능한 외교, 이 무능한 외교"라고 탄식했지만, 나라를 휩쓰는 애국주의적 감정과 전쟁의 열기를 가라앉히기에는 역부족이었다.

8월 4일 아침 8시 2분, 독일군은 마침내 벨기에 국경을 통과해 들어갔으며 저녁 무렵 멧츠 강 연안 비제라는 소도시에 도착했다. 앞으로 폐허로 변할 수많은 유럽의 도시 중 첫 번째 지역이었다. 독일군의 침략이 있고 난 후 한 시간쯤 흐른 뒤 알버트 국왕은 의회 연설을 하기 위해 의사당으로 향했다. 왕비와 세 자녀는 무개마차를 타고 있었고 국왕은 군복 차림에 말을 타고 뒤따랐다. 벨기에 시민들은 국왕이 지나가는 도로변을 가득 메웠고 집집마다 깃발이 나부꼈다. 모두들 "사랑과 미움의 공감대에 의해 하나"가 되었으며, 낯선 사람끼리 서로 악수하고 포옹하며 환호했다. 의사당에 도착한 국왕은 연설을 시작했다.

> 의원 여러분, 여러분은 흔들리지 않고 우리들의 선조가 물려준 신성한 선물을 본래 모습으로 유지하기로 결심하셨습니까?

북받쳐 오르는 감정을 억누를 수 없었던 의원들은 일제히 소리쳤다. "예!, 예!, 예!(Oui! Oui! Oui!)" 거리에 나와 있던 군중들은 거의 광란상태에 빠졌다. "독일군을 쳐부숴라! 살인자들에게 죽음을! 벨기에 독립 만세!"라는 함성이 끝없이 터져 나왔다. 평소 인기 없던 군대와 정부 각료들도 갑자기 영웅 대접을 받았다. 발코니에서 이 광경을 지켜보던 드 브로케빌 전쟁성 장관은 어느 누구보다 침착한

성격이었지만 이때만큼은 광장의 열기에 압도되어 울음을 터뜨렸다.[200]

전쟁의 열기

애국적 감정이 분출한 것은 벨기에뿐만이 아니었다. 다른 나라에서도 개전선언과 함께 국민들의 환호성이 이어졌다. 8월 4일 오후, 비비아니 프랑스 수상은 열기가 가득한 상하원 합동의회에서 자신의 능력을 뛰어넘는 생애 최고의 연설을 했다. 특히 이태리가 동맹국의 진영에서 이탈하여 중립을 선언했다는 대목에 이르러 의원들의 환호는 절정에 달했다. 이태리의 중립으로 프랑스는 남부 국경 방위의 부담을 덜게 되었는데 이는 4개 사단 또는 8만 병력의 가치에 해당하는 이득이었다. 포앵카레 대통령도 '신성한 단결union sacrée' 이라는 이름의 연설을 통해 프랑스 국민의 단결과 담대함을 호소했다.[201] 전선으로 향하는 병사들을 환송하는 파리 기차역은 열띤 애국심으로 달아오른 사람들로 가득 찼다. '프랑스 만세'를 외치며 여자들은 떠나가는 기차에 꽃을 던지며 연신 키스 세례를 날렸다.

> 기차가 증기를 뿜으며 역을 느릿느릿 빠져 나갔다. 그 순간 마치 시커먼 연기를 토하며 꺼져 가던 불이 갑자기 이글거리는 불꽃으로 활활 타오르는 듯 엄청난 굉음이 일었다. 그러자 누가 먼저랄 것도 없

이 거의 동시에 천 개의 목구멍에서 라 마르세예즈가 터져 나왔다.[202]

독일의 지휘부 역시 국민들의 애국심에 불을 지폈다. 빌헬름 황제는 8월 4일 제국의회 의원들에게 칙어를 발표하며, "우리는 떳떳한 마음과 결백한 손으로 칼을 뽑았다."고 선언했다. 제국의회 의원들이 모인 방에는 빌헬름 1세가 프랑스 국기를 자랑스럽게 짓밟고 있는 대형 그림이 걸려 있었다. 1871년 프랑스와의 전쟁을 승리로 이끌고 독일제국을 창건했던 시대의 영웅들, 카이저, 비스마르크, 그리고 몰트케가 늠름하게 그려져 있는 유명한 작품이었다. 과거의 영광이 재현될 것으로 확신한 황제와 의원들은 한 뜻으로 전쟁에 나설 것을 다짐했다. 베트맨 재상도 의회 연설에 나섰다. 그는 벨기에 침범이 군사적으로 필연적인 것이라고 강조하면서 "필연은 법을 초월한다."고 선언했다. "만일 전쟁의 주사위가 구르게 된다면 신은 우리를 도울 것"이라는 비장한 발언도 함께 했다. 마지막으로 베트맨은 전비조달을 위해 50억 마르크의 국채 발행을 만장일치로 가결시켰다. 그리고 제국의회는 4개월간 휴회하기로 결정했는데, 전쟁이 대략 그 정도 기간이면 종료될 것으로 생각되었기 때문이었다.[203]

동원령이 선포되자 군중들은 왕궁 앞에 모여 "이제 모두 우리 주께 감사하자"는 국가를 부르기 시작했다. 삼일 전 뮌헨의 오데온 광장에서 동원 선포에 열광하던 군중 속에는 아돌프 히틀러Adolf Hitler도 있었다. "나는 그 순간의 열광에 넋을 빼앗겼다는 사실을 인식하고도 부끄럽지 않았다. 맥없이 무릎을 꿇었으며 그러한 순간을 경험할 수 있도록 은총을 베풀어준 데 대해 가슴 속 깊은 곳에서부터 하늘에 감사했다." 훗날 히틀러는 이렇게 회고했다.[204] 전쟁의 열기는 러시아도 마찬가지였다. 페테르부르크 겨울 궁전 광장에 집결해 있던 엄청난 숫자의 러시아 민중들은 짜르가 발코니에 나타나자 하나같이 무릎을 꿇고 러시아 국가를 부르기 시작했다. 그 순간만큼은 혁명이 꿈틀대는 반역의 도시가 아니라 슬라브 민족을 구원할 지도자에 환호하는 충절의 도시와 같았다.

한편, 애국적 감성은 적대국에 대한 격렬한 증오심으로 표출되기도 했다. 성난 독일 군중들은 베를린 주재 영국 대사관으로 몰려가 유리창을 부쉈고, 러시아 간첩으로 의심받은 몇 명의 사람들을 짓밟아 죽였다. 페테르부르크 독일 대사관에는 러시아 폭도들이 난입하여 기물을 내던지고 불을 질렀다. 『정글북』의 작가 러디어드 키플링

➡ 뮌헨 오데오 광장의 히틀러, 1914. 8. 2.

Rudyard Kipling은 "세상이 아무리 사분오열 쪼개져 있는 듯 보여도 오늘날의 세계는 단 두 개로 갈릴 뿐이다. 인간과 독일인으로"라고 말할 정도였다.[205] 영국 내 반 독일 감정이 격해지자 심지어는 독일어에서 유래한 성을 바꾸거나 독일산 개의 이름을 바꾸는 일도 일어났다. 영국 왕실 하노버Hanover 왕조가 윈저Windsor 왕조로 바뀌어서 불린 것이나, 독일종 '셰퍼드Shepherd'가 '앨세이션Alsatian'으로 이름이 바뀐 것들이 그러한 사례들이었다.

빅벤이 울리고

그레이의 하원 연설 이후 영국은 참전을 위한 마지막 수순에 착수했다. 의회의 분위기는 개입 쪽으로 기운 듯 했지만 분명하게 결정된 것은 아직 아무것도 없었다. 처칠은 의사당을 떠나려는 그레이를 붙잡고 물었다. "이제 어떻게 되는 겁니까?" 그레이는 마치 즉석에서 궁리한 듯이 답변했다. "이제 우리는 독일에게 벨기에 침공을 멈추라는 최후통첩을 보낼 것입니다." 3일 저녁 내각이 다시 모였다. 독일에게 벨기에의 중립을 존중할 것을 요청하기로 재확인하는 자리였다. 그러나 여기서도 분명한 전쟁 위협이나 최종 시한은 논의되지 않았다. 그레이는 회의 후 저녁식사를 하고 잠자리에 들었다. 독일에 대한 요구는 다음 날 4일 아침 9시 30분이 되어서야 발송되었다. 그러나 이때는 이미 독일이 행동을 한 이후였다. 독일군 첫 번째 부대가 아침 8시에 벨기에 국경을 넘었던 것이다. 이 소식은 런던에 정오경에 도착했다. 그레이는 이번엔 내각과는 상의하지 않고 바로 행동에 착수했다. 오후 2시, 당일 자정을 시한으로 독일에게 벨기에에서 철수하라는 최후 통첩안을 보내기로 한 것이다. 왕에게도 알리지 않았고 오직 애스퀴스 수상과만 상의한 결정이었다.

그날 저녁 베트맨 재상에게 영국의 최후통첩을 전달하는 일은 베를린 주재 영국 대사 고센Edward Goschen 경이 맡았다. 베트맨은 격분했다. "목숨을 걸고 두 명의 적과 싸우고 있는 사람을 뒤에서 치는 것"이라며 배신감을 드러냈다. 베트맨은 "한 장의 종잇조각a scrap of paper 때문에 영국이 참전하게 되었다."라는 유명한 말을 남겼는데, 그것은 바로 벨기에의 중립을 보장하는 런던조약을 지칭하는 말이었다.[206] 일부 의원들은 고립무원에 빠진 독일의 처지를 한탄하기도 했다. "온 세상이 우리와 맞서고 있다.[207] 이 세상에 라틴족, 슬라브족, 그리고 앵글로 색슨족 세 가지 적이 있는데, 이제 그들이 한 데 뭉쳐 우리와 맞서고 있다." 이태리의 동맹 이탈에 이어 영국이 독일을 적으로 돌리자 어느 누구도 독일을 좋아하지 않는다는 자각이 일었다. 1860년 프랑스에 합병된 니스Nice는 과거 이태리 영토였다는 것조차 잊힐 정도로 평온한데, 알자스 인들은 끝까지 독일 치하를 거부한다는 것을 독일인들은 받아들이기 어려워했다. "우리나라는 어디에서든 별로 사랑받지 못하며 오히려 종종 미움을 받고 있다." 빌헬름 황제도 자신의 기행문에 이렇게 독일의 고립감을 털어놓기도 했다.

애스퀴스는 하원에 참석하여 최후통첩이 발송되었다는 사실을

➡ 좌: 로이드 조지와 처칠, 1907년, 우: 리크노브스키 독일 대사, 1914. 8. 4., 하이드 파크

알렸다. 잠시 후 그의 아내가 방에 들어와 물었다. "그래, 이제 모두 틀려버린 건가요?"[208] 애스퀴스는 "그렇소, 이제 다 끝났소."라고 답하며 울음을 터뜨렸다. 이제 시한으로 설정한 자정까지 기다리는 일만 남았다. 애스퀴스, 그레이, 로이드 조지, 그리고 다른 각료들은 내각 회의실에 모여 독일의 답변을 기다렸다. 얼마나 지났을까, 긴 침묵 끝에 누군가가 아이디어를 냈다. 중부 유럽시각이 영국 그리니치 시간보다 한 시간 빠르므로 베를린의 자정은 런던의 11시라는 것이다. 즉, 최후통첩 시한을 한 시간 줄여도 된다는 것이었다. 최후통첩 문서에는 이러한 내용이 없었다. 독일이 우호적 답변을 할까봐 걱정이 됐는지, 아니면 긴장된 시간을 줄이고 싶은 조급함의 발로였는지, 그것도 아니면 빨리 잠자리에 들고 싶었던 것인지는 알 수 없다. 아무튼 장관들은 한 시간을 당겨 최후통첩이 종료되는 것으로 결정했다. 얼마나 지났을까? 드디어 빅벤이 11시를 알리는 타종을 울렸다. 다음날

아침 시민들이 잠에서 깨었을 때 영국은 이미 독일과 전쟁상태에 돌입해 있었다.

몽유병 환자처럼

어느덧 외교의 시간은 가고 군인의 시대가 도래했다. 동원령이 발령되고 병사들의 군화소리가 들리자 각국의 전쟁성은 활기가 넘쳤다. 장교들은 붉게 상기된 얼굴로 굳게 악수를 나누며 이리저리 바쁘게 움직였다. 돌이켜 보면 모두들 환상 속에 전쟁에 뛰어든 격이었다. 공격지상주의 신화에 사로잡혀 있었고 낙엽이 지기 전에 집으로 돌아갈 수 있다고 생각하며 전선으로 향했다. 4년 넘게 지속될 전쟁이었는데 독일은 화약제조에 필요한 질산염 재고를 6개월분밖에 준비하지 않았다.[209] 그 전에 전쟁이 끝날 것으로 생각했던 것인데, 이 때문에 하마터면 전쟁을 중도 포기해야 할 위기를 맞기도 했다. 프랑스는 로렌의 철광석 산지가 독일의 수중에 넘어가도록 방치했다. 어차피 곧 회복될 지역을 지킬 필요가 없다고 판단했던 것이다. 이로 인해 프랑스는 철광석의 80%를 잃었고, 전쟁기간 내내 엄청난 고통을 겪었다. 러시아는 전쟁이 2개월 아니면 3개월이면 끝난다고 생각했다. 6개월을 전망하는 사람은 패배주의자로 간주될 정도였다. 전쟁이 마치 지나가는 폭풍처럼 유럽의 공기를 깨끗하게 해 줄 것이라는 허황된 낙관주의가 유럽인들의 마음을 사로잡고 있었던 것이다.

또 이상한 것은 공격신화를 신봉하면서도 모두들 자신들은 방어 전쟁을 하고 있다고 믿고 있었다는 것이다. 모두가 침략국에 맞서 조국을 지키는 신성한 사명을 수행한다고 생각했다. 선제적으로 움직인 것은 어차피 터질 불가피한 전쟁에서 조국을 구하기 위해 불가피한 조치였기 때문이었다. 사전 동원 조치, 부분 동원, 총동원을 불문하고 내가 하는 조치는 방어적 목적이고 상대방이 하는 것은 공격 의도로 해석했다. 그리고 모두들 자신은 전쟁을 피하기 위해 최선의 노력을 다했다고 생각했다. 실제 각국의 군주와 수상, 외상 등 민간 정책 결정자들은 전쟁을 피하거나 축소하기 위해 나름의 노력을 다한 것이 사실이었다. 빌헬름 황제는 완고한 몰트케를 자제시키려 했고 재상, 베트맨도 전쟁을 국지화하기 위해 끈질기게 노력했다. 러시아 니콜라스도 빌헬름 황제와 수차례 전문을 주고받으며 전쟁을 막아보려 했고, 사조노프 외상도 총동원만큼은 피해보려 했다. 영국의 그레이 외상도 우유부단하다는 비판을 받을 정도로 막판까지 독일과의 타협가능성을 타진했다. 그러나 어느 순간 권력은 왕궁과 재상, 외상의 집무실에서 각국의 참모총장실로 이동했다. 민간 지도자들은 어떻게든 외교적 해결책을 찾아보려고 버둥거렸지만, 갈수록 위기의 무게에 짓눌려서 앞으로 앞으로 떠밀려 갈 수 밖에 없었다.

모두가 전쟁이 단기간에 끝나리라고 낙관했던 것은 아니었다. 몰트케조차도 '길고 소모적인 투쟁'이 될 것으로 예견하기도 했다. 전쟁 직전에 영국 육군 장관으로 임명된 키치너 경Herbert Kitchner은 "최소한 3년을 각오해야 합니다."라고 경고하기도 했다. 그러나 단기전으로 끝나야 한다는 당위에만 매달린 채 참혹한 장기전이 될 가능성에 대비한 준비는 거의 하지 못한 것도 사실이었다. 그들이 시작하려는 전쟁이 얼마나 고되고 긴 여정이 될 것인지 머리로는 예견했더라도 마음으로 느끼고 행동으로 나가지는 못했던 것이다. 애국주의적 열기가 유럽의 도시를 가득 메웠지만 시골로 갈수록 그들이 겪게 될 전쟁의 무서움을 직감적으로 느끼는 사람들이 있었다.[210] 갑작스런 동원명령을 받은 러시아의 시골 마을, 프랑스의 남동부 농촌은 멍한 충격에 빠졌다. 알 수 없는 감정에 압도된 채 사람들은 어리둥절해 했다. "이것이 무엇을 뜻하지? 우리는 어떻게 되는 거지?" 부인들은 남편의 팔에 매달렸고 아이들은 엄마가 흐느끼는 것을 보고 따라 울기 시작했다.[211]

PART 04

전쟁의 결과와 해석

CHAPTER

09

신화와 현실

환호 속에 시작한 전쟁이 그 악마적 모습을 드러내는 데에는 오랜 시간이 걸리지 않았다. 첫 번째 장면은 벨기에 전투였다. 슐리펜 계획에 따라 프랑스로 진격하기에 앞서 독일군은 벨기에 국경의 리에주 요새에 도착했으나 예상 밖으로 벨기에군의 강력한 저항에 부딪혔다. 벨기에군은 언덕 위의 요새에서 쉴 사이 없이 기관총을 쏟아부었고, 독일 병사들은 사망자와 부상자가 얽혀 바리케이드처럼 겹겹이 포개어진 채 쓰러졌다. 전투현장에 있던 벨기에의 한 장교는 이를 가리켜 "죽은 자와 죽어가는 자가 만들어내는 사실상의 장벽"으로 묘사할 정도였다.[212] 그러나 벨기에의 저항은 오래가지 못했다. 8월 17일, 독일군은 마지막 요새를 함락시키고 벨기에 국경을 넘기 시작했다. 뜻밖의 저항으로 많은 희생을 치른 독일군은 벨기에 도시를 지날 때마다 잔인한 복수극을 벌였다. 부녀자와 아이들을 가리지 않고 시민들 수백 명을 한자리에 불러 모아 놓고 기관총을 난사하는가 하면 마을 전체를 불살라 잿더미로 만들어 버렸다. 벨기에의 유서 깊은 중세 도시 루뱅Louvain도 독일군의 약탈로 철저히 파괴되고 2백 명이 넘는 시민들이 목숨을 잃었다. 영국과 프랑스 언론은 이를 가리켜 '벨기에에 대한 강간'이라 부르며 독일의 만행을 비난했다. 독일 역시 자국의 병사들이 벨기에 시민들에게 손발이 잘리고 살해당하고 있다는 소문을 퍼뜨리며 여론전을 전개했다.

벨기에군의 저항을 무력화시킨 독일군은 파죽지세로 진군을 계속했다. 8월 20일에는 벨기에의 수도 브뤼셀로 당당히 입성했고, 이어 프랑스 군대와 영국 원정군을 차례로 격파하면서 남서방향으로 진격해 갔다. 프랑스 보병대는 "공격을 알리는 날카로운 나팔 소리를 올리며 초록색으로 물결치는 벨기에 들판을 넘어 진격하는 용맹무쌍한 모습"을 보였지만, 독일군의 기관총이 불을 뿜으면 "땅바닥을 기어 다니며 숨을 곳을 찾았다." 훗날 프랑스의 대통령이 되는 샤를 드골Charle de Gaulle 대위는 "아무리 용감한 자들도 총격 앞에서는 속수무책일 수밖에 없다."고 회고했다. 8월 22일 하루에만 프랑스 병사 2만 7천여 명이 이렇게 목숨을 잃었다. 8월 한 달 동안 프랑스와 영국군이 치른 희생은 수십만 명에 달했다. 연합군은 퇴각하기 시작했다. 살을 태울 듯이 뜨거운 유럽의 여름 태양 아래 기진맥진한 채 병사들은 남으로 남으로 터벅터벅 걸음을 옮겼다. 뒤쫓아 오는 독일군에 추격당하지 않기 위해 하루 30여 킬로미터씩 이동하는 강행군이 2주 내

➡ 독일군 침공으로 폐허로 변한 벨기에 고대 도시 루벵

내 이어졌다. 병사들의 행군 속도는 더디기만 했다. 진흙이 덕지덕지 붙은 장화를 신고 무게가 4.5kg이나 나가는 소총과 30kg이 넘는 탄약을 짊어진 상태였다. 전쟁이 터지기만 하면 눈부신 전격전이 펼쳐진다는 것은 환상에 불과했다.

한편 독일군이 프랑스 마른Maren지역으로 진군하는 사이 러시아가 동프로이센을 침공해 들어왔다. 동부전선이 형성된 것이다. 유럽에서 가장 큰 군대를 자랑하던 러시아군은 삼소노프Aleksandr Samsonov 장군을 사령관으로 삼아 독일 영토 깊숙이 침투해 들어왔다. 그러나 오랜 행군으로 지치고 병참마저 무너진 러시아군은 독일군의 적수가 되지 못했다.[213] 특히 암호전신에 서툴렀던 러시아군은 모든 연락을 평문으로 하고 있었는데, 독일군이 러시아군의 모든 전신을 중간에서 가로채 그 의도와 상황을 훤히 들여다 본 것이 치명적이었다. 결국 사흘간 이루어진 전투에서 러시아는 4개 반 이상의 군단을 잃는 치욕스러운 패배를 겪었다. 러시아군의 피해는 40만 명에 이르는 데 반해 독일군의 손실은 1만여 명에 불과한, 일방적인 결과였다. 이것이 바로 독일군의 경이적인 승리로 기록된 탄넨베르크Tannenberg 전투였다. "(짜르께서는) 나를 믿었는데, 이런 대패를 하고 어찌 그분의 얼굴을 다시 뵐 수 있겠는가?" 8월 29일 삼소노프는 전투가 벌어졌던 숲 속을 혼자 걷다가 권총으로 스스로 목숨을 끊었다. 이후 러시아군은 숲 속에 쓰러진 수천 명의 병사들을 그대로 방치한 채 국경을 넘어 되돌아 갈 수밖에 없었다. 이로 인해 러시아군에 대한 연합군의 기대는 심각하게 흔들렸고, 동부전선에서 주도권을 완전히 상실하고 말았다.

잇따른 승전보에 독일 총참모부의 분위기는 한껏 고조되었다. 승리가 곧 눈앞에 있는 듯 했다. 몰트케는 서부 전선 우익의 병력을 전용할 여유가 있다는 판단 하에 2개 군단을 동부전선으로 수송할 것을 명했다.[214] "우익을 강화하라"는 슐리펜의 유언과는 상치되는 지시였다. 이로 인해 파리 서방으로 우회하여 프랑스군을 섬멸한다는 본래의 임무를 수행하기에 독일군의 우익은 너무나 약화되었다. 또한 연합군 못지않게 독일 병사들의 피로도도 한계에 도달했다. 9월초 독일군은 파리 외곽 40km 지점까지 이르렀지만 보급부대는 뒤처져 있었고 병사들의 체력은 거의 바닥 상태였다. 한 독일군 장교는 부대의 상태를 아래와 같이 증언했다.

우리 병사들은 완전히 지쳤다. 며칠 동안 하루에 40km씩 행군하고 있다. 땅은 질퍽거리고, 도로는 곳곳이 패었으며, 여기저기 나무가 쓰러져 있는데다, 들판은 포탄 자국 때문에 온통 웅덩이 투성이다. 병사들은 먼지 범벅이 된 얼굴에 누더기로 변한 군복을 걸치고 잠시 멈춰 설때마다 비틀거린다. 다들 눈을 감고 행군하면서 자칫 잠이라도 들까 봐 줄곧 큰 소리로 합창한다.[215]

몰트케의 우익 병력 약화 조치는 치명적 실수라는 것이 곧 드러났다. 독일군의 병력이 분리되면서 독일 제1군과 제2군 사이에 약 40km에 이르는 간격이 생긴 것인데, 이곳은 단 2개의 기병사단에 의해 방어되고 있을 뿐이었다. 연합국 군대는 이 틈을 파고들었다. 영국 원정군은 독일 제1군의 배후로 접근했고, 프랑스군은 독일 제2군을 포위하면서 반격에 나섰다. 이것이 바로 역사적인 '1차 마른 전투'였다.[216] 1백만 명이 넘는 병력이 투입된 이 치열한 전투는 9월 14일 결국 독일이 퇴각을 결정하면서 종결되었다. 독일군은 이전 2주 동안 빼앗았던 땅을 도로 내주면서 물러설 수밖에 없었다. 잘못된 기동의 책임을 지고 몰트케는 해임되었고, 육군상 팔켄하인이 후임으로 임명됐다. 독일군 지휘부는 전투의 결과만큼이나 그 전개양상에 놀라움을 금치 못했다. 독일뿐 아니라 유럽의 참모본부는 '물질을 지배하는 정신의 힘', '무자비하고 지칠 줄 모르는 추격', 그리고 담력과 배짱을 강조해 왔지만, 이것이 얼마나 현실과 동떨어진 허상이었는지가 드러난 것이다. 아래는 독일군 장군 알렉산더 폰 크루크Alexander

➡ 위: 3차 이프르 전투 당시 벨기에 진흙 속에서 고전하는 군인들, 1917. 8. 1.
아래: 참호 속에서 지쳐 쓰러져 있는 병사, 1918년 프랑스

von Kluck의 증언이다.

> 우리가 절대 믿어선 안 되는 게 있었다면 그것은 바로 열흘 동안 철수하면서 땅바닥에서 잠을 자느라 피로에 찌들대로 찌들어 반쯤 죽은 상태나 다름없는 병사들이 나팔이 울리면 소총을 집어 들고 공격에 나설 수 있다는 착각이었다. 그것은 우리의 군사학교에서는 상상도 못한 일이었다.[217]

한편 전쟁은 점점 확대되어 사람들이 입에서 '세계전쟁'이라는 말이 나오기 시작했다. 일본은 이미 1914년 8월에 전쟁을 선포하고 태평양과 중국의 독일령을 점령하고 나선 상태였다. 아프리카에서는 독일이 영국 식민지인 남아프리카공화국을 침공했고, 프랑스와 영국은 독일 보호령 토골란드를 공격했다. 10월 들어서는 중동까지 전선이 확대되었다. 터키가 삼국동맹의 편에 서서 전쟁에 뛰어들었고, 영국은 오스만 투르크의 지배에 항거하는 아랍민족을 지원하고 나섰다. 캐나다, 오스트레일리아, 인도 등 전 세계에 걸쳐 있는 대영제국의 나라들도 서부 전선의 영국군에 합류했다. 알제리 등 프랑스가 아프리카에 건설한 식민지 국가들도 서부전선에 속속 도착했다. 바다에서는 지중해와 흑해에서 시작하여 그 너머 러시아로 이어지는 다르다넬스 해협, 그리고 남아메리카 해안에 이르기까지 영국과 독일 전함이 맞붙었다.

참호 속에 묻힌 기동전의 신화

1914년 가을로 접어들면서 서부전선의 위치는 북쪽으로 이동했다. 서로 적의 측면을 포위하기 위해 북해 방면의 '해안으로의 경주race to the sea'를 시작한 것이다.[218] 이로 인해 스위스에서 북해까지 약 1,000km에 이르는 전선이 형성되었다. 독일군이 가장 꺼리던 지구전의 양상이 분명해진 것도 이 무렵부터였다. 첫 번째 대접전은 10월과 11월 5주 동안 독일과 영국 사이에 치러진 1차 이프르Ypres 전투였다. 프랑스 항구 뒹케르크와 칼레를 향해 북쪽으로 진격하던 독일군이 벨기에 플랑드르의 이프르라는 고대 성곽 도시 주변에서 영국군에 저지당하면서 벌어진 싸움이었다. 기관총과 고성능 폭탄을 퍼부으며 양측은 치열한 전투를 빌였다. 공격과 퇴각이 번갈아 이루어졌지만 어느 한쪽도 승기를 잡지 못하고 지루한 접전만 계속 이어졌다. 급조된 독일 부대에는 16세 안팎의 어린 학생들도 적지 않았다. 피 끓는 애국심과 무공을 세우고 싶은 열망에 이끌려 전쟁터에 나온 이들은 학생모를 쓴 채 어깨동무를 하고 노래를 부르며 전진했다. 그러나 수천 명의 소년병들은 영국군의 기관총에 풀잎처럼 쓰러졌고, 독일에선 이를 '이프르에서의 아동 살해'로 부르며 비난했다.

온통 처참한 광경뿐이야. 죽거나 다친 병사들, 죽거나 죽어가는 동물들, 여기저기 나뒹구는 말 시체, 불타버린 집들, 파헤쳐진 들판, 자동차, 옷가지, 각종 무기가 주변에 온통 흩어져 있어. 아수라장도 이런

아수라장은 없을 거야. 전쟁이 이럴 줄은 정말 몰랐어.[219]

아무것도 모른 채 전쟁에 뛰어든 파울 후브Paul Hub라는 젊은 독일 신병이 약혼녀에게 보낸 편지 내용이었다. 11월말에 이르자 전선은 완전히 교착상태에 빠졌다. 양쪽 군대는 플랑드르의 습기 찬 땅을 파내 급히 참호를 조성하고 대치했다. 양쪽 모두 현재의 위치를 지키기에 바빴다. 1차 이프르 전투는 기동전의 종식을 알리고 이후 4년간이나 계속될 참호전을 알리는 신호탄이었다.[220] 영국해협에서 스위스의 알프스까지 760km에 달하는 긴 참호선이 이때부터 만들어지기 시작했다. 하나의 요새처럼 변해버린 참호선은 이후에도 그 위치가 크게 변하지 않았다. 1914년 겨울부터 1918년 봄에 이르기까지 여기저기서 몇 백 미터 달라지거나 큰 전투가 있을 때 기껏해야 몇 킬로미터 이동하는 정도였다. 계절이 바뀌도록 전선의 위치는 그대로였고, 끊임없는 포격 속에 죽고 죽이는 살육전만 이어졌다. 1914년 말 서부전선에서만 60만 명이 넘는 사람이 목숨을 잃었다. 전쟁이 결정적이고 단기적일 거라는 예상은 완전히 빗나갔다. 마치 관광객을 가득 태운 버스와 같이 유럽 전역을 휩쓸 것이라는 독일군 장군의 호언장담이 불과 몇 달 전에 있었던 일이었다.[221] 동원령의 하루 지연이 프랑스 영토 15~25km 손실로 이어진다며 조바심을 내던 조프르의 경고 역시 마찬가지였다.

전쟁의 양상이 이렇게 기동전이 아니라 지루한 진지전의 모습으로 귀결된 것은 유럽의 지형과 당시의 무기체계가 방어에 유리하게 작용했기 때문이었다. 1분에 최대 600발이 나가는 기관총이 개발됨에 따라 보병을 앞세운 돌파는 불가능해졌다. 여기에 1분에 연속 20발씩 발사되는 사정거리 8km 야전포는 보병이 아니라 포병이 전쟁터를 지배하게끔 만들었다. 이렇게 되자 양쪽 군대는 쉴 새 없이 땅을 팠고 각자의 참호에 웅크리고 앉아 서로를 주시했다. 그러다가 포병의 지원 하에 전진하여 화염방사기, 소총과 기관총으로, 그 다음에는 수류탄으로 공격하고 마지막에는 개머리판과 돌멩이로 육탄전을 벌이는 식이었다.

참호는 적의 포탄을 피할 수 있을 만큼 좁고 깊게 팠는데, 일직선이 아니라 꼬불꼬불 굴곡을 이룬 미로 같은 모습을 띠고 있었다.[222] 전방참호, 후방참호, 대피호, 방공호 등으로 복잡하게 이루어져 있어서 안내판이 있을 정도였고, 몇몇 장교 참호에는 침대와 그림, 양탄자를 갖춘 것도 있었다. 그러나 통상의 참호들은 지독히도 열악했다. 쥐, 개구리, 민달팽이, 이가 득실거려 전염병이 수시로 발생했다. 썩어가는 시체들, 퀴퀴한 땀 냄새, 흘러넘치는 오물 때문에 악취가 진동했다. 전선이 보이지 않는 몇 킬로미터 밖에서도 역겨운 냄새로 상대방의 진지가 있다는 것을 알 수 있을 정도였다. 또한 춥고 축축한 진창 속에 웅크리고 있던 병사들은 오한과 고열에 시달렸고, 세균성 전염병인 참호족염으로 제대로 걸을 수도 없는 경우가 많았다. 참호전 최대의 위협은 적군 참호에서 날아오는 포탄이었다. 서부 전선 연합군 사상자의 삼분의 일 이상이 포탄에 희생됐을 정도였다. 운 좋게 살아 돌아온 병사들도 포탄 스트레스 때문에 신경쇠약에 걸려 남은 인생을 악몽과 공포에 시달리며 보낸 경우가 많았다. 이른바 '탄환 충격'에 걸린 젊은이들은 사시나무처럼 떨기도 하고 최면에 걸린 듯 멍한 모습으로 평생 심각한 무기력증에 시달렸다. 독일군의 버려진 참호를 둘러본 영국군 중위 윌리엄 톨벗 켈리는 아래와 같이 증언했다.

> 모퉁이를 돌자 독일군 시체로 가득한 거대한 만이 불쑥 몸을 드러냈다. 6주쯤 전에 죽은 시체들은 벌써 비바람과 쥐 떼와 구더기의 차지가 되어 있었다. 이제 시체들은 반들거리는 해골에 지나지 않았다. 바싹 말라붙은 채 뼈를 휘감고 있는 힘줄이 시체들이 걸치고 있는 군복을 끈처럼 졸라매고 있었다. 시체들은 여전히 군복 차림으로 죽을 때의 자세 그대로였다.[223]

➡ 좌: 베르됭 전투 프랑스 병사들, 1916년.
우:갈리폴리 반도의 아일랜드 병사들, 1915년

1차 대전은 독가스의 실험장이기도 했다. 1915년 4월 22일 오후, 독일군 진영에서 수상쩍은 초록색 구름이 뭉게뭉게 피어올랐다. 구름이 프랑스군 참호에 이르자 병사들은 목을 움켜쥐고 쓰러지기 시작했다. 살갗을 태우고 눈을 멀게 하는 겨자 가스, 폐 기능을 마비시키는 염소 가스 등이 무차별적으로 사용되었다. 병사들은 처음엔 영문도 모른 채 고통스럽게 죽어갔다. 1915년 내내 전선의 교착은 타개되지 않았고 양측의 사상자만 늘어갔다. 프랑스와 영국은 독일군 방어선을 돌파해 빼앗긴 프랑스 땅을 되찾고 벨기에를 해방시키고자 했지만 막대한 희생만 치를 뿐이었다. 1915년 3월에 있었던 뇌브-샤펠Neuve Chapelle 전투에서는 유령으로 변한 작은 마을 하나를 손에 넣느라 영국군은 만 명이 넘는 사상자를 내기도 했다.

연합군의 9월 공세 역시 전과를 올리지 못했다. 프랑스군이 상파뉴 지방을 공격하는 사이 영국군이 루스 주변 독일군 진지를 공격하는 합동작전을 펼쳤으나 아무 성과 없이 25만 명에 이르는 희생만 치른 채 끝이 났다. 동부전선의 상황도 연합군에게 좋지 않았다. 러시아 군대는 거의 붕괴 직전이었다. 1915년 말까지 약 4백만 명에 이르는 병력을 잃은 러시아 군대는 이미 바르샤바를 포기한 상태에서 폴란드와 갈리시아에서 밀려나고 있었다. 러시아군 참모총장 야누스케비치 장군은 자신의 군대가 "눈처럼 녹아내리고 있다."고 절망할 정도였다. 한편 애초 동맹국 진영에 있던 이탈리아가 연합국 편에 서서 전쟁에 뛰어들었지만, 오스트리아와의 전쟁에서 계속 패배하면서 연

➡ 방독면을 쓰고 있는 호주 군인들, 1917년 8월 이프르

합군에게 오히려 부담만 주는 상태였다. 또한 10월 들어 독일, 오스트리아, 불가리아의 합동 공격을 받은 세르비아는 수도가 점령되고 군

대가 완전히 소탕되고 말았다.

베르됭 · 솜 전투

1916년 2월 21일, 역사상 가장 피비린내 나는 전투로 기록된 베르됭Verdun 전투가 시작되었다.[224] 오전 7시 12분, 독일군이 천 년 역사를 자랑하는 프랑스의 베르됭 성당을 포격하면서 개시된 이 전투에 독일과 프랑스는 모든 것을 걸다시피 했다. 동부전선의 상황은 좋았지만 독일군은 점점 초조해하고 있었다. 전선의 교착이 계속되면 인적, 물적 자원이 풍부한 연합국이 절대적으로 유리할 것이기 때문이었다. 따라서 독일 팔켄하인 장군은 서부전선에서 대공세의 전기를 마련하고자 했는데, 그 결정적 전투로서 베르됭을 선택했던 것이다. 베르됭은 군사적인 관점에서는 큰 전략적 가치가 있는 지역은 아니었다. 그러나 역사적 측면에서 도시가 갖는 의미는 엄청났다. 로마 시대 이후 줄곧 요새였던 이곳은 프랑스의 영광과 자부심을 나타내는 상징성을 갖고 있었다. 따라서 프랑스는 어떤 희생을 치르더라도 이곳을 포기하지 않을 터였고, 팔켄하인은 바로 이를 노렸다. 즉, 베르됭을 공격하여 펌프로 물을 퍼내듯이 프랑스군의 모든 병력과 군수품을 소진시킨다는 복안이었다.[225] "프랑스가 마지막 한 명의 병력까지 투입할 수밖에 없도록" 해서 "프랑스 군대가 피를 흘리며 죽게" 만든다는 것이 팔켄하인의 생각이었다.

전투 초반에는 독일군의 계획대로 진행되는 듯 했다. 병력과 화력에서 압도적이었던 독일군은 24일 외곽 참호 지역을 넘어 25일에는 베르됭이 내려다보이는 두오몽 요새까지 점령했다. 그런데 이날 저녁 필리프 페탱Henri Philippe Pétain이 새로이 프랑스 사령관에 취임하면서 분위기가 바뀌기 시작했다. 페탱은 화력과 보급의 중요성을 이해하는 인물이었고 다른 장군들과 달리 병사들의 신뢰를 받고 있었다. 그는 방어선을 재조직하고 전선을 사수하라고 병사들을 독려했다. "저들을 지나가게 놔두지 말라."는 것이 그의 구호였다. 신임 사령관의 단호함에 기력을 회복한 프랑스 군대는 '영광스런 조국의 요새'를 지키기 위해 분전했다. 전선은 다시 교착상태에 빠졌다. 양측 모두 상대에게 집중 포화를 퍼부으며 고지를 뺏고 빼앗기는 상태가 반복되었다. 폐허로 변한 보Vaux 요새는 3월 한 달 동안만 주인이 13번이나 바뀌었다.

그러나 페탱은 눈도 꿈쩍하지 않았다. 전투가 길어지자 그는 지친 병사들이 기력을 회복할 수 있도록 전후방으로 군대를 나누어 교대로 전선에 투입했다. 일명 '물레방아 시스템'으로 불리는 페탱식 병력교대 방식이었다. 6개월 동안 이렇게 베르됭 전투에 참여한 병력은 프랑스 군대의 4분의 3에 해당하는 125개 사단에 달했다. 독일군이 지옥 같은 전선에 그대로 머물러 있던 데 비해 프랑스군은 잦은 교대 덕분에 적절한 휴식을 취하고 다시 전투에 임할 수 있었다. 베르됭에 대한 군수품 지원 작전도 경이로운 수준이었다. 베르됭과 후방의 바르-르-뒤크를 연결하는 길이 72킬로미터의 좁은 도로는 16초 간격으로 이어지는 차량 행렬로 끝이 보이지 않을 정도였다. 이렇게 하여 전선에 매주 투입된 군수품이 5만 톤, 인원이 9만 명에 이르렀다.

프랑스의 방어는 성공적이었지만 조프르는 지나치게 소극적인 페탱의 전술이 마음에 들지 않았다. 잦은 병력교대 때문에 다른 지역 공격에 필요한 병력을 확보할 수 없다는 것이 그의 불만이었다. 조프르는 페탱을 중앙 집단군 사령관으로 승진시키는 방법으로 보직을 바꿔버리고 그 후임에는 '도살자'라는 별명을 갖고 있던 니벨Robert Nivelle 장군을 임명했다. 니벨은 원래 손실을 생각하지 않는 무자비한 작전으로 유명했다. 그는 베르됭을 책임지고 나서도 무차별 공격으로 엄청난 피해를 자초했다. 독일군도 이제 진퇴양난에 빠졌다.[226] 결정적 승리의 가능성은 이미 사라졌지만 그렇다고 이제 와서 공격을 중지할 수도 없었다. 이 작전을 위해 투입된 막대한 노력이 모두 수

➡ 베르됭 전투를 지휘했던 필리프 페탱과 로베르 니벨 장군

포로 돌아갈 것이고, 새로운 공세를 취하려면 또 엄청난 시간과 자원이 필요할 것이기 때문이었다. 독일군은 할 수 없이 공세를 이어갔으나 야만적인 살육만 계속될 뿐이었다. 이제 전투는 자체적인 에너지로 흘러가기 시작했다. 베르됭 지역은 병사들의 피와 살을 집어삼키는 괴물 같은 존재가 되었다. 베르됭 참호 안에서 독일군의 포격을 견디고 있던 프랑스 군 중위 앙리 데사그노Henri Desagneaux는 당시의 참혹한 전투 현장을 자신의 일기에 남겼다.

> 머리에서 윙윙거리는 소리가 난다. 더 이상 버티는 것은 무리다. 다들 기력을 잃은 채 멍한 상태로 말 한마디 없이 가슴을 졸이며 포탄이 날아와 우릴 박살내기만을 기다리는 눈치다. 주변에는 부상자가 점점 늘어나고 있다. 사방에 주검이 있다. 발치에선 부상자들이 뭉클뭉클 피를 쏟아내며 신음하고 있다. 그 중 두 명은 특히 심하게 맞아 마지막 숨을 몰아쉬고 있다. 기관총 사수는 눈을 맞아 한쪽 눈알이 눈구덩이에서 튀어나와 덜렁거리고 또 한쪽 눈알은 아예 뜯겨 나왔다. 그는 다리 한쪽도 잃었다. 두 번째 부상자는 얼굴과 팔 한쪽이 날아가고 복부에 끔찍한 상처를 입었다. 한 명이 고통에 겨워 신음하면서 내게 이렇게 간청한다. '중위님, 절 죽게 내버려 두지 마세요. 중위님, 너무 고통스러워요, 절 좀 도와주세요.' 상처가 더 심해 더 빨리 죽을 것 같은 또 한 명은 내게 이렇게 말하며 자기를 죽여 달라고 애원한다. '중위님, 내키지 않으시면 중위님 권총을 제게 주세요!' 몇 시간 넘게 이런 신음과 애원이 계속 이어지다가 오후 6시가

되자 아무 손도 쓸 수 없는 우리 눈앞에서 둘 다 죽었다.[227]

독일군의 공격은 7월 11일 수빌Souville 요새에 대한 실패를 마지막으로 끝이 났다. 프랑스는 모든 불리한 여건을 극복하고 그들이 생각하는 성지를 지켜냈다. 그러나 포탄 2천만 개가 쏟아진 전투지역은 완전히 폐허로 변했다. 들판은 곰보처럼 구멍이 숭숭 뚫렸고 숲은 시커멓게 변해버렸다. 마을 전체가 사라진 곳도 있었다. 프랑스군은 37만 7천 명을, 독일군은 35만 7천 명을 잃거나 다쳤다. 전략적으로 별 가치가 없는 고대 도시 한 곳을 놓고 싸우다 치른 희생이 이 정도였다.

연합국은 서부전선의 교착상태를 타개하기 위해 베르됭 북쪽 피카르디Picardy 지방의 솜Somme에 공세를 준비했다.[228] 당초 계획은 프랑스군이 주공, 영국군이 조공을 하는 것으로 되어 있었으나 프랑스군이 베르됭 전투에 묶이는 바람에 솜 전투는 영국군이 주도하게 되었다. 영국군 사령관 헤이그Douglas Haig는 치밀하게 계획을 짰다. 먼저 집중적인 포 사격으로 적의 철조망을 납작하게 무너뜨리고 난 다음 보병은 포병이 제공하는 이동탄막을 방패삼아 적 참호로 진격한다는 구상이었다. 헤이그 장군은 자신만만했다. "철조망을 자를 준비가 이보다 더 잘된 적은, 포대가 이보다 더 철저하게 준비를 끝낸 적은 일찍이 없었다."고 자신의 일기에 썼다.

그러나 막상 전투가 시작되자 헤이그의 생각대로 되지는 않았다. 1916년 7월 1일 아침, 영국군 보병은 일제히 참호에서 뛰어나와 돌격을 시작했으나 그 속도가 너무 느렸다. 곡괭이, 삽, 모래 자루 등 30킬로그램에 달하는 무거운 장비를 짊어진 병사들은 느릿느릿 걸을 수밖에 없었고 엄폐물을 찾아 한 번 엎드리면 다시 일어나는 것조차 힘겨워 했다. 병사들은 이동탄막을 따라가지 못했고 독일군의 기관총 응사에 무방비로 노출되었다. 영국군 소총수 헨리 윌리엄슨은 당시 상황을 다음과 같이 기억했다.

병사들은 일어나서 앞으로 계속 걸어갔다. 나도 그 틈에 묻혀 앞으로 나아갔다. 몇몇이 섬망 상태에라도 빠졌는지 헛소리를 하며 멈춰 서더니 고개를 떨구었다. 그러더니 무릎을 꺾으면서 데굴데굴 구르다 드러누워 꼼짝도 하지 않았다. 한참을 데굴데굴 구르며 비명을 지르는 이들도 있었다. 그중 누군가가 내 두 다리를 꽉 움켜잡는 바람에 어찌나 겁이 나던지. 억지로 손길을 뿌리치는데, 그 사이 내 군복 윗도리에 묻은 먼지와 흙은 회색에서 붉은 색으로 변해 있었다.[229]

헤이그가 야심차게 준비한 보포협동 작전은 결국 실패로 끝났다. 포탄 자체가 터지지 않은 경우도 많았고, 그나마 터진 포탄도 독일군의 철조망을 납작하게 만들지 못했다. 또한 이동 탄막은 한 발 앞서 나가면서 전진하는 보병을 보호해야 하는데, 너무 빨리 또는 너무 멀리 나가는 바람에 영국군 보병들은 독일군에게 그대로 노출되기 일쑤였다. 이렇게 희생된 영국군이 어떤 날은 하루에만 2만 명에 달했다. 그날 전쟁에 투입된 영국군 병사 10만 명 중 5분이 1에 해당하는 인원이 살아 돌아오지 못한 셈이었다. 또한 솜 전투에서는 처음으로 전차가 등장했다. 중량 27톤, 승무원 7명을 태우고 적 기관총을 견디며 2.5m의 참호를 건널 수 있었던 이 괴물 같은 무기에 병사들은 경악했다. 그러나 실제 전투에 투입된 것은 18대에 불과했고 울퉁불퉁한 지형에선 멈춰 버리기 일쑤여서 전투 양상에 큰 영향을 미치지는 못했다.

연합군은 끈질기게 공격을 퍼부었지만 독일군의 진영을 돌파하는 데는 끝내 실패했다. 5개월에 걸친 격전 중에 연합군이 가장 많이 진격한 거리는 11킬로미터에 불과했고, 탈환한 영토는 520평방 킬로미터에 지나지 않았다. 반면에 이 조그만 땅떼기를 놓고 양쪽이 흘린 피는 엄청났다. 영국군은 42만 명, 프랑스군은 19만 5천 명의 사상자를 냈고, 독일군은 65만 명이 죽거나 다쳤다.[230] 베르됭과 마찬가지로 솜 전투는 과학지식을 총동원한 살육전이었다. 1916년 말에 이르자 서부전선에서만 50만 명이 넘는 사람이 목숨을 잃었다. 프랑스군 124연대에 복무했던 알프레드 주베르Alfred Joubaire 소위는 1916년 5월 23일자 일기에 다음과 같이 썼다.

> 인류가 미쳤다! 인류가 지금 하고 있는 짓을 보면 미친 게 분명하다. 너무도 끔찍한 학살극이다. 이처럼 끔찍한 공포와 대학살의 아수라장이 또 어디 있단 말인가! 내 기분을 말로는 도저히 옮길 수 없다. 지옥인들 이보다 끔찍하랴. 인간은 미쳤다![231]

이것이 주베르가 남긴 마지막 일기였다. 그날 아니면 그 다음날 그는 전사했다.

한계에 다다른 소모전

전방의 전선이 교착된 가운데 어느 나라도 돌파구를 찾지 못하고 있는 가운데 유럽 각국은 후방부터 무너지기 시작했다. 1917년에 이를 쯤에는 동맹국과 연합국을 가리지 않고 많은 시민들이 석탄이나 기타 난방연료를 구하지 못해 혹한의 겨울을 보내야 했다. 특히 식량 부족이 문제였다. 프랑스에서는 빵의 크기와 무게에 엄격한 제한이 가해졌고, 베를린에서는 1주일에 1인당 감자 1파운드가 배급 기준이었다. 육류는 물론이고 우유와 버터, 계란 등은 쉽게 접할 수 없는 귀중품이 될 정도였다. 내핍에 시달리면서 구루병, 괴혈병, 결핵 같은 질병이 퍼져나갔고, 도시 곳곳에서 파업과 폭동이 잇따랐다. 특히 시간이 갈수록 초조함을 느낀 것은 독일이었다. 제해권을 장악하고 있던 영국이 전쟁 초반부터 독일 항구를 전면 봉쇄하여 식량과 연료, 군수물자가 들어오지 못하도록 독일의 목을 죄어 오고 있었기 때문이었다. 이렇게 되면 인적, 물적 자원이 풍부한 연합국이 절대적으로 유리할 수밖에 없는 상황이었다.

영국의 봉쇄망을 뚫기 위해 독일이 선택한 방법은 잠수함 작전이었다. 비록 독일의 함정은 영국의 우세한 해군력 때문에 항구에 발이 묶여 있었지만 은밀하게 움직이는 독일 잠수함은 영국 함정의 봉쇄망을 뚫고 바다로 나갈 수 있었다. 바다 밑을 다닌다는 뜻을 가진 독일의 U-보트 잠수함은 이렇게 영국의 군함과 영국으로 군수물자를 나르는 상선을 격침시켰는데, 그 숫자가 1915년 한 해 동안 매달 50척에서 100척에 달했다. 1915년 5월에는 미국 뉴욕을 출발한 영국의 호화 여객선 루시타니아호가 아일랜드 남쪽 해안에서 독일 잠수함의 공격을 받아 침몰한 사건이 발생했다. 승객 2천 명 중 1,200명이 익사했는데, 희생자 가운데는 미국인도 128명이나 있었다. 이 사건으로 미국 내 반독일 감정은 격화되고 중립국 선박에 대한 국제적 비난이 거세지자 독일은 자신들의 잠수함 작전에 엄격한 제한을 두게 되었다.[232] 자칫 전쟁 잠재력이 무한한 미국을 적으로 만들 위험을 피하기 위해서였다.

그러나 1917년 들어 연합국의 봉쇄로 인한 고통이 커지자 독일의 인내심도 바닥을 드러내기 시작했다. 일부 지휘관들은 반대했지만 루덴도르프Erich Ludendorff 등 강성 인사들은 다시 무제한 잠수함 작전으로 돌아가는 것만이 독일의 유일한 희망이라고 목소리를 높였다. "우리의 가장 효과적인 무기를 사용하지 않겠다는 약속은 더 이상 정당성도, 군사적 근거도 확보할 수 없다. 우리는 영국을 패배시키는 데 적합한 무기라면 무조건 가차 없이 사용해야 한다."고 티르피츠 제독은 주장했다.[233] 결국 빌헬름 황제는 1917년 2월 1일부터 무제한 잠수함 작전을 선포했고, 북해, 대서양, 지중해에서 독일의 잠수함은 영국으로 향하는 선박은 국적을 불문하고 공격하기 시작했다.

➡ 무제한 잠수함 작전을 주장한 루덴도르프와 미국의 참전을 결정한 우드로 윌슨

무제한 잠수함 작전 재개는 독일이 처한 절박함의 발로였지만 결국 미국의 참전을 초래함으로써 전황을 결정적으로 불리하게 만들었다. 1916년까지만 해도 미국은 중립을 고수한다는 입장이었다. 대다수 미국인들은 먼 유럽대륙에서 벌어지는 전쟁을 자신의 일로 생각하지 않았고, 여기에 피흘려야 할 이유를 알지 못했다. 물론 영국, 프랑스와 역사적, 정서적 유대감을 갖고 있던 미국은 심정적으로는 연합국에 기울어 있던 것이 사실이었다. 또한 미국은 연합국에 무기를 수출하고 있었고 20억 달러가 넘는 융자까지 해주고 있었기 때문에 독일이 전쟁에서 승리하는 것을 원하지 않았다. 그럼에도 불구하고 우드로 윌슨Woodrow Wilson 대통령은 미국이 참전하는 것을 내켜하지 않았고 교전국들에 대한 평화회담을 촉구하고 있었다. 그러나 잠수함 작전이 재개되고 2월 26일 미국 시민이 탄 선박이 독일 잠수함

에 의해 침몰하자 윌슨 대통령도 더 이상 중립 입장을 고수하기 어려웠다. 여기에 미국을 경악시킨 또 하나의 일이 발생했다. 독일 외무장관 짐머만이 멕시코 정부에 비밀 전문을 보낸 일명 '짐머만 전보 Zimmermann Telegram' 사건이었다. 영국 정보부와 미국 국무부의 암호 해독으로 발각된 이 전문에는 독일이 멕시코의 참전을 요청하면서 그 보상으로 전후 텍사스와 뉴멕시코, 아리조나를 되찾게 해 주겠다는 내용을 담고 있었다. 결국 미국은 1917년 4월 6일 독일에 대한 전쟁을 선포했는데, 윌슨이 밝힌 이유는 "민주주의를 위해서는 세계가 안전해야 한다."는 것이었다.[234] 숭고한 대의명분이었지만 사라예보 암살과 세르비아 응징이라는 당초의 전쟁 목적은 더더욱 아득해졌다.

미국이 선전포고를 했지만 전세에 당장 영향을 준 것은 아니었다. 상비군 규모가 13만 명 수준에 그쳤기 때문에 미국이 우선 할 수

➡ 짐머만 독일 외상과 그가 멕시코에 보낸 비밀 전문

있는 것은 보병 1개 사단과 해병 2개 여단 급파 등 상징적인 수준에 불과했다. 신병을 모집하고 훈련해서 대서양을 건너 유럽의 전선에 보내려면 최소 1년은 소요될 것으로 예상되었다. 이런 가운데 연합군에 결정적인 손실을 가져온 변화가 일어났다. 바로 러시아의 전쟁 이탈이었다. 러시아는 개전 초부터 계속되는 패배, 식량과 연료 부족 등을 겪으며 서서히 붕괴되어 가고 있었다. 1917년에 들어서는 수도 페테르부르크에서 군중들이 빵집을 약탈하고, 식량 폭동과 파업이 연일 발생하기 시작했다.[235] 심각한 것은 이들을 진압해야 할 기병대마저 시위대 편을 들고 나선 것이다. 3월 12일에는 17만 명에 이르는 수도방위대 병력의 거의 전원이 반란에 가담했다. 이제 상황은 서서히 통제 불능 상태에 빠지고 있었다. 이때 수도를 떠나 피신해 있던 니콜라스는 여러 차례 페테르부르크로 돌아가길 시도했으나 대포와 기관총으로 무장한 병사들에 의해 철도가 막혀 있다는 말만 들을 뿐이었다. 수도 탈환을 위해 4개 연대를 보냈으나 반란을 일으킨 수도방위대에 저지당했고, 이들 연대 병력도 집단으로 탈영해 버렸다. 알렉세예프Mikhail Alekseyev 장군은 황제가 퇴위해야 사태가 수습될 수 있다고 생각하고, 전문을 보내 각 전선군 사령관의 의견을 물었다. 모두들 이에 동의를 표시했고 짜르는 그날 퇴위했다.

황제의 퇴위로 과도정부가 수립되었지만 권력은 소비에트로 넘어가기 시작했다. 3월 14일 소비에트는 '육군 명령 제1호'를 하달해 군부대들은 소비에트의 명령에 복종해야 한다고 선언했다.[236] 노동자와 병사의 대표가 주인이 되자 경례는 폐지되었고, 계급도 '장군 동무', '대령 동무' 등으로 바뀌었다. 무기는 각 중대의 위원회가 관리했으며 장교에게는 무기 지급을 금지했다. 이때 제정 러시아 붕괴를 앞당긴 사건이 발생했는데, 바로 블라디미르 레닌Vladimir Lenin의 러시아 귀국이었다. 러시아 정국을 더욱 흔들어 놓기 위해 독일 총참모부가 준비한 작품이었다. 독일이 제공한 비밀 열차를 타고 스웨덴에서 페테르부르크에 돌아온 레닌은 4월 16일 도착하자마자 독일과의 전쟁 중지와 계급투쟁을 선동하고 나섰다. 독일의 의중은 적중했다. 지칠 대로 지쳐있던 병사들과 러시아 국민들은 평화와 빵을 외치는 레닌을 열렬히 지지했다. 11월 7일 드디어 볼셰비키가 정권을 장악하고 토지의 사회화를 선언했다. 병사들은 공짜로 나눠주는 땅을 받기 위해 고향으로 떠나면서 러시아 군대는 완전히 와해되었다. 이로써 러시아는 전쟁에서 완전히 빌을 뺐고 1918년 3월 3일 독일과 '브레스트-리토프스크 조약Brest-Litovsk Treaty'을 체결했다.

브레스트-리토프스크 조약은 러시아에게 심히 가혹했다. 러시아는 4개 발트해 연안 지역과 러시아령 폴란드 지방, 그리고 인근 도시들에 대한 영유권을 독일에게 양도해야 했다. 이는 독일 본토 크기의 세 배에 해당하고 러시아 인구의 4분의 1을 차지하는 규모였다.[237] 또한 핀란드, 우크라이나, 그루지야의 독립을 인정하고, 15억 달러를 전쟁 배상금으로 지불한다는 내용이 포함되어 있었다. 조약 체결과정에서 러시아는 최대한 버티려고 노력했다. 트로츠키Leon Trotsky가 이끄는 소비에트 대표들은 협상을 질질 끌며 조약 체결을 미뤘지만, 독일군이 수도 페테르부르크의 80마일 앞까지 진격하며 압박하는 데는

➡ 위: 붉은 광장에서 연설하는 레닌, 아래: 브레스트-리토프스크 조약 체결 장면

더 이상 도리가 없었다.[238] 또한 레닌은 마르크스의 예언대로 전 유럽에서 공산주의 혁명이 일어날 것으로 생각했기 때문에 어차피 이 협정은 무효가 될 것으로 생각한 면도 있었다.

이로써 러시아가 전쟁에서 빠지자 서부전선에 모든 관심이 집중되었다. 동부전선에서 싸우고 있던 40개 사단을 돌릴 여유가 생긴 독일에게 일단 유리한 환경이 조성되었다. 연합군들은 돌파구 없는 전쟁에 점점 지쳐갔고 특히 1917년 4월 프랑스군에서는 대규모 항명 사건까지 발생했다. 상급자에 대한 도전이라기보다 병사들이 공격작전에 참여하기를 거부하는 일종의 파업에 가까웠지만 군기가 무너진 심각한 상황임에는 틀림이 없었다. 수천 명의 병사들을 재판에 회부하여 49명 총살형으로 일단락 지은 후에는 무리한 공격작전을 자제하고 충분한 휴식과 급식 질 향상으로 병사들을 달랠 수밖에 없었다. 이제 전쟁의 승패는 미군이 대규모로 도착할 때까지 연합군이 버틸 수 있는가에 달려 있는 것처럼 보였다. 이를 잘 알고 있는 루덴도르프 장군은 1918년 3월 독일군의 온 역량을 모아 연합국 군대를 공격해 보기로 했다. 마지막 한 번 더 일격을 가하면 전세가 완전히 기울 수도 있다는 희망을 걸었던 것이다. 그러나 연합군의 저항은 만만치 않았다. 루덴도르프는 이프르 주변 공격에서 35만 명을 잃었고, 7월 마른 강으로 진격하는 동안에 또 13만의 병력 손실을 입었다. 연합군도 비슷한 피해를 입었지만 독일군의 공세를 막아내는 데는 성공했다.

이런 가운데 미군 증원의 효과가 서서히 나타나기 시작했다. 1917년 5월 미국 정부는 징집제를 도입해 상비군 규모를 늘려갔고 6

➡ 좌: 독일 힌덴부르그와 루덴도르프, 우: 퍼싱 미국 대륙 원정군 사령관

월에는 미국 원정군 사령관 퍼싱John Pershing장군이 프랑스에 도착했다. 이후 1918년 초까지 매달 1만 2천명의 미군이 프랑스에 도착했고, 여름에 접어들자 그 숫자가 1백만 명을 넘어섰다.[239] 그리고 처음엔 소규모 부대 단위로 프랑스와 영국군 부대에 소속되어 싸웠으나, 9월부터는 퍼싱 장군의 지휘 하에 중요한 독립 작전을 수행하기 시작했다. 미군의 증원으로 힘을 얻은 연합군은 반격에 나섰다. 독일군은 완강히 저항했으나 점차 한계에 도달했다. 루덴도르프 장군은 빌헬름 황제에게 "매일 전선으로 밀려드는 엄청난 숫자의 미국인들"을 거론하며 전쟁에 이길 가능성이 없다고 보고했다. 독일 곳곳에서는 폭동과 소요가 번져나갔다. 9월 29일엔 동맹국 중 불가리아가 제일 먼저 연합군에 항복했다. 터키 역시 10월 30일 항복함으로써 7세기에 걸친 대제국 오스만 투르크는 역사 속으로 사라졌다. 오스트리아-헝가

리도 11월 3일 정전협정에 서명함으로써 합스부르크 제국 역시 여러 작은 나라로 쪼개졌다. 독일도 더 이상 견디지 못했다. 독일 장군들은 러시아처럼 국내 소요가 혁명으로 발전할지 모른다며 빌헬름 황제의 퇴위를 압박했다. 군대의 신임을 잃은 빌헬름 황제는 11월 9일 황제 지위를 내려놓고 중립국 네덜란드로 피신했다. 이어 독일군과 연합군은 파리 북쪽 콩피에뉴 숲에 정차하고 있던 기차 안에서 정전협정을 맺었다. 점령지역에서 모두 철수하고, 막대한 무기와 장비를 연합군에 양도하며 배상금을 지불한다는 조건이었다.[240] 정전협정은 11월 11일 새벽 5시에 서명되어 오전 11시부로 효력이 발생했다. 전쟁이 시작된 지 1,568일이 지나서야 서부전선의 포성이 잦아든 것이다.

허망한 종전

정전이, 우리가 꿈꾸던 그날이 마침내 왔다. 총성이, 사격이 뚝 그쳤다. 4년에 걸쳐 요란하게 쾅쾅대던 소음은 침묵 속으로 잦아들었다. 살인도 멈추었다. 우리는 어안이 벙벙했다. 행복해야 마땅했지만 슬펐다. 그 동안의 살육전이, 온갖 고초가, 쓸데없는 낭비가, 잃어버린 친구들이 생각났기 때문이다.[241]

총성은 멎었지만 전쟁의 상흔은 깊이 남았다. 인명 피해만 해도

➡ 아일랜드에 남겨진 1차 대전 종전 기념화

얼마나 많은 사람이 죽고 다쳤는지 정확히 알기가 불가능할 정도였다. 유럽의 주요 참전국들은 각각 수백만 명의 희생을 치렀는데, 총 전사자만 1천만 명에 이르고 사상자까지 합치면 2천만 명에 달했다. 독일에서는 전쟁 발발 당시에 19세에서 22세였던 남자들 중 3분의 1이 사라졌고, 세르비아는 인구 500만 명 중 77만 5천여 명이 전사하거나 궁핍, 질병 등으로 사망하여 전체 인구의 15%가 목숨을 잃었다. 요행히 목숨을 건진 사람들도 평생 팔다리가 없거나 외눈박이 장애를 안고 살았다. 독일에선 한쪽 다리만 잃은 사람이 4만 4,657명, 두 다리를 모두 잃은 사람이 1,264명, 한 팔을 잃은 사람이 2만 877명, 그리고 양팔을 잃은 사람이 136명에 달했다. 시력을 상실한 사람도 2,547명이나 있었다.[242]

전사자들에 대해 제대로 된 예우가 뒤따랐던 것도 아니었다. 특히 독일의 경우 너무나 많은 전사자가 고향으로 돌아오지 못하고 외국 땅에 그대로 묻혔다. 동부의 전장은 러시아혁명으로 막혀 버렸고, 서부 전장도 프랑스와 벨기에가 마지못해 허용할 때에만 시신을 수습하거나 재매장할 수 있었기 때문이었다.[243] 따라서 유족들이 할 수 있는 거라곤 전선에서 멀리 떨어진 국내 교회나 성당에서 전장에 버려져 있는 아들을 추모하는 것 밖에 없었다. 구사일생으로 살아 돌아온 사람들에게도 전쟁은 계속해서 악몽이고 상처였다. 신체적 불구는 면했을지라도 많은 병사들이 전쟁 트라우마에 짓눌려 정신병에 시달리며 여생을 보냈다. 또한 수년 만에 돌아온 고향은 정치인들이 약속한 '영웅들의 안식처'와는 거리가 멀었다. 생사를 넘나들었던 병사들에게는 아무런 보상도 주어지지 않았는데, 군납업체들은 전쟁으로 막대한 부를 축적했고 탄약 공장에서 일하면서 남편보다 더 많은 돈을 벌게 된 아내들은 사뭇 태도가 달라져 있었다. 지옥 같은 전쟁터였지만 그래도 전방은 동고동락한 전우들이 있었는데, 고향 땅은 이제 낯설고 외로운 곳으로 변해 있었던 것이다.

무명의 병사들뿐 아니라 각국의 지도자들도 전쟁의 참화를 피해가지 못했다. 몇몇 운이 좋았던 인물들을 제외하고는 그토록 자신만만하던 장군들과 정치인들 대부분이 비운 속에 생을 마감했다.[244] 강제 퇴임된 황제 니콜라스는 온 가족이 볼셰비키에 의해 1918년 봄에 살해되어 이름 없이 묘지에 묻혔다가 훗날 소련 붕괴 후 DNA 검사를 통해 유골이 확인되었다. 부패와 스파이 혐의로 종신형을 선고받은 수콤리노프 전쟁성 장관은 몇 년 뒤 사면을 받고 베를린에 거주했으나 어느 날 아침 거리에서 시신으로 발견되었다. 한때 러시아에서 가장 막강하고 부유했던 귀족출신 장군이 공원 벤치에서 얼어 죽었던 것이다. 사조노프 외상은 전쟁 중 해임되었고 이후 반 볼셰비키 진영에 합류해 내전을 치르다가 프랑스로 망명했다. 오스트리아 요제프 황제는 전쟁 중 사망했고, 티사 헝가리 수상은 1918년에 그의 부인이 지켜보는 가운데 헝가리 혁명군 병사들에게 암살당했다.

그러나 비교적 평온한 여생을 보낸 인물들도 있었다. 반세르비아 강경파 외교관 호요스 백작은 전쟁이 발발하자 자살을 생각할 정도로 죄책감에 시달렸지만 다시 생각을 바꿔먹고 1937년까지 평화로운 삶을 살았다. 콘라드 참모총장도 그가 늘 불평하던 대로 "지긋지긋한 평화"가 끝나자 내연관계에 있던 젊은 유부녀 기나와 결혼해서 오스트리아 산 속에서 소박한 삶을 살았다. 그는 영어공부와 산책으로 소일했는데, 영어는 그가 습득한 9번째 외국어였다. 포앵카레 대통령은 전쟁기간 내내 자리를 지키며 프랑스의 승리를 이끌었고, 1920년 대통령 직에서 물러났지만 이후 두 번이나 수상의 자리에 올라 성공적인 정치 인생을 이어갔다. 독일 베트맨 재상은 무제한 잠수함 작전에 반대하다가 해임된 이후엔 자신이 사랑하는 시골 영지에서 독일의 전쟁책임을 부인하는 글을 쓰며 여생을 보냈다.

허풍과 오만이 가득했던 독일 빌헬름 황제는 전쟁이 발발하자 "그림자 카이저"로 변했다. 장군들은 모든 명령을 황제의 이름을 빌어 내렸지만 실제로는 그에게 아무도 신경 쓰지 않아서 붙여진 이름이었다. 빌헬름은 서부전선 후방에 위치한 벨기에 작은 마을에 전쟁

지휘 본부를 차려 놓고 오전엔 말을 타고 오후엔 장교들을 치하하는 전문을 보내거나 병원을 방문했으며 지녁은 장군들과 함께 하고 11시에 잠자리에 드는 규칙적 생활을 이어갔다. 그는 전선 가까이까지 가서 전장의 포성소리를 듣는 것을 좋아했는데, 숙소로 돌아와서는 자랑스럽게 전쟁터에 있었다고 말하곤 했다. 그러나 1918년 11월 9일 독일이 더 이상 버틸 수 없는 지경에 이르자 빌헬름 황제는 장군들의 요구를 받아들여 네덜란드로 망명길에 올랐고 그곳에서 2만 그루나 되는 소나무를 베면서 소일했다. 자신을 퇴임시킨 독일 국민들을 원망하기도 했지만 언제가 자신을 다시 불러줄 것이라는 믿음을 잃지 않았다고 한다. 생전에 히틀러가 집권하는 것을 복잡한 심경으로 지켜봐야 했던 그는 2차 대전 초기 독일의 승리를 기뻐하며 1941년 눈을 감았다.

페르디난트 오스트리아 황태자를 암살해 1차 대전 발발에 불을 댕긴 보스니아 청년들은 어떻게 됐는가? 일곱 명의 공모자 중 여섯 명은 체포되어 1914년 10월 28일 사라예보 지방법원에서 재판을 받았다. 성년이었던 일리치는 교수형을 선고받고 1915년 2월 3일 형이 집행되었다. 항상 죽음을 생각하기 위해 검은색 넥타이만 메고 다녔던 그는 막상 체포되고 나서는 교수형을 면하기 위해 재판에 적극 협조했지만 소용이 없었다. 나머지 인원들은 모두 미성년자였으므로 사형은 면하고 중노동 20년 징역형을 선고받았다. 이 중 주모자 프린치프, 암살현장에서 겁에 질려 아무 행동도 하지 못한 그라베쥬, 첫 번째 폭탄을 던져 황태자 일행에게 부상을 입힌 카브리노비치는 전쟁기간 중 모두 감옥에서 결핵으로 사망했다. 나머지 두 명의 공모자는 운이 좋았다. 이들은 전쟁이 끝나고 석방되었는데 한 명은 사라예보 뮤지엄의 큐레이터가 되었고, 다른 한 명은 베오그라드 대학 역사학과 교수가 되었다.[245]

또 다른 재앙의 씨앗

전쟁이 끝나고 연합국들과 독일은 1919년 6월 28일 베르사이유 강화조약을 체결했다. 장소는 파리 근교에 있는 베르사유 궁전의 거울의 방, 바로 48년 전 독일이 프랑스에게 굴욕적인 패배를 안겨주고 독일 제국을 선포한 곳이었다. 이제 독일이 패배의 대가를 치를 차례였다. 강화조약에 따라 독일은 모든 해외 식민지를 상실했고 알자스-로렌은 프랑스에 빼앗겼으며 주요 공업지대였던 라인란트는 승전국들이 분할해 버렸다. 독일 동부지역의 영토도 변경되었다. 소위 '폴란드 회랑Polish Corridor'으로 불리는 비스툴라 강 주변 영토가 폴란드로 넘어가면서 발틱 해로 향하는 독일의 출구가 봉쇄되었다. 또한 단치히는 자유도시로 변하고 실레지아 역시 폴란드로 그 주인이 바뀌었다. 강력한 군비제한의 속박도 채워졌다. 육군은 10만 명 한도에 일반 참모부를 둘 수 없게 만들었고, 해군은 1만 5천 명 한도에 잠수함 보유가 금지되었다. 항공기는 아예 보유를 하지 못하도록 했고, 전차, 대공포 같은 공격무기의 보유도 금지했다. 이 외에도 60억 파운드에 달하는 막대한 배상금이 부과되었다. 무엇보다 전쟁의 책임이 오로지, 그리고 전적으로 독일에 있다고 못 박았다. 베르사이유 조약 231조는 아래와 같이 규정되어 있다.

> 독일과 그 동맹국들의 침략으로 인해 연합국 정부와 그 국민들에게 부과된 전쟁의 결과로 그들이 입게 된 모든 손실과 폐해는 독일과 그 동맹국들에 책임이 있다는 점을 연합국 정부들은 확인하고 독일과 그 동맹국들은 인정한다.[246]

물론 독일의 동의하에 마련된 내용은 아니었다. 조약 논의 과정에 독일 대표단의 참여는 허용되지 않았고 철저히 영불연합국의 일방적 요구가 관철된 결과였다. 독일은 버텼나. 배상은 받아들일 수 있지만 전쟁의 책임이 오로지 독일에게 있다는 231조의 규정은 국가의 명예가 걸린 문제였다. 그러나 연합국은 꿈쩍도 하지 않았다. 독일이 6월 23일까지 조약을 수용하지 않을 경우 전투가 재개될 것이고 독일 내 식량 수송을 원천 차단하는 해상봉쇄가 이루어질 것이라고 협박했다.[247] 독일은 눈물을 머금고 베르사이유 조약에 서명할 수밖에 없었다.

조약이 체결된 후 영국 수상 로이드 조지는 너무 가혹한 응징 때문에 훗날 독일의 복수가 있을 것을 걱정했다. 특히 독일인 거주 지역이 다른 나라 영토로 바뀔 경우 "땅을 되찾자는 아우성"이 일어날 것을 염려했다. 그는 침통한 표정으로 "25년 뒤 우리는 또 한 번의 세

➡ 위: 파리 평화회담의 승전국 지도자들, 아래: 베르사이유의 클레망소, 로이드 조지, 오를란도

계대전을 치르게 될 것이다"라고 경고하기도 했다. 반면, 프랑스 수상 조르주 클레망소Georges Clemenceau는 강화조약이 충분히 강력하지 않다고 불만스러워했다. 독일의 완전한 무장 해제와 굴복을 원하던 프랑스는 독일을 더 작고 약한 여러 개의 나라로 갈라놓지 못한 점을 아쉬워했다.[248]

아닌 게 아니라 오스트리아-헝가리 제국이나 제정 러시아 제국 그리고 오스만 투르크 제국은 모두 무너지고 잘게 쪼개진 반면, 독일은 하나의 나라로서 훗날 재기할 수 있는 바탕은 건드리지 않은 셈이었다. "이것은 평화가 아니다. 이것은 20년 동안의 휴전일 뿐이다."라고 프랑스 원수 포슈는 불만을 표출했다. 불행히도 두 사람의 예언은 모두 적중했다. 로이드 조지의 걱정처럼 베르사이유 조약의 가혹함은 끊임없이 게르만 민족의 분노를 자극했고, 포슈의 단언처럼 평화는 정확히 20년 만에 끝이 났다.

1930년대 초반 들어 세계적인 공황이 불어 닥치자 독일은 모든 원인을 외부로 돌리기 시작했다. 자신들이 겪는 경제적 어려움은 연합국들이 부과한 가혹한 베르사이유 조약 때문이며, 독일이 패배한 것은 열심히 싸우고 있는 병사들을 배신한 자유주의 정치인들 때문이라는 주장이었다. 서부전선에서 열심히 싸우고 있던 독일 병사들이 갑작스런 정전협정 체결로 '등에 칼을 맞았다'는 것이다. '무명의 상병' 히틀러는 자신을 조국을 위해 쓰러져간 수많은 '무명용사'의 살아 있는 화신으로 자처하고 나섰다. 전쟁이 끝나고도 전장의 황무지에 그대로 버려져 있는 이름 모를 수많은 독일 젊은이들을 상기시키며, 국가로서의 역할을 하지 못한 바이마르공화국을 비난했다. 전쟁의 아픔과 경제공황의 고통 속에 신음하던 독일 국민들을 향해 히틀러는 두 번째 재앙의 주문을 외쳤다. "200만 명의 독일인이 헛되이 쓰러졌을 리가 없다." 복수심과 전쟁의 열기에 들뜬 독일 국민들은 1939년 다시 한 번 서부 전선을 향해 행군했다. 이들 중 많은 사람들은 1914년에 계급과 나이는 더 적었지만 낙엽이 지기 전에 집으로 돌아오리라는 희망으로 길을 떠났던 바로 그 사람들이었다.[249]

CHAPTER

10

전쟁의 주범

1차 대전만큼 그 발발원인에 대한 의견이 분분한 전쟁도 드물다. 무엇이 전쟁을 일으켰는지에 대해서만 수천 권의 책이 쓰여졌다. 전쟁의 책임이 어떤 국가에게 있는지에 대해서도 논쟁이 치열하다. 처음에는 독일이 일으킨 전쟁이라고 했다가 나중엔 우발적으로 발발했다는 해석이 우세했다. 그러다가 다시 독일 책임론이 불붙기도 했다. 다른 나라들도 크고 작은 책임 소재에서 완전히 자유로운 것은 아니다. 혹자는 특정국가의 행동이 아니라 다수 국가의 상호작용과 연쇄반응으로 봐야한다고 한다. 또한 1910년대 국제체제의 맥락, 즉, 제국주의적 동기, 호전적 민족주의, 그리고 경직적 동맹체제에 주목하는 해석도 있다. 그만큼 1차 대전은 어느 일면으로만 파악할 수 없는 복합적 성격을 갖고 있다고 할 수 있다. 1차 대전의 본질에 다가가기 위해 관련 쟁점들을 정리해 본다.

1차 대전은 불가피했는가?

1차 대전 같은 대재앙을 겪고 나면 사람들은 항상 뒤늦은 질문을 던진다. 피할 수는 없었을까? 막을 수는 없었을까? 정말로 전쟁은 불가피했는가? 돌이켜 보면 모든 일이 항상 불가피해 보이는지도 모른다. 1900년대 유럽이 위험한 방향으로 가고 있었다는 것은 의심의 여지가 없다. 비스마르크 실각 이후 독일의 외교 정책이 갈수록 팽창적, 공격적 성격을 띠었고, 마침내 1907년에는 1차 대전을 몰고 온 삼국협상과 삼국동맹이라는 양대 진영이 완성되었다. 또한 공격지상주의라는 위험한 교리가 유럽의 군사 전략가들의 사고를 지배하고 있었고, 각국은 공격적인 작전계획을 다듬으며 군비증강에 힘을 기울이고 있었다.

1차 대전은 물론 사라예보에서 발생한 예기치 않은 사건으로 시작되었다. 오스트리아의 최후통첩, 세르비아의 반발, 러시아의 동원령 발령, 독일의 전쟁선포, 영국의 참전 결정으로 이어지는 일련의 연쇄적 흐름이 모두 6월말 일요일 오전 발칸의 작은 나라에서 발생한 암살사건을 처리하는 과정에서 일어난 일들이었다. 백지 상태에서 어느 한 나라의 결심으로 시작된 것이 아니었다. 그러나 당시 유럽이 안고 있던 구조적 모순을 강조하는 역사학자들은 암살 사건을 단지 촉발요인으로 간주한다. 마치 10분마다 오는 버스와 같이 암살이 없었어도 다른 사건이 전쟁을 일으켰을 것이라는 해석이다.

그러나 1914년 프린치프의 암살 시도가 실패했다면, 그리고 만약 1916년까지 전쟁을 촉발할 만한 다른 위기가 터지지 않았다면 전쟁은 일어나지 않았을지도 모른다. 독일의 작전은 '선(先) 프랑스 제압, 후(後) 러시아 격파'였는데, 1916년경이 되면 철도 시스템과 군비증강 프로그램의 완료로 러시아의 힘이 충분히 강해져서 슐리펜 계획 자체가 작동할 수 없는 여건이 되기 때문이다.[250] 실제 1890년대에 러시아는 병력을 전선으로 이동시키는 데 2~3개월을 필요로 했지만, 1910년에는 그 시간이 18일로 줄어들었고, 1916년경에는 더욱 단축될 예정이었다.[251]

이 외에도 전쟁으로 가는 와중에 수많은 우연과 선택들이 있었다. 가령 빌헬름 황제가 오스트리아의 지지 요청에 대해 애당초 백지수표 약속을 하지 않았다면 어떻게 되었을까? 그렇다면 러시아의 개입을 두려워 한 오스트리아로서는 최초 베르히톨트의 주장대로 암살 책임자 처벌과 같은 외교적 해결로 타협하지 않았을까? 아니면 '베오그라드에서 멈추라'는 빌헬름 황제의 명령이 먹혔다면, 부분적인 군사적 해결로 마무리 됐을지도 모른다. 러시아도 선택지가 있었다. 왕족의 암살에 간접적으로 관여한 세르비아의 잘못을 인정하고 개입하지 않았다면, 사라예보 위기는 오스트리아와 세르비아간의 발칸 전쟁으로 국한되었을 것이다. 그랬다면 훗날 역사책은 이를 '3차 발칸 전쟁'으로 조그맣게 다루었을 것이다. 설령 러시아가 세르비아를 지원했다 하더라도 독일을 향해 총동원을 발령하지 않았다면, 몰트케를 위시한 군부의 압력을 힘겹게 억누르며 전쟁을 국지화하려 했던 빌헬름 황제와 베트맨 재상의 노력이 성공했을 가능성도 있었다. 마지막으로, 해프닝으로 끝나긴 했지만, 프랑스의 중립을 담보해 주겠다는 그레이 외상의 약속이 사실이었다면 빌헬름 황제의 바람처럼 프랑스와 영국의 개입 없이 동부전선에서만 전쟁이 일어났을 수도 있었다. 즉, 독일-오스트리아 동맹과 세르비아-러시아 진영 간의 충돌로 국한됐을 가능성도 있었다.[252]

역사에 가정은 부질없다지만 암살이 발생한 1914년 6월 28일부터 독일이 벨기에를 침공한 8월 4일까지의 기간을 되짚어 보면 '만약' 이라는 질문을 던져 보고 싶은 지점이 너무나도 많다. 1차 대전은 이렇게 선과 악의 대결로 단순 명쾌하게 정리될 수 없는 전쟁이었다. 모두가 피해자처럼 보이는 전쟁, 이것이 1차 대전의 수수께끼며 아이러니다. 어느 정도 전쟁의 위험은 감수하려 했겠지만 이 정도 규모의 전쟁을 진심으로 원했던 국가는 아무도 없었다. 아니, 어떻게든 유럽 전면전은 막아보려는 힘겨운 노력들이 적지 않았다. 그렇다면 어디서부터 잘못된 것일까? 전쟁의 책임은 어디에 있는가?

누구의 책임인가?

1차 대전의 시작은 오스트리아의 세르비아 공격으로부터 시작되었다. 세르비아 정부가 직접적으로 관여했다는 증거도 없는 상태에서 오스트리아는 무리한 최후통첩을 던지고 세르비아를 침공했다. 암살 사건에 국한하여 책임을 묻고 외교적으로 처리할 수 있는 방안도 있었지만 채택하지 않았다. 오스트리아는 독일의 지원 약속을 확보한 후에 1차 대전으로 비화되는 전투를 시작한 당사자였다. 그러나 오스트리아에게 세계대전의 책임을 묻기는 어렵다. 오스트리아가 생각했던 전쟁은 세르비아를 응징하는 발칸 지역의 국지전쟁이었지 유럽 전면전이 아니었기 때문이다. 개전 초기 콘라드가 병력의 대부분을 세르비아 방향으로 배치했다가 몰트케의 강력한 항의를 받고 나서야 병력을 러시아 전선으로 이동했던 일화는 오스트리아와 독일이 얼마나 다른 전쟁을 생각하고 있었는지를 보여주는 일례다.[253] 즉, 독일이 원했던 것은 슐리펜 계획에 따라 프랑스를 공격하는 동안 오스트리아가 러시아를 견제해 주는 것이지만, 오스트리아는 오로지 세르비아에 대한 복수를 위해 독일의 지원을 이용하려 했던 것이다.

물론 세르비아 응징이 독일의 사주나 고무에 의한 것이 아니라 비엔나의 선택에 의한 것임을 고려할 때 오스트리아에게 전혀 책임이 없다고는 할 수 없다.[254] 또한 황태자의 죽음이 단초가 되기는 했지만 단순히 이에 대한 분개와 복수차원이 아니라 오랫동안 생각해 온 바를 실행하기 위해 암살 사건을 이용한 측면도 있었다. 그러나 오스트리아 입장에서는 세르비아 민족주의를 제어하는 것은 다민족 제국의 존립과 관련된 문제였다는 것도 사실이다. 왕족에 대한 암살을 시도할 만큼 세르비아 민족주의가 매우 위험한 수준까지 번지고 있었기 때문이었다. 따라서 오스트리아의 행동은 도덕적으로는 몰라도 당시 국제정치 조건상으로는 불가피한 측면이 있었다고 지적할 수 있다.[255]

공격을 받은 프랑스와 러시아는 전쟁을 선택할 여지가 거의 없었다는 점에서 통상 전쟁 책임국으로 지목되지는 않는다. 그들은 독일의 공격을 받은 나라였다. 프랑스는 한때 보불전쟁의 복수를 꿈꿔왔고 총참모부는 공격지상주의에 취해 있었지만, 대체로 독일의 공격에 대비하는 차원에서 행동했다. 러시아도 독일과의 전쟁을 피해보려고 마지막까지 노력했다. 다만, 7월 30일 러시아가 내린 총동원령에 대해서는 논란의 여지가 있다. 독일이 아직 동원을 시작하지 않은 시점에서 취해진 러시아의 동원령은 독일의 개입을 정당화하고 사태를 돌이킬 수 없게 만들었기 때문이었다. 다시 말해 러시아의 동원령이 독일의 슐리펜 계획이 작동되게끔 스위치를 누른 격이었다는 것이다.[256] 그럼에도 불구하고 러시아의 행동에 전쟁을 일으키려는 적극적 의도가 있었던 것은 아니었다. 사조노프는 러시아가 동원령을 내리지 않는다 하더라도 독일이 동원에 착수하고 러시아에 선전포고할 것을 두려워했을 뿐이었다.[257]

영국은 어떻게 평가해야 할까? 영국은 1차 대전 참전국 중 전쟁 참여 여부에 대해 선택의 자유가 있었던 유일한 나라였다. 전통적인 고립주의 외교 기조에 따라 7월 하순까지도 영국 내 주류 의견은 중립 입장이 압도적으로 강했다. 그러다가 8월 초에 영국의 입장이 드라마틱하게 변했는데, 표면적인 이유는 벨기에 중립 침범이었다. 영국이 공언해온 벨기에의 중립을 누군가 너무도 뻔뻔스럽게 무시해 버린다면 이는 대영제국의 명예를 건드리고 위신을 깎아내리는 일이 되기 때문이었다. 그러나 실제 영국을 전쟁으로 이끈 핵심 이유는 세력 균형 논리였다. 독일이 프랑스를 제압하면 유럽에서 세력균형이 깨지고 영국의 세계 지위 역시 끝이 난다는 논리였다. 물론 영국의 참전이 현명한 판단이었는지에 대해서는 논란의 여지가 있다. 영국의 개입으로 유럽 대륙에서 독일의 패권은 저지했지만, 영국도 국력을 소진하여 전후에 세계 지위를 잃는 결과를 초래했기 때문이다. 영국의 1차 대전 참전 결정을 두고 "근대사 최대의 실수"라고 평가하는 것도 이런 배경이다.[258] 그럼에도 불구하고 그레이 등 당시 영국의 지도자들은 영국의 안전보장 차원에서 전쟁 참여를 불가피하다고 믿었다. 독일이 지배하는 유럽에서 영국은 더 이상 부와 안전을 담보할 수 없다고 판단한 것이다. 다시 말해 독일이 오스트리아를 잃을 여유가 없었듯이 영국은 프랑스를 잃을 여유가 없었던 것이다.[259]

피셔 논쟁: 독일이 일으킨 전쟁 vs. 의도하지 않게 터진 전쟁

전쟁 책임과 관련해 가장 논란이 되는 국가는 단연 독일이다. 어찌 보면 삼국동맹의 주도국으로서 독일의 전쟁 책임은 부인하기 어려워 보인다. 발칸 전쟁을 일으킨 것은 오스트리아였지만 프랑스를 공격하면서 유럽의 전면전으로 확대시킨 나라는 바로 독일이었다.

작전계획 자체가 유럽 전면전이라는 단일 시나리오에 바탕을 두고 있었고, 이는 팽창적인 국가목표를 추구하는 빌헬름 황제의 의도와도 잘 맞는 것처럼 보였다. 이런 사정으로 베르사이유 강화 조약 231조는 전쟁의 책임이 독일에게 전적으로 있다고 못 박고 있다.

그런데 1920년대 초반부터 독일의 입장을 옹호하는 새로운 시각이 등장하기 시작했다. 즉, 1차 대전은 특정 국가가 사전에 기획하여 의도적으로 일으킨 것이 아니라 상호불신과 군비경쟁의 압력 속에서 우발적으로 터져 나왔다는 해석이다. 다시 말해 당시 국제관계의 맥락을 무시한 채 독일에게만 전쟁 책임을 묻는 것은 부당하다는 견해였다. 더 극단적으로는 오히려 삼국협상 국가들에게 전쟁 발발의 책임이 있다는 주장도 제기되었다.[260] 이것이 가능했던 이유는 독일 정부가 전후 자신에게 부과된 책임론에서 벗어나고자 조직적인 노력을 기울인데다가 영국과 프랑스가 신생 적대국인 소련의 위협에 직면하여 친서독 정책을 폈기 때문이었다.

그러나 전쟁 책임론을 둘러싼 논의는 1961년 출간된 단 한권의 책으로 인해 다시 한 번 반전이 일어났다. 바로 독일 피셔Fritz Fischer 교수가 『세계국가 지위의 장악Germany's Aims in the First World War』이라는 책을 통해 1차 대전은 독일이 의도적으로 선택한 결과였다고 주장하고 나선 것이다.[261] 즉, 독일이 자신의 의지와 무관하게 끌려들어간 것이 아니라 세계전쟁으로 번질 것을 알면서도 행동했다는 것이다. 피셔에 따르면 독일의 전쟁 결정은 1914년 7월이 아니라 1912년 12월 8일 이른바 '군사참모회의'에서 이미 내려졌다고 본다. 훗날의 사라예보 위기는 팽창적인 독일의 국가목표를 실현하기 위한 좋은 구실이었을 뿐이라는 해석이다. 1912년 12월에 있었던 군사참모회의란 두 달 전 발생한 1차 발칸 전쟁 과정에서 영국이 프랑스가 공격받을 경우 지원하겠다는 의사를 분명히 밝히자 빌헬름 황제가 군 지휘관들만 소집한 회의를 말한다. 피셔에 따르면 독일은 이때 러시아와 프랑스를 상대로 한 전쟁을 결심했고 그 이후부터 1914년 8월까지는 치밀하고 조직적으로 전쟁을 준비한 과정에 불과했다는 것이다. 더욱 충격적인 것은 독일의 이러한 공격적인 정책 기조가 2차 대전까지 이어져 내려왔다고 함으로써 빌헬름 시대하의 독일제국과 히틀러 정부와의 연속성 문제까지 제기했다는 점이다. 매우 대담하고 직설적인 주장이었지만, 워낙 치밀한 사료 검증과 관련자들에 의한 방대한 증언을 바탕으로 한 실증적인 연구였기 때문에 오늘날까지도 피셔 논쟁은 완전히 해소되지 않고 계속되고 있다.

그러나 과연 독일이 일관된 태도로 조직적으로 전쟁을 준비했다고 할 수 있을까? 1912년 12월 군사참모회의 이후 독일의 정책이 더욱 호전적으로 바뀌었다는 것을 인정한다 해도 전쟁 직전까지 빌헬름 황제를 비롯하여 전쟁 지도부가 보여준 우왕좌왕 하는 모습은 어떻게 설명할 수 있을까? '백지수표'라는 위험한 약속을 제공했었지만 이후 '전쟁의 이유가 없어졌다'며 오스트리아를 자제시키려 했고, 러시아 니콜라스에게 자제를 호소하는 전문을 수차례 보냈으며, 프랑스와의 전쟁만은 막아보기 위해 몰트케와 대립했던 사람이 바로 독일 정책 결정의 최고 수뇌였던 빌헬름 황제였다. 재상 베트맨도 유럽 전면전은 어떻게든 피하려고 노력했다. 그가 최선의 시나리오로 생각했던 것은 오스트리아의 성공적인 세르비아 응징이었지 그 이상은 아니었다. 그에게 있어 러시아와의 전쟁은 만약 불가피하다면 받아들여야 할 위험이었지 독일이 적극적으로 추구해야 할 목표는 아니었다.

물론 독일 군부는 달랐다. 러시아와의 일전은 피할 수 없다고 생각했고, 그렇다면 전쟁은 빠를수록 좋다는 예방전쟁을 신봉했다. 프랑스까지 개입시키는 슐리펜 계획도 오래 전에 준비해 놓은 상태였다. 위기가 고조되자 뒤로 물러서려는 민간 리더들에게 전쟁 머신의 버튼을 누르라고 집요하게 압박한 것도 독일 군부였다. 만약 추리소설의 탐정처럼 한 명의 범인을 지목해야 한다면 그 주인공은 몰트케라고 할 수 있을 것이다.[262] 그러나 이렇게 특정한 인물, 특정한 국가로 한정지어 책임을 물을 수 있을까? 전쟁이란 수많은 국가와 행위자들이 다차원적으로 얽혀 일어나는 상호작용의 결과다. 어떤 국가의 공격적 행위가 있었다 하더라도 당시 국제관계의 맥락 속에서 살피지 않으면 공정하지 않은 결론이 나오기 쉽다. 몰트케가 전쟁을 주장한 것은 맞지만 그는 어차피 터질 전쟁이라고 생각했을 뿐이었다. 피할 수 있었던 전쟁을 자신이 일으키는 것이 아니라 그 시기를 조금 앞당길 뿐이라는 것이 그의 판단이었다.[263] 타이밍의 문제일 뿐 갈등 자체를 만든 책임은 없다고 느꼈다는 것이다.

무엇이 전쟁을 일으켰는가?

1차 대전의 발발 원인에 대해서는 학자들 간에도 다양한 해석이 있다. 누구는 독일이 일으켰다고 하고, 누구는 러시아의 총동원이 문제였다고 한다. 경직된 동맹체제가 문제로 지목되기도 하고, 융통성 없는 동원계획과 슐리펜 계획이 원인이라고도 한다.[264] 또 우유부단하고 심약했던 당시 유럽 지도자들의 무능이 지적되기도 하고, 예방전쟁만을 부르짖던 군부의 무모함이 비판받기도 한다. 제국주의적 에토스가 지배하고 민족주의적 열망이 부딪쳤던 시대상황에서 전쟁은 언젠가는 터질 수밖에 없었다는 불가피론도 있다. 1차 대전은 그만큼 어느 한 측면으로만 이해될 수 없는 복잡한 전쟁이었다. 그러나 모두의 책임이라는 것은 누구의 책임도 아닌 것처럼 너무 많은 복합적 원인에 안주할 수는 없다. 1차 대전을 일으킨 근본 원인은 무엇이었는가?

후세 역사가들은 전쟁이 발발한 이후에 원인을 추적하기 때문에 1차 대전과 같은 대전쟁에 대해서는 온갖 종류의 조짐을 쉽게 찾아낸다. 열강들 간의 군비경쟁, 독일 빌헬름 황제의 무모한 세계정책, 전쟁을 통해 이윤을 창출하고자 하는 구舊 지배계급의 음모, 그리고 정책결정자들을 전쟁으로 몰고 간 호전적 민족주의 열기 등이 그것이다. 그러나 냉정하게 보자면 이런 것들은 시대의 배경이 될 수는 있어도 전쟁의 직접적 원인들은 아니었다. 먼저 열강들 사이에 경쟁과 긴장은 있었지만 그 정도의 문제는 예나 지금이나 있었고 전쟁을 직접 촉발할 정도는 아니었다. 다시 말해 삼국연합과 삼국동맹 진영은 서로를 주시하며 긴장감을 늦추지 않고 있었지만 이들 간에 국가의 사활을 갖고 싸워야 할 국익의 충돌 같은 것은 없었다.[265] 독일은 강대국 지위를 확고히 하고 세상으로부터 인정을 받기를 갈구했지만 이웃 국가들의 영토에 야심을 품었던 것은 아니었다. 프랑스 역시 보불전쟁의 수모를 갚아주고 싶어 했지만 시간이 지나면서 복수심은 옅어졌고 빼앗긴 알자스-로렌 때문에 전쟁을 일으킬 생각까지는 없었다. 러시아도 콘스탄티노플 해협에 대한 통제를 원했지만 다른 열강이 그곳을 배타적으로 통제하지만 않는다면 현 상태에 만족하는 분위기였다.

또한 국수주의적 애국주의, 호전적 민족주의 열기 때문에 전쟁이 일어난 것도 아니었다. 1800년대 후반과 1900년대 초반 징고이즘과 제국주의적 열망이 유럽을 지배했던 것은 사실이다. 파쇼다 위기에서는 영국과 프랑스가 전쟁 직전까지 갔고, 보어 전쟁에서는 실제로 충돌했다. 아가디르 사건을 둘러싼 독일과 프랑스의 기세 싸움 역시 제국주의 경쟁의 일환이었다. 그러나 당시 유럽인들이 제국주의적 구호에 언제나 맹목적으로 호응했던 것은 아니었다. 특히, 1914년에 들어서는 유럽 각국의 분위기가 반전과 평화를 강조하는 쪽으로 돌아서기 시작했다.[266] 독일에서는 전쟁에 반대하는 사회민주주의자들이 의회 다수당을 차지했고, 영국에서는 자유주의자와 노동당이 결탁하여 평화와 사회개혁 프로그램을 중시하는 변화가 그것이었다. 이중 로이드 조지 재무장관은 영국과 독일의 군비경쟁을 비판하며 양국 간의 적대성을 종식한다는 선언을 하기도 했다. 또한 프랑스에서는 4월 선거에서 사회주의-급진주의 나수파가 탄생했는데, 사회주의 리더였던 조레스Jean Jaurès는 유럽의 화해와 국제적 우호를 주장했고, 급진주의 당수였던 카요Joseph Caillaux는 독일과의 협력을 강조하고 나섰다.

물론 전쟁 전야에 유럽인들은 애국주의적 열정에 들떴고 상대를 향한 적대감을 쏟아냈다. 각국의 시민들은 거리로 뛰쳐나왔고 전장으로 떠나는 병사들에 환호했다. 오스트리아인들은 전쟁이 선포되자 "세르비아 개들에게 죽음을!"이라는 구호를 외쳤다. 그러나 군중들의 환호와 전쟁 열기는 모두 정부의 전쟁 결정이 있고 난 후에 일어난 일들이었다. 독일인들은 동원령이 선포될 때 환호했고, 러시아인들은 짜르가 러시아 영토의 침범을 외치자 주먹을 쥐었다. 모두들 조국이 위험에 처했다고 생각했고, 신성한 부름에 응해야 한다고 믿었을 뿐이었다. 프랑스에서는 시민들이 북유럽 순방을 마치고 돌아오는 대통령 일행을 열광적으로 맞았지만, 포앵카레가 자신의 정책을 뒷받침하기 위해 이런 군중의 지지를 필요로 했던 것은 아니었다. 영국에서는 오히려 반전 시위가 있었고, 일반인들은 러시아는 물론 프랑스에 대해서도 큰 관심을 갖지 않는 분위기였다. 더욱이 벨기에에 대해서는 아는 사람조차 거의 없을 정도였다. 다시 말해 군중들의 전쟁 열기는 정부 정책에 호응하는 것이었지 그 원인은 아니었다. 유럽 각국의 전쟁 참여는 국민 여론과는 관계없이 이루어졌던 것이다.

흔히 1차 대전을 독일이 유럽에서의 고립을 뚫고 세계 대국을 향해 나간 팽창 정책, 제국주의적 정책의 결과로 보는 시각이 있지만, 이것도 정확한 해석은 아니다. 빌헬름 황제의 세계정책 그리고 이를 뒷받침 하는 티르피츠 제독의 해군력 건설은 1900년대 초반까지였다. 적어도 1910년에 들어서는 독일은 세계정책의 무모함을 깨닫고 유럽 대륙에서의 강대국 지위 확보라는 보다 현실적인 목표로 선회했다. 따라서 군부도 영국을 상대로 한 세계패권 전쟁이 아니라 러시아를 상대로 한 유럽 지상전을 주로 염두에 두게 되었다. 어느 순간부터 독일 의사결정 과정에서 티르피츠의 이름은 들리지 않고 몰트케와 팔켄하인 등 육군 장성들만 보이는 것은 바로 이 때문이다.

또한 1차 대전은 빌헬름 집권 초기 주창됐던 '태양 아래 양지를 확보'하기 위해 벌였던 전쟁도 아니었다. 레닌은 1914년의 전쟁이 자본주의 마지막 단계에 도달한 산업 국가들이 더 많은 자본시장을 확보하기 위해 벌인 제국주의 전쟁이라고 주장한 바 있다. 그러나 1차 대전이 아시아나 아프리카에서의 땅 때문에 일어났던 것은 아니었다. 제국주의적 에토스가 만연하던 시대였지만 사라예보 위기부터 전쟁 발발 때까지 제국주의적 영토 확장이 논의된 적은 없었다. 당시 정책결정자들의 사고를 지배한 것은 생존, 세력균형, 영향력 유지와 같이 다분히 현상유지적인 관념들이었다. 즉, 이미 갖고 있는 것을 지키기 위한 것이지 상대방의 영토를 빼앗고자 하는 전쟁은 아니었다.[267] 이 점은 독일뿐 아니라 다른 나라들도 마찬가지였다. 전쟁이 끝난 후에 독일이 해외 식민지를 잃고 영국은 제국이 확장되었지만 이는 전쟁의 결과였지 원인은 아니었다. 선후관계를 혼동하면 1차 대전이 유럽 대륙에서 생존과 패권을 둘러싼 쟁투였다는 점을 놓치게 된다.

제국주의적 동기와 관련해 해외 시장을 확장하고자 하는 경제적 욕구가 지적되기도 한다. 물론 빌헬름 황제가 초기 세계정책을 추진할 당시에는 해외 식민지 확충도 분명히 염두에 두고 있었다. 그러나 앞서 살핀 것처럼 1914년에 들어서는 세계 제패가 아니라 유럽 대륙 내의 세력균형이 주된 관심사였고, 더욱이 해외 식민지도 독일이 원한다면 열강들과의 전면적 충돌 없이도 얼마든지 확보할 가능성이 있었다. 중부 아프리카를 비롯해서 경제적 영향권으로 분할되어 가는 터키까지 열강들이 추가로 확보할 식민시장이 충분히 남아 있었기 때문이었다. 여기에 방대한 중국까지 고려한다면 열강들이 제국주의적 파트너십을 구축할 가능성은 얼마든지 있던 상황이었다. 경제적 요인과 관련해서는 오히려 전쟁을 유발하기보다는 억제하는 측면이 강했다.[268] 당시 유럽의 산업적, 금융 이해관계는 각국의 부유층을 결속시켰고, 경제적 이익을 공유하는 구조였기 때문이었다. 프랑스와 독일의 중공업은 긴밀히 연결되어 있었고 양국의 금융가들도 공동 이익을 추구하고 있었다. 또 영국과 독일은 각각 상대방에 최고의 시장을 제공하는 파트너였다. 경제적 유대는 기존의 동맹관계에 대한 판단에도 영향을 미칠 정도였다. 프랑스 자본가들은 러시아와의 동맹을 좋아하지 않았고, 독일 외교관들도 오스트리아와의 동맹이 독일에 부담이 되고 있다고 인식하기 시작했다. 1914년 7월말 위기가 심화되자 각국의 자본가들이 일제히 전쟁 반대를 외쳤던 것은 그만큼 유럽 내 경제적 상호의존성이 강했다는 반증이었다. 다시 말해 1차 대전의 원인으로 종종 지목받는 경제적 원인은 오히려 평화를 위한 안전판이었던 것이다.

공격 우위의 신화

그렇다면 1914년 여름 유럽은 그렇게 위험한 상태가 아니었단 말인가? 화해하기 어려운 국제체제의 모순이 있었던 것도 아니고, 제국주의적 이익의 충돌도 아니었다면 무슨 이유로 유럽은 대전쟁에 뛰어들었던 것일까? 호전적 애국주의 여론에 떠밀린 것도 아닌데 각국은 왜 참전 결정을 내렸을까? 아무리 대립하는 양대 동맹진영이 존재하고 있었지만 국가의 명운이 걸린 선택을 경직적인 동맹체제 때문이었다고 간단히 치부할 수 있을까? 후세의 우리들은 갖가지 위기의 징후들을 볼 수 있지만 당대 유럽인들이 보기에 1914년은 다른 어느 때보다도 평화로운 시기였다. 역사상 처음으로 시민들이 강도의 위험이나 경찰의 검문 걱정 없이 유럽 어디든 돌아다닐 정도로 치안이 좋았고, 또 유럽 어디서든지 자유롭고 공정한 재판이 보장될 정도로 입헌 민주주의가 성숙되어 가고 있었다.[269] 그렇다면 무엇 때문이었을까? 한 가지 이유로 압축한다면 줄곧 전쟁을 부르짖던 군부와 그들이 신봉했던 공격 우위라는 잘못된 믿음 때문이었다. 특히, 군부뿐 아니라 민간지도자들도 공유하고 있던 단기전 신화와 선제공격의 우위의 믿음은 위기의 전 과정을 지배했고 끝내 전쟁을 촉발시킨 가장 강력한 힘이었다.

당시 유럽인들은 전쟁이 매우 짧고 결정적일 것으로 믿고 있었다. 베트맨 재상은 이를 '한 순간에 지나가는 폭풍우'에 비유했고, 빌헬름 황제는 여름에 시작된 전쟁이 낙엽이 지기 전에 끝날 것이라고 호언장담했다.[270] 전쟁이 단기전이 될 것으로 생각했던 데에는 방어보다 공격이 전장에서 전적으로 유리하다는 공격 우위의 믿음이 있었기 때문이었다. 당시 유럽 군부는 공격의 미덕에 완전히 취해 있었다. 프랑스 참모총장 조프르는 "공격 이외의 다른 법칙을 알지 못한다. 이와 다른 어떤 것도 전쟁의 속성에 반하는 것으로 폐기되어야 한다."고 주장할 정도였다. 명예로운 고립을 유지하고 있던 영국의 장군들조차 "방어는 결코 영국이 받아들일 수 없는 역할"이라고 했고, "공격이 승리한다는 것은 하늘에 태양이 있는 것처럼 확실하다." 고까지 주장했다. 프랑스를 신속하게 제압하는 데 국가의 명운을 걸고 있던 독일은 말할 것도 없었다. 독일의 장군들은 슐리펜의 뜻을 받들어 "공격이 최선의 방어" 임을 의심치 않았고, "공격만이 승리를 담보하는 유일한 방법"이라는 말을 되뇌었다. 한때 몰트케는 전쟁이 단 한 번의 결정적 전투로 끝나지 않고 장기적인 소모전이 될 것이라는 발언을 한 적도 있었다. 천성이 조심스러웠던 그답게 이런 비관적인 전망을 했던 것이다. 그러나 그 역시 실제 행동은 단기전에 매달렸던 다른 장군들과 전혀 다를 바가 없었다. 특히, 공격자가 누리게 될 사기와 의지의 고양은 방어태세가 제공하는 어떠한 이점도 압도

한다는 것이 당시 유럽 군 지휘관들의 공통된 믿음이었다. 은행가와 기업가들 사이에서도 전면전이 초래할 경제적 혼란과 부담 때문에 전쟁은 3~4개월 안에 끝나는 단기전이 될 수밖에 없다는 전망이 우세했다.[271]

그렇다면 이 같은 공격 우위의 믿음이 1차 대전의 발발에 구체적으로 어떤 역할을 했는가? 공격지상주의가 위기 증폭과 대전 발발에 끼친 영향은 크게 세 가지 측면에서 살펴 볼 수 있다. 첫째, 공격우위 신화는 선제공격의 유인을 높임으로써 안 그래도 불안정한 상황을 극도로 위험하게 만들었다. 먼저 행동하는 것이 결정적으로 유리하고 반대로 당하는 쪽은 돌이킬 수 없을 정도로 치명적이라고 여겨졌기 때문이었다. 모두들 상대가 먼저 전쟁준비를 갖출까봐 안절부절 못했다. 24시간 동원령 지연이 하루 10~20 마일의 영토 손실을 가져온다며 내각을 압박했던 조프르의 경고는 당시 유럽 군 지휘관들의 공통된 인식이었다. 당시 독일의 한 언론은 "동원에서 하루가 지연되면 셀 수 없을 만큼 많은 양의 피를 흘리게 될 것"으로 경고하기도 했다. 따라서 작전계획도 하루 단위, 시간 단위로 쪼개져 급박한 성격을 띠었던 것이다. 반대로 러시아 장군들은 독일보다 전쟁준비가 늦어질까봐 전전긍긍했다. 야누스케비치 장군은 사조노프에게 "신속한 동원에 실패할 경우 우리는 칼을 뽑기도 전에 전쟁에서 패배할 위험이 있다."고 경고했다. 공격 우위론이 위험했던 것은 서로 상대방의 공격 교리를 자극했기 때문이었다. 유럽의 군사저널은 공격지상주의 주장으로 가득 차 있었고, 모두들 상대방이 비밀리에 전쟁준비를 먼저 마칠 가능성에 극도로 예민해 했다. 그래서 일단 암살사건이 터지고 차차 위기가 그 무게를 더하자, 어느 순간 "행동하지 않는 것은 조국에 대한 범죄행위"로 간주되는 지점까지 가게 된 것이다.

또한 공격지상주의는 예방전쟁과 '기회의 창window of opportunity' 사고를 강화시켰다. 독일은 시간이 자신들의 편이 아니라고 보았다. 러시아의 군비증강 '대 프로그램'이 완성되는 1917년경에 이르면 독일은 러시아의 위협에 그대로 노출된다는 것이 그들의 걱정이었다. "미래는 계속 부강해지는 러시아의 것이다. 폴란드에서의 철도 보수가 완공되면 우리 입장은 더욱 어려워질 것"으로 베트맨은 걱정했다. 몰트케는 이미 1912년에 "전쟁은 피할 수 없다. 빠를수록 좋다."고 주장했다. "2~3년이 지나면 러시아는 군비증강을 완료할 것이다. 현재는 아직 우리가 그들의 적수가 된다. 승리의 가능성이 남아 있는 지금 예방전쟁을 하는 것 외에 다른 대안은 없다."는 것이 몰트케의 생각이었다. 오스트리아도 '기회의 창' 이라는 사고의 틀 안에서 움직였다. 독일과 마찬가지로 비엔나의 정책결정자들도 중부 유럽국의 상대적 국력이 쇠퇴하고 있다고 생각했고, 따라서 사라예보 사건은 이 불리한 흐름을 멈추게 할 흔치 않는 기회로 보았다. 베르히톨트는 "우리의 상황은 시간이 갈수록 위태롭다."고 강조하면서 지금 행동하지 않으면 "나중에는 훨씬 불리한 조건에서 세르비아를 상대해야 될 것"이라고 경고했다. 다시 말해 기회의 창문이 닫히기 전에 행동하는 것은 생존을 위해 너무나 당연하고 합리적인 선택으로 여겨졌던 것이다.

마지막으로 공격이 유리하다는 믿음은 공세적 행동의 군사 외교적 비용이 매우 낮을 것이라는 오판을 초래했다. 독일은 벨기에의 중립을 침범하면서 그들이 감히 군사강국인 자신들에게 그토록 강력하게 저항하리라고는 예상하지 못했다. 일단 승기를 잡아가면 약자는 대세에 순응할 것이며 침략의 비용이 낮을 것으로 낙관했던 것이다. 방어가 어렵기 때문에 독일이 공세에 나선다면 벨기에는 놀라서 쉽게 항복할 것이라는 계산이었다. 이런 논리의 연장선상에서 영국도 위험을 무릅쓰고 개입하지 않을 것이라고 보았는데, 야고브 외상은 "프랑스의 수호천사 역할을 한다는 것의 위험성에 대해 영국인들이 심각하게 자문하게 될 것"이라고 자신했다. 국제정치에서 위협적인 국가가 등장하면 나머지 국가들이 힘을 합쳐 이에 맞서는 견제 움직임, 즉 밸런싱balancing이 일반적인 현상이다. 이것이 바로 세력균형이고 동맹이 형성되고 변화되는 원천이라고 할 수 있다. 그러나 1914년 독일 지도부는 정복이 쉽다고 믿었고, 다른 국가들은 승기를 잡은 독일에 순응할 것이라는 일종의 편승bandwagoning 현상이 나타날 것으로 믿었던 것이다. 만약 이러한 오판이 없었다면 벨기에 침공과 영국의 개입에 대해 독일은 당연히 더욱 신중하고 보수적으로 움직였을 것이다.

결국 공격 우위의 믿음은 하나의 커다란 허상이었음이 밝혀졌다. 당시 유럽의 지형과 군사기술은 방어에 훨씬 유리하게 작용했다는 것이 지루한 참호전을 통해 여실히 증명되었다. 전선은 고착되었고 전쟁은 끝이 보이지 않을 정도로 계속되었다. 눈부신 전격전도 없었고 선제동원의 이점도 거의 찾아볼 수 없었다. 만약 당시 정책결정자들이 이 같은 방어 우위의 현실을 알았다면 어떻게 됐을까? 방어가 가능하다는 것을 알았다면 무엇보다 상대보다 먼저 동원에 나서야 한다는 강박감이 훨씬 약했을 것이다. 그렇다면 외교적 해결을 위한 시간과 여유도 더 주어졌을 가능성이 컸다. 설사 동원을 하더라도 공격태세를 갖추고 전선으로 향하기보다는 자신의 진지와 요새를 지키는 방어적 태세만 취할 수도 있었을 것이다. 그랬다면 역시 전쟁의 불가피성을 속단하지 않고 위기를 해소하는 여러 방안을 강구할 여지가 있었을 것이다. 또한 방어에 대한 자신감이 있었다면 예방전쟁의 근거가 되었던 러시아의 군비증강에 대해서도 독일이 그렇게 절망적으로 반응하지는 않았을 것이다.

무엇보다 슐리펜 계획 자체가 공격 우위 믿음의 산물이었다. 만약 신속한 돌파와 단기전이 가능하지 않다면 6주 만에 프랑스를 격파한다는 계획은 처음부터 생각할 수가 없었다. 다시 말해 몰트케가 방어가 견고하다는 당시 전략현실을 이해했다면 슐리펜 계획의 근본 가정부터 다시 생각했을 것이고, 전쟁이 설사 발생했더라도 훨씬 작은 규모로 그리고 다른 모습으로 진행되었을 가능성이 컸다. 독일이 '선 프랑스 제압'에 집착하지 않았다면 프랑스로서도 독일과의 결전을 숙명처럼 받아들이지 않았을 것이고, 더욱이 영국의 참전까지 불러온 벨기에의 중립 침범도 피할 수 있었을 것이기 때문이다. 따라서 사라예보 위기가 설사 전쟁으로 발전했더라도 유럽열강이 모두 참여하는 세계대전이 아니라 오스트리아-독일 진영과 세르비아-러시아

간의 전쟁으로 그칠 가능성이 없지 않았다.

또한 어쩌면 러시아와 독일 간의 충돌도 막을 수 있었는지 모른다. 원래 러시아가 감수하고자 했던 것은 오스트리아와의 전쟁이었지 그 이상은 아니었다. 사조노프 외상이 오스트리아 국경만을 대상으로 한 부분 동원 아이디어를 내고, 짜르가 막판까지 군부가 요구하는 총동원을 거부했던 것도 독일과의 전쟁을 어떻게든 피해 보고자 하는 의도 때문이었다. 그런데 결국 러시아는 총동원이라는 돌아올 수 없는 다리를 건넜는데, 이것은 앞서 살펴보았듯이 부분 동원만 할 경우 독일과의 국경을 무방비로 노출시키는 위험 때문이었다. 아무리 짜르의 명령이라 할지라도 선제공격의 치명적 위험성을 믿고 있던 군 지휘관들이 절대 받아들일 수 없었던 방안이었다. 또 애초에 러시아 동원시스템의 구조상 부분 동원, 총동원이라는 구분이 없었다는 기술적인 문제도 있었는데 이 역시 공격지상주의와 관련이 있었다. 부분 동원계획이 없었던 것은 총참모부가 보기에 불완전하고 위험한 방안은 처음부터 아예 만들지 않는 것이 좋다고 판단했기 때문이었다. 만약 부분 동원 계획이 마련되어 있다면 민간 지도자가 이를 채택할지 모르기 때문에 총동원 외에는 다른 대안을 아예 봉쇄하고자 했던 것이다. 따라서 짜르와 외상은 '굴욕적인 타협이냐 아니면 독일과의 충돌이냐' 라는 양자택일만을 강요받았던 것이다.

혹자는 공격지상주의가 문제가 아니고 독일 지도부가 추구했던 팽창적이고 패권적인 국가목표가 1차 대전을 일으킨 근본 원인이라고 주장한다. 즉, 슐리펜 계획은 빌헬름 황제가 밀어 붙이던 세계정책의 단순한 도구에 지나지 않았다는 것이다. 공격 우위 교리도 대륙 석권을 위한 국가전략에 잘 부합하는 하위 군사전략이었을 뿐이라고 이해한다. 그러나 자세히 살펴보면 독일 군부의 군사교리는 정부의 정책을 뒷받침한다기보다 제약하고 왜곡하는 측면이 강했다.[272] 당시 빌헬름 황제 하의 독일 국가목표가 팽창적이었던 것은 맞지만 재상 베트맨 등 민간 리더들이 원했던 것은 전쟁이 아니라 어디까지나 압박외교의 방식이었다. 다시 말해 군비경쟁, 공갈, 살라미 전법salami tactics 등 다양한 방법을 동원하여 상대방의 양보를 이끌어냄으로써 유럽 대륙 내 독일의 지위와 영향력을 확장해나간다는 전략이었다. 재상 베트맨의 표현을 따른다면 바로 '조절된 강압controlled coercion' 전략이었다. 즉, 때로는 독일의 요구를 확고히 하고 때로는 상대를 달래면서 전쟁의 위험을 통제한다는 복안이었다. 그러나 슐리펜 계획은 전부 아니면 전무식의 전략이었다. 비록 상대방이 예비적 차원의 움직임만 보여도 전면전을 유발하지 않고서는 대응할 방법이 없는 계획이었다. 다시 말해 상황이 어떻게 흘러가든 벨기에 중립을 침범하고 프랑스가 첫 번째 희생이 되어야만 하는 단일 시나리오에 고착되어 있었던 것이다. 이것은 적어도 정치 지도자가 원하는 정책적 융통성과는 거리가 있었다.[273]

실제로 슐리펜 계획은 독일의 국가목표를 수행하기 위해 고안된 것이 아니었다. 민간 지도자들은 계획 작성에 전혀 참여했던 적이 없었고 단지 사후에 이를 알고 수용했을 뿐이었다. 다시 말해 독일의 작전계획이 당초 러시아에 대한 제한적 공격을 상정하는 몰트케

계획에서 프랑스에 대한 전격전을 구사하는 슐리펜 계획으로 변경되었는데, 이 과정에서 정부의 외교목표나 민간 지도부의 생각은 전혀 영향을 미치지 않았다. 언뜻 생각하기에 슐리펜 계획이 비스마르크의 실각이나 빌헬름 황제의 세계정책의 여파로 탄생한 것처럼 보일 수 있으나, 실제로는 정치 외교적 연관성 없이 순전히 기술적이고 군사적인 관점에서 만들어졌던 것이다.[274] 또한 슐리펜이 참모총장으로 발탁된 것 자체가 그의 군사 교리 때문이 아니라, 전임자 발데세 Waldersee 장군이 해고되면서 단지 바로 다음 순서에 그가 있었기 때문이었다. 특히 중요했던 점은 독일의 민간지도자들이 군부의 생각을 무비판적으로 추종했다는 점이다. 민간 각료들은 총참모부의 구상이라면 일단 권위를 인정하고 문제제기 하는 것을 삼갔다. 의구심을 표하지 못하는 것은 물론 때로는 비굴할 정도로 추종하는 자세를 보였다. 정치가 군사를 지도하기는커녕 외교가 마치 전략의 시녀가 되는 것처럼 행동하기도 했다. 슐리펜 계획이 벨기에 중립 침범이라는 중대한 외교적 판단이 포함되어 있음에도 불구하고 뷜로우 재상이 보인 태도는 당시 군부의 영향력과 작전계획의 위상을 잘 말해준다.

> 독일 총참모부가, 더욱이 슐리펜과 같은 전략의 권위자가 그러한 조치가 필요하다고 생각했다면, 가능한 모든 수단을 동원하여 그것이 적용될 수 있도록 준비하는 것이 외교의 임무다.[275]

민군관계의 취약성과 위기관리의 실패

1차 대전 당시 유럽 군부는 객관적인 방어 우위 현실을 외면하고 공격지상주의 신화에 매달렸다. 그리고 고비 때마다 자신들의 주군인 황제와 동료, 민간 각료들에게 선제공격을 통한 전쟁의 필요성을 역설했다. 그러나 군이 공격교리를 선호하는 것이 이상한 일은 아니다. 오히려 군의 공격 선호는 일반적인 현상이라고 할 수 있는데 거기에는 몇 가지 이유가 있다.[276]

첫째로, 군 고유의 편견이다. 군은 임무 특성상 국제관계의 다양한 측면 중에서 갈등적 부분에 집중하기 때문에 위협을 과장하는 경향이 있다.[277] 1900년대 독일 장군들은 탐욕스러운 적대국들이 자신들의 조국을 둘러싸고 언제라도 기회만 있으면 덮칠 것으로 우려했는데, 이는 확실히 균형잡힌 시각은 아니었다. 전쟁의 가능성을 실제보다 더 높게 보다 보니 외교의 역할이 인정될 여지가 적었다. 즉, 신중한 계산과 타협보다는 무력을 통한 문제 해결을 선호하는 경향으로 이어지는 것이다. "외교의 역할이란 군이 예방적 공격을 취하는데 우호적인 환경을 조성"하는 것이라는 독일 총참모부의 생각은 바로 이런 경향성을 잘 보여주고 있다.

둘째, 군이 공격을 선호하는 것은 전쟁에 수반되는 불확실성을 최소화하려는 동기와도 관련된다. 방어란 본질적으로 반응적이고 수동적인 반면, 공격은 나의 의지와 목표대로 전장을 구조화하고 이니셔티브를 취할 수 있는 이점이 있기 때문이다. 조직은 원래 계획을 좋아한다. 특히 예측 불가능한 온갖 변수로 가득 찬 전쟁을 다루는 군은 빈틈없는 작전계획을 선호한다. 상황에 임기응변으로 대응하기보다는 그것을 장악하고 내 뜻대로 이끌어가기를 희망하는 것이다. 그러기 위해서는 아무래도 공격하는 쪽이 되어야 한다.

마지막으로, 군이 공격교리에 집착하는 또 다른 이유는 공격이 군 조직의 자율성과 위신의 측면에서 유리하기 때문이다. 방어적이거나 또는 제한적 목표를 추구하는 전쟁의 경우 전투의 목적 자체가 추후 협상을 통한 외교적 해결이다. 따라서 전쟁 과정에서 정치인의 간섭이 심할 수밖에 없다. 하지만 작전목표가 적을 궤멸하는 공격적 전투라고 한다면 얘기는 달라진다. 정치적 고려는 들어설 여지가 없고, 군의 자율성과 권한이 극대화될 가능성이 크다. "정치인은 일단 동원이 시작된 순간부터는 입을 다물어야 한다."는 몰트케의 주장은 군부의 이런 사고를 반영하고 있다.[278]

군의 공격선호가 일반적인 현상이라면 1차 대전의 유럽 상황이 특별히 문제가 되는 것은 무엇 때문일까? 어느 시대에나 있을 법한 정도라면 문제가 되지 않았을 것이다. 그러나 당시의 문제는 민간 지도자들이 군부의 전쟁 주장을 적절히 제어하지 못하고 무기력하게 끌려다녔다는 데에 있었다. 재상, 외상은 물론이고 황제조차 군부의 동원 요구와 전쟁 압박에 힘겹게 저항했지만 결국은 그들의 뜻을 받아들일 수밖에 없었다. 그 원인은 무엇일까? 이 질문의 근본 뿌리를 파고 들어가면 당시 유럽의 취약했던 민군관계가 문제였다는 것을 알 수 있다.

먼저, 유럽 전역에 걸쳐 군의 정치사회적 영향력이 너무 막강했다는 것이 첫 번째 이유였다. 황제를 제외하고는 민간 지도자 어느 누구도 군부를 견제할 힘이 없었는데, 독일 민간 관료들은 군부의 생각에 문제를 제기하는 것조차 꺼렸을 정도였다. 재상 베트맨도 슐리펜 계획의 내용을 접하고 나서 "정치적 조치는 군사적 계획의 필요와 조화될 수 있도록 고안되어야 한다."고 말하며 추종적인 태도를 보였다.[279] 전쟁이 정치의 도구라는 클라우제비츠의 명제가 전도되어 군사가 정치를 제약하고 선도해 간 역전현상이 나타났던 것이다. 군과 견해를 달리하는 민간 관료들은 자리보전을 하지 못하는 경우도 많았다. 1871년부터 1914년까지 두 명의 전쟁성 장관, 외무장관, 내무장관, 그리고 심지어 두 명의 재상이 군부의 입김으로 해임되었다. 또한 참모총장 몰트케는 내각을 경유하지 않고 황제에 단독으로 접근할 수 있는 권리가 있었는데, 일주일에 세 번 씩이나 개인적 접견이 있을 정도였다. 이 같은 군의 막강한 위상은 영국을 제외한 유럽의 모든 국가에서 일반적인 현상이었다. 오스트리아에서 콘라드 참모총장과 몇몇의 장군들은 국가 정책 결정의 주요 참여자였고, 러시아의 군인들도 외교, 군사문제에 대한 발언권이 막강했다. 군은 국가의 화신으로 간주될 정도였는데 유럽의 군주들은 공식 석상에서 군복을 입는 것을 자랑스럽게 생각했다.

프랑스의 경우는 어떠했는가? 프랑스군의 작전계획은 원래 공격과 방어가 혼합된 온건한 성격을 띠고 있었는데, 1911년을 전후하여 공격 일변도의 극단적인 모습으로 진화했다. 이것이 바로 신임 조프르 참모총장이 최고국방위원회에 제출한 '작전계획 17호'로서 1차 대전 발발 시 전장에서 실제 사용된 프랑스군의 작전 시나리오였다. 슐리펜 계획과 마찬가지로 프랑스의 '작전계획 17호'도 방어우위라는 엄연한 객관적 현실과는 동떨어진 구상이었다. 이처럼 모순에 찬 계획이 만들어질 수 있었던 것은 당시 불안정했던 프랑스 민군관계의 문제가 작용했기 때문이었다.[280] 프랑스는 당초 뒤레프스Dreyfus 사건 이전에는 군부와 정치인이 서로를 존중하는 모범적인 민군관계를 유지하고 있었다. 민간 지도자들은 군의 전문성과 자율성을 이해하고 인정해 주었으며, 군도 공화국 정부와 원만한 관계를 유지했던 것이다.

그러다가 뒤레프스 사건을 거치면서 제 3공화국 정부와 군주제를 옹호하는 군부 간의 갈등이 표면 위로 부상했고, 반목과 충돌이 이어지는 모습을 보였다. 공화국 정치인들은 군이 의회에 대한 쿠데타를 일으킬 가능성을 두려워했고, 군부는 정부가 군을 완전히 공화주의 군대로 만들지 않을까 의심했다. 군이 특히 반대한 것은 복무기간 단축이었다. 당시 프랑스 정부는 7년으로 되어 있던 복무기간을 3년으로 단축한 데 이어 1905년에는 다시 2년으로 줄이고자 했는데, 이렇게 되면 상비군보다는 예비군이 군의 중추가 될 것이고 전문 직업군으로서 군의 위상이 크게 훼손될 것으로 우려했던 것이다.[281] 군은 반격에 나섰다. 방법은 기존의 방어 전략 폐기와 공격교리 채택이었다. 거점을 지키는 방어라면 몰라도 과감한 추격과 적진에 뛰어드는 공격 작전은 단기간 징집과 예비군을 가지고는 수행할 수 없다는 점을 노린 것이다. 다시 말해 정치인들의 군 복무기간 단축에 대응하기 위해 장기복무로만 운용이 가능한 공격 교리를 채택한 것이다. 프랑스 군이 전략현실을 외면한 공격적 군사교리로 전환한 배경에는 당시 악화되어 가던 유럽 안보상황의 영향도 있었지만 이렇듯 민군간의 반목과 조직의 이해관계가 작용했다.

독일은 군부를 통제하지 못했고 프랑스에서는 민군간 반목이 지속되었다면, 러시아에서는 군부 내 파벌 경쟁 때문에 문민통제가 제대로 이루어지지 않은 케이스였다. 러시아는 1910년 초반까지만 해도 조심스러운 방어적 작전계획을 갖고 있었는데, 이후에 오스트리아와 독일 양쪽을 상대로 하는 공격적 교리로 전환했다. 이는 러시아의 국력 회복에 따른 자신감의 반영이라는 측면에서 일응 자연스럽게 볼 여지도 있었다. 그러나 문제는 오스트리아와 독일이라는 두 개의 강국을 동시에 적대시한다는 점에서 러시아의 객관적 능력을 뛰어넘는 계획이라는 데 있었다. 그렇다면 러시아는 왜 이렇게 과도한 전략구상을 갖게 되었을까? 그 이유는 통제되지 않은 군내 경쟁과 파벌 갈등이 있었기 때문이었다.

당시 러시아에는 다닐로프Yuri Danilov를 위시한 페테르부르크 총참모부와 알렉세에프 등 지역 사령관들 간에 러시아의 주적과 공격방향에 대해 의견대립이 있었다. 즉, 총참모부는 독일을 공격하는 교리를 선호했던 반면, 지역 사령관들은 오스트리아를 공격하는 작전계획을 고집했던 것이다. 양쪽 주장은 모두 나름의 논리를 갖추고 있었다. 먼저 독일을 공격해야한다는 총참모부는 러시아가 동부 전선에서 독일을 괴롭힌다면 서부전선에서 분전할 프랑스에게 큰 도움을 줄 수 있다는 점을 강조했다. 반면, 갈리시아 지역 오스트리아 군을 공격하자는 쪽은 전쟁 초반에 일찍이 오스트리아를 무력화시킬 수 있을 뿐 아니라 터키와 발칸지역에서 러시아의 제국적 이익에 반대하는 장애물을 제거할 수 있다는 데에 의미를 부여했다. 나름 양측 모두 일리가 없지 않았다. 그럼에도 불구하고 제한된 러시아 군의 능력으로 볼 때 우선순위의 조정이 반드시 필요한 상황이었다. 그러나 양 파벌은 모두 강력한 정치적 후원세력을 갖고 있었고, 러시아에서는 이 두 그룹을 조정해 줄 어떠한 상위 권위도 존재하지 않았다. 독일과 오스트리아에 대한 이중 공격 교리는 이렇게 탄생되었고, 주공방향에 대한 혼선과 그것이 가져온 값비싼 희생은 1차 대전 발발 초반에 여실히 드러났다.

'7월 위기'를 되짚어 보면 결국 1차 대전은 특정국가의 야심이나 역할보다는 복잡하게 얽힌 상호역학 속에서 잘못된 결정들이 누적되어 발발했음을 알 수 있다. 특정 국가에 결정적인 책임을 묻기에는 '명백한 증거smoking gun'가 없고, 각국들은 주어진 조건에서 서로 영향을 주고받았기 때문이었다. 그렇다고 어떤 구조적인 힘이 세계대전을 불가피하게 만들었던 것은 아니었다. 제국주의적 경쟁, 경직된 동맹체제, 호전적인 민족주의와 같은 위협 인자들이 있었지만 동시에 국제적 평화운동, 상호의존적인 국제무역체제와 같은 전쟁 억제 요인들도 작동하고 있었다. 잘못된 결정들이 누적될수록 평화의 기회가 줄어들긴 했지만 유럽이 전면전으로 치달아야 할 어쩔 수 없는 이유는 없었다.

그렇다면 전쟁과 평화의 균형을 깬 것은 무엇이었는가? 그것은 결국 일련의 핵심적인 결정을 내렸던 개인들의 잘못과 그것이 초래한 예상치 못한 연쇄효과에 있었다. 즉, 공격우위라는 잘못된 믿음, 위험을 계산할 수 있으리라 생각한 오만, 위기의 무게를 견디지 못한 나약함 등이 바로 문제의 본질이었다. 상상력과 용기가 부족했기에 전쟁이 불가피하다고 주장하는 사람들에 맞서 다른 선택이 가능하다고 외치지 못했던 것이다.[282] "눈을 뜨고 있었지만 보지 못하는 몽유병자sleepwalkers, watchful but unseeing"처럼 유럽은 제 발로 재앙 속으로 걸어 들어간 셈이었다.[283]

PART 05

1차 대전이 한반도 안보에 던지는 질문

100년도 전에 저 멀리 유럽에서 발생한 1차 대전이지만, 그 발발 경로를 되짚어 볼수록 오늘날 우리의 문제를 생각하게 한다. 우리는 위협을 어떻게 인식하고 어떤 처방을 내놓을 것인가? 단호함으로 상대의 야심을 꺾어야 하는가, 아니면 쌍방의 안보 불안이 의도하지 않은 위기를 초래할 가능성에 유념해야 하는가? 1차 대전이 전략 환경에 대한 오판으로 비롯됐음은 앞서 살펴본 바와 같다. 즉, 방어우위라는 객관적 현실을 외면하고 선제공격이 유리하다는 도그마 때문에 발생했던 전쟁이 1차 대전이었다. 또한 1차 대전은 전형적인 위기관리의 실패 사례이자 취약한 민군관계의 전형이었다. 장군들뿐 아니라 외교관과 정치인들은 자신들의 행동이 어떻게 위기를 증폭시키는지 몰랐고, 고조된 위기를 어떻게 관리해야 할 줄 몰랐다. 특히, 소위 군사문제에 대해서는 민간 정책결정자들이 철저히 배제될 만큼 민군관계가 취약했다는 점이 1차 대전 당시 유럽의 한계였다. 그렇다면 오늘날 한반도에서는 이 같은 문제를 걱정하지 않아도 되는가? 우리는 한반도 전략상황에 대해 객관적이고 냉정한 판단을 하고 있는가? 두려움과 강박감에 젖어 과잉대응을 할 가능성은 없는가? 그리고 무엇보다 중요한 군사문제에 대해 평상시부터 민군간에 깊이 있는 소통이 이루어지고 있는가? 북핵 위협으로 안보상황이 더없이 엄중해진 오늘날 절대 가볍게 넘어갈 수 없는 질문들이다.

CHAPTER

11

억제와 안보딜레마

1차 대전은 국제정치의 고전적 질문인 억제와 안보딜레마라는 문제를 제기한다.[284] '힘을 통해 평화를 지킨다.'는 명제와 '나 자신을 위한 안보 노력이 상대를 위협할 가능성'과의 긴장 문제를 말한다. 억제 이론에서 '현상유지 국가는 침략국의 도발에 대해 단호히 응징하겠다는 의지와 능력을 보임으로써 그 위협이 현실화되지 못하도록 해야 한다.'고 강조한다. 다시 말해 억제로 전쟁을 예방해야 한다는 것이다. 온건함과 양보는 관대함이 아니라 유약함으로 받아들여지고 침략자를 더욱 대담하게 만들 위험이 있다고 경고한다. "러시아는 지난 10년간 매번 양보했는데 독일이 이를 선의로 받아들인 것이 아니라 러시아가 취약하다는 증거로 받아 들였다." 7월 24일 세르비아에 대한 오스트리아의 최후통첩 소식을 접하고 나서 열린 각료회의에서 양보의 위험성을 강조한 사조노프 외상의 발언이 바로 억제 논리의 연장선상에서 나온 것이었다.

반면, 안보딜레마는 어느 일방의 안보 증진 노력이 상대방의 안보를 저해함으로써 결국 모두의 안보가 나빠지는 악순환 상황을 지적한다. 단호함이 상대방 입장에서는 침략의 의도로 해석되고 원치 않는 군사적 긴장과 충돌을 불러온다는 것이다. 어떤 관점이 맞는가? 아니, 어떤 조건에서 억제가 필요하고 어떤 상황에서 안보딜레마에 유의해야 하는가? 바꾸어 말하면 억제가 역효과를 초래하는 것은 어떤 상황이고 안보딜레마 관점이 낭패를 불러오는 때는 언제인가? 국제관계에 위협이 없을 수는 없다. 문제는 위협의 성격을 정확히 이해하고 이와 엇갈리지 않는 적실한 처방을 내릴 수 있는가에 있다.

위협을 통해 평화를 지킨다

억제는 적에게 그가 기대하는 이득보다 더 큰 비용과 위험을 부과함으로써 군사적 행동을 단념시키는 것을 의미한다. 즉 응징과 처벌의 공언을 통해 상대방의 의사결정에 영향을 미치고자 한다. 쉬운 비유를 들자면 넘지 말아야 할 선을 그어 놓고 만약 상대방이 그 선을 넘는다면 감당하지 못할 고통을 주겠다고 위협하는 것이다. 이것이 바로 전통적 의미의 억제로서 '응징에 의한 억제deterrence by punishment'라고 부른다.[285] 억제는 다분히 심리적인 작용이다. 따라서 억제가 실패하지 않기 위해서는 상대방을 응징할 수 있는 군사적 능력뿐 아니라 자신의 의도를 효과적으로 전달해야 하며 공언된 보복이 실제 이루어질 것이라는 믿음을 줄 수 있어야 한다.[286] 즉, 능력, 의사전달, 신뢰성 이 세 가지가 억제가 성공하기 위한 필수적인 요건이다. 먼저 상대방의 군사적 도발을 응징할 수 있는 물리적 능력이 있어야 함은 자명하다. 이때 능력은 단순한 보복 응징이 아니라 상대방이 군사적 행동을 통해 얻을 수 있는 기대이익보다 더 큰 비용과 고통을 부과할 수 있는 수준을 말한다. 그리고 이 때 중요한 것은 기대이익과 예상 비용에 대한 판단은 억제자가 아니라 상대방의 몫이라는 점이다. 즉, 억제국의 입장에선 이익을 상쇄할 정도로 고통을 부과할 능력이 있다고 판단하더라도, 적대국이 그 정도 처벌 위협은 감수할 수 있다고 여긴다면 억제는 깨질 수 있다. 따라서 국가마다 다른 정치구조, 문화, 지도자의 가치체계 등 여러 변수에 따라 손익계산이 달라질 수 있으므로 적대국의 관점에서 특정 행동이 초래할 이익과 비용을 이해하는 것이 억제전략 성공의 첫 번째 관문이다.

두 번째 억제전략의 필수조건은 의사전달이다. 즉, 적대국에게 해서는 안 될 행위가 무엇이고 그것을 어겼을 경우 어떤 결과가 초래될지를 정확하게 알리는 것을 말한다. 언뜻 생각하면 쉬운 것 같지만, 적대국에게 응징의 결의를 전달한다는 것은 결코 간단한 일이 아니다. 억제정책에는 항상 허점이 있을 수 있고, 한 국가의 이익을 수호하겠다는 결의는 대부분의 경우 상당히 모호하기 때문이다. 국민의 생명과 재산을 보호하겠다는 국가 방위의 결의는 분명하지만 그것이 위협받았을 경우 실제로 어떻게 대응할 지에 대해서는 분명하지 않은 경우가 많다. 냉전시대 소련의 위협으로부터 베를린을 보호하겠다는 서방의 결의는 의심의 여지가 없었지만, 베를린이 위험에 처했을 경우 미국이 무슨 수단으로 어느 수준까지 행동에 나설지는 분명치 않았다.[287] 북한의 도발에 단호히 대응한다는 점은 한미 양국이 항상 공언해 왔지만 막상 연평도가 포격 당하자 어떻게 어디까지 응징해야 하는지가 쉽지 않았다.

심혈을 기울여 작성하는 법률상의 계약서에도 허점이 있기 마련인데, 국제정치의 불확실성 속에서 이루어지는 적대국간의 관계는 말할 것도 없다. 예컨대 국경선에서 발사된 총 한발에 대해 바로 침략으로 규정하고 단호한 응징 보복을 하기는 어렵다. 치밀하게 계산된 군사작전의 신호탄일 수도 있지만, 술 취한 병사의 실수로 발생한 우발적 사건일 수도 있기 때문이다. 이렇게 일정 수준을 밑도는 저강도 도발에 대해서는 억제전략에서 공언한 위협을 현실화하기 어려운 경우가 적지 않다. 더욱이 응징보복이 정당화 될 수 있는 적의 도발 수준이 무엇인지도 불분명한 경우가 많다. 적이 종종 상대방의 의지를 시험하려고 하는 것은 이 때문이다. 우발적 사고를 가장해서 도발을 하기도 하고 약한 수준의 행동으로 상대방의 반응을 살펴본다. 그리고 난 후 보복이 이루어지지 않거나 예상보다 약할 경우 점점 강도를 높여가며 자신에게 유리한 상황을 조성해 나가는 것이다. 소위 '살라미 전술'이다. 많은 경우 억제가 단숨에 무너지기보다는 단계적으로 약화되는 경우가 많은 것은 이 때문이다.[288]

마지막으로 억제가 성공하기 위해서는 능력과 의사전달뿐 아니라 응징 위협의 신뢰성이 있어야 한다. 즉, 적대적 행위에 대해서는 공언된 보복이 실제로 이루어질 것이라는 믿음을 주는 것이 필수적이다. 신뢰성은 억제자의 결의가 의심받을 경우 훼손된다. 2차 대전 전에 영국은 독일의 팽창정책으로부터 폴란드를 지킬 것이라는 안전보장을 약속했다. 그러나 히틀러는 영국의 개입의지가 확실치 않다고 판단했으며 설사 개입이 있더라도 그 대가는 크지 않을 것으로 계산했던 것이다. 억제의 신뢰성 여부가 그렇다고 단순히 억제자의 의지에 좌우되는 것은 아니다. 그보다는 억제 공약이 그 국가의 핵심이익과 합리적으로 그리고 설득력 있게 연결되어 있음을 보여주는 것이 중요하다.[289] 히틀러가 영국의 의지를 의심한 것은 폴란드가 연합국에게 핵심적인 가치가 아니라고 판단했기 때문이었다. 반면 독일이 런던을 직접 공격한다면 상대가 유화정책을 추구한 챔벌린Neville Chamberlain이든 피와 땀으로 항전한 처칠이든 상관없이 강력한 응징이 있을 것이라는 점은 자명하다. 따라서 막강한 보복 능력의 확보와 응징 결의의 단호함을 강조하는 것도 중요하지만, 핵심이익과 응징 수단 간의 합리적 연결과 비례성을 확보하는 것이 억제의 신뢰성을 위해 중요하다.

억제에서 의사전달의 실패는 일관성 부족으로 발생하기도 한다. 이점에 대해 토마스 셸링Thomas Schelling은 재미있는 비유를 들어 억제의 본질을 설명한 바 있다.[290] 소련의 공격이 있을 경우 미국이 캘리포니아를 방어해야 하는 이유는 단순히 미국 영토 수호의 당위성 뿐 아니라 억제전략 차원에서도 필요하다는 것이다. 즉 미국이 어떤 이유에서건 캘리포니아를 포기한다면 이후 오레건이나 플로리다를 수호하겠다는 의지 표명은 난센스라는 것이다. 만약 미국이 캘리포니아를 포기한 이후에 소련의 텍사스 공격에 대해 강력하게 반격한다면 이는 소련 입장에서는 약속 위반으로 비춰질 수 있다는 뜻이다. 캘리포니아를 포기할 때 텍사스도 지키지 않을 것이라는 미국의 의사를 실질적으로 전달한 것과 다를 바 없기 때문이라는 것이다. 따라서 과오는 의사전달을 잘못한 미국에 있지, 미국이 행동으로 보여준 시그널에 따라 행동한 소련에게 있지 않다고 한다. 다소 극단적이기는 하지만 억제자의 행동이 적대국에게 어떻게 전달될 수 있는지를 보여주는 비유다. 여기서 놓치지 말아야 할 것은 종종 국제정치에서 국가는 상대방에게 무엇을 양보하고 있는지 깨닫지 못할 수 있다는 점이다.

억제 이론에서는 이렇게 모든 것이 긴밀히 연계되어 있으며, 한 가지 이슈에서의 선택은 다른 더 큰 사안에 영향을 미친다고 본다. 1차 대전 당시 유럽의 정책 결정자들은 이런 억제이론의 틀 안에서 움직였다. 사조노프는 세르비아를 도와야 하는 이유를 니콜라스 황제에게 다음과 같이 설명했다.

> 세르비아가 잡아먹히면 그 다음은 불가리아 차례가 될 것입니다. 그러면 흑해에서 우리는 독일을 마주하게 될 것입니다. 이렇게 되면 러시아의 남부 전역이 독일의 손아귀에 놓이게 되고 이것은 사형선고나 다름없습니다.[291]

이와 유사한 견해가 프랑스에서도 제기되었다. 7월 위기 당시 프랑스의 한 관찰자는 세르비아와 프랑스의 안전이 밀접하게 연결되어 있으므로 세르비아의 멸망은 프랑스의 안전을 직접적으로 위협한다고 지적했다.

> 세르비아가 없어진다는 것은 오스트리아가 러시아를 공격할 수 있는 능력이 배가됨을 의미한다. 러시아에 대한 오스트리아의 저항능력이 두 배가 된다는 것은 독일이 프랑스를 향해 더 많은 군대를 보낼 수 있다는 것을 뜻한다. 세르비아 군인 한 명이 총탄에 쓰러질 때마다 한 명의 프러시아 군인이 (프랑스로) 보내질 수 있다.[292]

침략자가 없는데도 전쟁이 일어난다

그런데 이러한 억제 중심적 전략의 문제점은 자신의 안전을 위해 취하는 방어적 행동이 상대방의 안보를 저해한다는 데에 있다. 상대방의 의도를 알 수 없는 상태에서 위협에 직면한 국가는 자구 노력을 기울이지 않을 수 없는데, 이 자위적 조치가 불가피하게 상대방의 안보를 위협하는 딜레마 상황을 말한다.[293] 이 경우 상대방의 적대적 반응을 불러일으키고 이는 연쇄적으로 악순환적인 반응을 초래한다는 것이다. 동원령의 위기고조 효과, 선제공격의 연쇄적 공포효과, 예방전쟁 논리 등 안보딜레마 사례들이 1차 대전 발발 과정에 가득 차 있음은 이미 살펴 본 바와 같다. 그레이 외상은 안보딜레마를 다음과 같이 표현했다.

> 두려움은 의심과 불신, 그리고 온갖 종류의 악한 상상을 낳는다. 이에 대한 예방 조치를 하지 않는 것은 범죄행위이며 조국에 대한 배신행위다. 한편, 모든 국가는 이런 예방적 조치를 상대국의 적대적 의도를 확인시켜주는 증거로 본다.[294]

안보 딜레마는 국제 무정부상태라는 객관적 조건으로부터 파생되는 것이지만, 인간의 인지적, 심리적 특성 때문에 강화되기도 한다. 사람의 인식 과정은 외부 사물에 대해 어떤 이미지를 갖게 되면 그 이후에 받아들이는 신호를 기존에 형성된 이미지에 맞게 수정, 왜곡하여 받아들이는 경향이 있다. 따라서 일단 상대방이 적대적이라고 믿게 되면 제 3자가 보기엔 중립적이거나 우호적인 행동들도 그렇게 보이지 않는다는 것이다.[295] 과도한 포위 의식에 사로잡혀 있던 독일은 주변국들의 모든 행동을 독일을 옥죄어 오는 행위라고 해석했고, 독일의 적대성을 의심하지 않았던 러시아는 오스트리아의 최후통첩 배후에는 전쟁을 결심한 독일이 있다고 확신했다.

더욱이 정책결정자들은 상대방의 방어적 행동을 공격적으로 해석하면서도 자신들의 행동은 방어적 동기에서 비롯된 것으로 생각하는 경향이 있다. 그리고 이점이 상대방에게도 명확할 것이라는 착각을 하기도 한다. 냉전시대 미 국무장관 델러스John Foster Dulles가 "후르시

쵸프Nikita Khrushchev에게 우리의 선의를 이해시킬 필요가 없다. 그는 우리가 침략자가 아니라는 것을 안다."고 한 발언도 이 같은 인지적 오류의 한 사례다.[296] 적대국의 관점에서 상황을 바라보려 했던 정책 결정자들도 물론 있었다. 전후 회고이기는 하지만 그레이 외상은 안보 딜레마를 정확히 이해하는 발언을 했다.

> 전쟁을 일으킬 목적으로 준비하는 것과 전쟁에 대비하여 준비하는 것은 차이가 있다. 그러나 다른 사람들에게는 그 차이가 분명하거나 확실치 않다.[297]

냉전 초기 미국의 국무장관 마샬George Marshall도 포레스탈James Forrestal 국방장관의 국방비 증강에 반대하면서 소련이 가질 법한 안보

➡ 존 포스터 델러스와 조지 마샬

우려를 제기한 바 있다. "내 분석으로는 미국이 소련을 두려워하는 것보다 소련이 미국을 더 무서워한다. 그들의 군비증강은 방어적인 것이다(My analysis would indicate that the Russians have been much more afraid of us than we are of them, and their build-up has been a defensive buildup.)"[298] 그러나 이러한 주장은 대부분 소수 의견으로 묻히고 정책을 주도하지 못하는 경우가 많다. '힘을 통해 평화를 지킨다.'는 구호만큼 안보딜레마 이론은 직관적으로 다가오지도 않고 애국적으로 들리지도 않기 때문이다. 그럼에도 불구하고 억제에만 매달리는 잘못된 상황진단과 과도한 처방은 1차 대전에서 보듯이 불필요한 재앙을 불러올 수 있다. 치킨 게임이 아니라 죄수의 딜레마 상황임에도 불구하고 비타협적인 강경책으로 나갈 경우 모두가 손해 보는 결과에 다다르는 것과 같다고 할 수 있다.

안보딜레마에서 빠져 나오려면

그렇다면 어떻게 해야 할까? 먼저 안보딜레마가 존재한다는 것을 이해하는 것이 출발점이다. 즉 상대방도 나만큼 안보우려가 있을 수 있고 나의 행동이 상대방의 안전을 위협할 수 있다는 것을 인지하는 것이 필요하다. 물론 상대방의 행동이 있을 경우 이를 공격적 의도로 파악하느냐 방어적 동기에서 비롯된 것으로 간주하느냐는 어렵고 중요한 문제다. 예컨대 1880년대 러시아는 폴란드의 철도 보수,

병력 증강, 동원시스템 효율화 등의 조치를 취하고 있었다. 몰트케의 총참모부는 이를 두고 예방전쟁을 주장했지만, 그 이전의 비스마르크는 이것을 러시아가 자신의 취약성을 보완하기 위해 취하는 방어적 행동으로 해석했다.[299] 어떻게 해석하느냐에 따라 전쟁과 평화의 선택이 갈리는 문제였는데, 비스마르크는 안보딜레마의 관점에서 해석했고 독일 군부의 강경책을 제어했다. '죽음이 두려워 자살을 하는' 멍청한 짓은 하지 말아야 한다는 것이 비스마르크의 한결같은 경고였다.

물론 안보딜레마에 유의한다고 하여 억제가 불가능하다거나 불필요하다는 뜻은 아니다. 때로 강경책이 유효할 때가 있고 양보는 낭패를 낳는 경우가 있다. 히틀러 같은 인물이라면 애초에 양보로 회유될 수 있는 상대는 아니다. 너무 유약하게 나갈 경우 침략자를 더욱 대담하게 만들 위험도 있다. 히틀러의 위협에 직면하여 한 발 두 발 물러섰던 챔벌린의 외교가 억제 실패의 대표적 케이스로 꼽힌다.[300] 2차 대전은 1차 대전처럼 어쩔 수 없이 터져버린 것이 아니라 히틀러, 무솔리니와 같은 지도자가 원해서 일으킨 전쟁이었다. 다시 말해 상호불신과 두려움, 의사전달의 실패로 인해 의도하지 않은 충돌이 발생한 것이 아니라 사전 기획과 교묘한 전술을 통해 밀고 나갔던 의도했던 전쟁이었다. 독일은 1933년 국제연맹 탈퇴, 1936년 비무장지대 라인란트 진주, 그리고 체코 병합에 이어 종국에는 1939년 폴란드 침공을 감행해 나갔는데, 영국을 비롯한 연합국들은 히틀러가 멈추기만을 바라며 망설임과 양보를 거듭했던 것이다. 유화정책appeasement policy에 씻을 수 없는 오명이 씌워진 것은 이처럼 2차 대전 당시의 과오가 너무나 극명했기 때문이었다.

그러나 역사적 교훈을 도출하는 데 있어서는 신중한 분석이 필요하다. 2차 대전은 억제 실패의 전형적 사례였고, 당시에 보다 강력한 대처가 필요했다는 점은 의심의 여지가 없다. 이점에서 유화정책은 잘못된 대응이었다. 그러나 1차 대전에서는 오히려 유화적 접근이 필요한 측면이 있었다. 상대의 안보불안을 이해하고 달래야 하는 상황이었던 것이다. 결국 양보와 자제가 필요했던 1910년대에는 대결을 택했고, 단호하게 맞서야 할 1930년대에는 반대로 독일을 달랬던 실수가 있었던 것이다.[301] 역사적 유추를 통해 현실에 적용할 때는 이렇게 단순화의 오류가 없는지 살펴야 한다. 우리는 종종 미래가 과거와 닮았다고 생각한다. 그것도 내가 경험한 가장 가까운 과거만을 기준으로 삼을 때가 많다. 그러나 역사적 교훈을 도출할 때는 너무 좁고 가깝게 볼 것이 아니라 좀 더 멀리 폭 넓게 생각할 필요가 있다. 또한 변화된 상황을 간과하지 말아야 하고 특히 내가 상대하고 있는 인물, 국가가 어떤 의도를 갖고 있는가를 판단하는 것이 중요하다. 침략자를 상대할 때는 단호한 태도와 위협이 필요하고, 현상유지 국가를 상대할 때는 악순환을 낳는 위협은 자제하는 것이 바람직하다. 만약 상대방의 의도를 알 수 없다면 신중한 균형 감각을 잃지 않는 것이 중요하다. 방어를 원하는 국가는 그래서 너무 약해 보여서도 안 되고 너무 공격적으로 비춰져서도 안 된다. 즉 취약하지 않으면서 도발적이지 않은 태세가 최선이라 하겠는데, 도발과 취약성이 모두 각각의 위험성을 내포하고 있다는 점을 이해하는 것이 핵심이라 할 것이다.

한반도 전략균형의 성격: 방어우위의 안보딜레마

상황에 맞지 않는 처방으로 두 차례의 세계대전이 발발했음은 앞서 살펴 본 바와 같다. 지금 우리가 살고 있는 한반도는 어떠한 상황인가? 강력한 억제 중심으로 대처해야 하는가, 아니면 안보딜레마의 위험성에 좀 더 유의해야 하는가? 이에 대한 판단은 한반도 전략상황에 대한 이해와 긴밀히 연결되어 있다. 한반도는 공격우위 상황인가, 아니면 방어우위 상황인가? 억제와 안보딜레마는 어떻게 작동하고 있는가?

먼저 한반도의 전략 환경은 전형적인 안보딜레마 상황이라고 평가된다.[302] 어느 일방의 자위적 조치가 상대방을 위협하는 구조이고 상대방의 의도가 공격적인지 방어적인지 확신할 수 없는 상황이기 때문이다. 흔히 북한은 대남 적화통일을 이루기 위해 공격적인 군사전략을 추구하고 있다고 평가되어 왔다. 선제기습공격을 통한 전격전을 기본으로 하되 남한 후방을 교란하면서 남한 전체를 동시에 전장화한다는 것이다. 이를 통해 전쟁의 주도권을 장악함으로써 한국군의 본격적인 동원과 미군 증원 이전에 한반도 전체를 석권한다는 시나리오를 말한다. 북한의 군사력 규모와 배치는 그 자체로도 매우 공격적이고 위협적이다. 북한군은 상비군 119만 명, 예비군 770만 명을 보유하고 있어 병력 규모면에서 세계 3위를 기록하고 있다. 국방비는 GDP의 12%~22%를 투입하는 등 국가 능력에 비해 가장 많은 군사비를 지출하고 있다. 비정상적으로 과도하게 군사력에 투자하는 것은 그 자체로 북한 정권의 군사제일주의와 한반도 적화통일전략을 보여주고 있다고 해석된다. 북한이 보유하고 있는 전력은 대부분 전차, 장사정포, 미사일, 특수부대 등 공격력을 지향하는 것이라는 점도 특징이다. 북한의 군사력 배치 역시 다분히 공격적이다. 북한이 지상군 전력의 약 70%를 평양-원산 이남 지역에 전진 배치하여 상시 기습공격을 감행할 태세를 갖추고 있는 것은 북한의 전격전 개념을 뒷받침하는 것처럼 보인다. 또한 서울까지 6분 비행거리에 있는 최전방 지역에 130여대에 달하는 전투기를 전진배치하고 있는 것도 같은 맥락이다.

그러나 북한의 이런 공세적으로 보이는 군사태세가 사실은 자신을 보호하기 위한 억제전략이라는 해석도 가능하다. 즉, 북한은 자신보다 압도적인 군사력을 보유하고 있는 한미동맹에 대해 위협을 느끼고 있고, 이에 대응하기 위한 방안으로 외형적 공격능력을 과시하고 있다는 해석이다. 전진 배치된 지상군, 공군전력, 장사정포와 미사일 등은 모두 북한 자신을 지키기 위한 억제 수단이라는 것이다. 이 시각에 의하면 오히려 북한을 안보불안과 포위감에 사로잡혀 있는 존재로 이해한다. 비록 북한군의 보유 전력과 군사적 배치가 아무리 공세적으로 비춰질지라도 이는 약자의 전략이며 근본적으로는 방어적이라는 것이다. 실제 1994년 북핵 위기 시에 북한 영변 핵시설에 대한 정밀타격 옵션이 검토되었으나 북한의 보복 우려로 채택될 수 없었던 사실은 바로 북한의 공격용 전력이 북한을 보호하는 억제역할을 하고 있음을 보여 주고 있다. 문제는 이 같은 억제효과가 북한의 공격적 군사전략의 부산물인지 아니면 북한의 전략적 의도 자체가 억제에 중점이 있는지 알 수 없다는 데에 있다. 다시 말해 북한의 의도를 공격적이거나 방어적이라고 단정할 수 없다는 데 있고, 이것이 바로 안보딜레마가 갖는 속성이다.

한편, 한반도는 공격 우위 상황인가, 방어 우위 상황인가? 공격과 방어를 구분할 수 없는 안보딜레마 상황이라 하더라도 그 강도는 공격과 방어의 상대적 우위에 따라 많이 달라질 수 있다. 만약 상대방의 의도가 공격적인지 방어적인지 구분할 수 없을 때 공격이 방어보다 유리하다고 간주된다면 이는 극도로 위험하고 불안정한 상황이다. 침략의 야욕이 없더라도 생존을 위해 선제공격에 나서야 하는 압박을 느끼기 때문이다. 반면에 방어가 공격보다 수월하다면 이런 압박은 줄어든다. 상대의 의도를 모르는 불확실성은 있지만 선제적으로 행동해야 하는 절박함은 떨어지기 때문이다. 소위 완화된 안보딜레마 상황이다.[303] 1차 대전 상황이 이러했다. 지루한 참호전이 증명하듯이 당시 유럽의 객관적 현실은 방어 우위 조건이었다. 그럼에도 불구하고 공격 우위라는 잘못된 신화를 믿었기 때문에 그토록 정세가 불안정하고 위기를 통제하지 못했던 것이다.

〈안보딜레마로 바라본 4가지 세상〉

	공격-방어 구별 불가능	공격-방어 구별 가능
공격 유리	이중으로 위험 (안보딜레마 강력 작동)	안보딜레마는 없으나 안보문제 존재
방어 유리	완화된 안보딜레마	이중으로 안전

한반도는 이른바 공포의 균형으로 인해 방어 우위의 전략 환경에 가깝다고 판단된다. 남북한 모두 상대방에게 감당하기 힘든 고통을 부과할 보복능력을 갖추고 있기 때문에 선제공격의 이점을 생각하기 어려운 구조이기 때문이다. 세계 그 어느 지역보다 군사력이 과잉 밀집되어 있는 한반도에서 전면전이 발발한다면 그 피해는 상상을 초월한다. 핵과 미사일, 생화학무기 등 대량살상무기가 총동원될 가능성이 크고 북한은 정권 붕괴를 각오해야 할 것이다. 다시 말해 어느 쪽도 공격을 생각하기에는 그 위험과 비용이 너무나 압도적인 상황이다. 이는 재래식 군사력을 상호 비교하는 전술적 힘의 균형과는 다른 차원이다. 누가 더 많은 기동력과 화력을 보유하고 있는가, 영토를 취하고 지키는 전통적인 힘의 균형이 어떠한가는 이제 오히려 부차적인 것으로 간주되고 있다. 상대방의 군사력을 모두 패퇴시킨 후에야 자신의 의지를 관철할 수 있었던 과거의 전쟁과 달리 현대전에서는 설사 군사력이 약한 국가라도 상대방에게 감당하기 힘든 고통을 부과할 수 있게 되었기 때문이다.[304] 이것이 바로 전략폭격과 미사일, 그리고 핵무기의 시대가 던지는 새로운 도전이자 특징이다.

공포의 균형이 작동한다는 것은 선제공격이 불가능하다는 의미를 담고 있다. 즉, 초기 선제공격을 당한다 하더라도 잔여 군사력이 상대방에게 충분한 보복을 할 수 있는 상태이기 때문이다. 다시 말해 남북한 어느 쪽도 상대방의 '2차 타격 능력second strike capability'을 무력화시킬 수 없다는 뜻이다. 미국의 한반도 방위공약 자체가 손상되지 않는 한 북한은 선제공격을 통해 한미연합전력의 보복력을 무력화시킬 수 있다고 기대할 수 없을 것이다. 반대로 북한의 장사정포와 탄도탄 위협으로 한반도와 일본이 인질처럼 잡혀 있는 한 한미연합군이 북한 정권을 퇴로 없이 군사적으로 밀어 붙이지 못한다는 것을 의미한다. 따라서 공포의 균형은 역설적이게도 한반도가 전략적으로는 매우 안정적이라는 뜻도 된다. 어느 누구도 균형을 깨려는 시도를 하기 어렵기 때문이다. 물론 전면전을 억제하는 이런 전략적 안정성이 반드시 국지적 충돌까지 막아주는 것은 아니다. 오히려 한반도에서의 군사력 균형은 국지도발이 통제 불능의 전면적 충돌로 비화될 가능성을 깔고 있는 불안정한 성격을 갖고 있다고 할 것이다.

혹자는 북한의 핵 보유로 인해 한반도에서 힘의 균형이 근본적으로 변화되었다고 주장한다. 이제 남북 간의 재래식 군사력 균형은 무의미해졌고, 핵 그림자 효과nuclear shadow effect로 인해 한국은 북한에 평화를 구걸하는 처지로 전락할 수 있다는 비관적인 전망을 내놓기도 한다.[305] 또 남북 간 군사력 균형에 대역전이 발생하여 이제 북한의 전력은 적어도 한국의 네 배 수준이 될 것이라는 주장도 제기된 바 있다.[306] 이런 평가라면 힘의 균형을 다시 복원하는 노력, 즉 강력한 억제 능력을 재구축하는 데 모든 역량이 집중되어야 할 것이다.

한편, 북한의 핵 사용 가능성에 대비한 다양한 군사적 옵션들도 강조되고 있다. 그러나 앞서 살핀 대로 한반도에는 현재 공포의 균형이 강력하게 작동하고 있다. 즉, 쌍방억제 상황이고 방어 우위 조건이다. 상대방의 의도를 확신할 수 없는 안보딜레마 상황이기 때문에 심리적, 전술적 차원에서는 상당히 불편하고 불안정한 것이 사실이지만 이럴 때일수록 과잉 대응이 의도하지 않은 위기 불안정을 초래하지 않도록 주의해야 한다. 방어 우위라는 객관적 조건을 놓치고 선제공격의 유혹과 공포에 굴복했던 1차 대전 유럽인들의 과오를 상기할 필요가 있다.

CHAPTER

12

핵 미사일 시대의 도전

한반도 전략상황을 방어우위의 안보딜레마로 파악한다는 것은 대북 군사전략 관점에서 매우 중요하다. 북한 위협에 대비함에 있어 침략에 대비한 억제력 강화라는 전통적인 과제와 함께 의도하지 않은 위기불안정을 고려하는 절제된 상황관리가 필요하다는 뜻이기 때문이다. 한반도에서의 전쟁은 더 이상 억제의 실패, 즉 의도된 침략으로만 발생하는 구조가 아니다. 오히려 쌍방 모두가 원치 않더라도 위기관리가 실패하여 터져버릴 가능성이 더 크다고 할 수 있다. 다시 말해 단호함만으로는 평화를 담보할 수 없는 상황이다. 지난 수년간 북한의 핵 능력이 계속 진행되면서 북핵 억제를 위한 특단의 대책이 촉구되고 있다. 한미 조야에서는 대북 선제타격론까지 거론되고 있다. 북한 핵 위협을 무력화해야 한다는 절박함의 차원이다. 그러나 이런 때일수록 냉정한 상황인식과 절제된 접근이 중요하다. 두려움에 사로잡혀 피할 수 있었던 재앙을 자초했던 1차 대전의 과오를 반복해서는 안 될 것이다. 특히, 국지도발에 대한 위기관리와 성숙한 민군관계가 핵심이다. 과잉억제로 통제할 수 없는 위기증폭 상황을 만들지 않도록 전 · 평시를 막론하고 민군간의 소통과 조율이 있어야 한다는 점이 1차 대전의 또 다른 교훈이다.

핵 전쟁을 막으려면: 과잉억제와 위기 안정성의 문제

분단된 한반도에서 억제는 항상 우리 군사전략의 근간이었다. 그러나 북한이 사실상의 핵 보유국에 근접해감에 따라 그 절박함은 이제 차원을 달리 하게 되었다. 상호공멸을 가져오는 핵무기로 인해 한반도에서 전쟁은 이제 준비하고 수행해야 할 그 무엇이 아니라 반드시 회피하고 억제해야 할 대상으로 여겨지게 된 것이다. 과연 북한은 핵무기를 실제로 사용하려 할 것인가? 만약 사용한다면 언제, 어떤 조건에서 사용할 것인가?[307] 이에 대한 확실한 예측은 당연히 불가능하고 견해도 갈린다. 핵 사용 가능성이 희박하다고 보는 사용 불가능론이 있는가 하면 북한은 핵무기 사용을 주저하지 않을 것이라는 주장도 존재한다.

핵 사용 가능성을 우려하는 인사들은 북한과 같은 비이성적인 지도자들에게 선진 민주국가들이 공유하는 핵 사용 금기나 의사결정의 합리성을 기대할 수 없다는 점을 강조한다. 따라서 북한 핵을 단순히 방어적 억제용으로 치부할 수 없다는 것이다. 반대로 핵 사용 가능성을 낮게 보는 시각은 북한이 나름의 상황판단 없이 자기 파괴적인 결정을 하지는 않을 것으로 평가한다. 항상 위협적이고 비이성적인 행동을 하는 것 같지만 북한이 기본적으로 체제생존을 추구하는 세속적 정치집단이라는 것에 주목한다. 북한이 종종 잘못된 판단을 하고 예측 불가능한 행동을 하지만 '제한된 합리성bounded rationality' 정도는 갖고 있다는 평가를 하는 것은 이 때문이다.[308] 여기서 합리성이란 물론 가치 개념이 아니라 체제생존이란 정권의 목적과 그것을 달성하는 수단을 연결시키는 능력을 의미한다.[309] 또한 북한이 위험하고 예측 불가능한 행동을 하는 것도 약자로서 실제 자신의 능력을 감추고 위협의 효과를 극대화하기 위한 억제전략의 일환으로 해석한다.

북한이 최소한의 합리성을 갖고 있다면 핵 사용은 쉽게 사용할 수 있는 옵션은 아니다. 한미연합전력에 비해 군사적으로 열세에 처해 있는 북한으로서는 정권의 종말을 초래할 전면전은 가능한 한 막아야 할 입장인데, 핵무기를 사용하는 순간 무제한적인 전면전 상황으로 번질 가능성이 매우 크기 때문이다.[310] 다만, 북한으로서도 선택의 여지가 제약받는 상황이 도래한다면 핵무기 사용 가능성을 배제할 수 없을 것이다. 예를 들어 전면전 상황에서 전세가 불리해진다면 북한이 핵무기 사용을 하지 않은 채 전쟁 패배와 정권 붕괴를 감수할 것으로 기대하긴 어려울 것이다. 또한 무력충돌의 초기 상황에서도 핵무기 사용 가능성이 없지 않다. 한미연합군의 선제공격이 임박했거나 전면전 발발이 불가피하다고 보았을 경우다. 이 때는 북한이 핵무기의 공격효과를 극대화하기 위해서 미군의 한반도 증원 이전에 조기 사용을 검토할 수도 있을 것이다. 특히 한미연합군에 의해 핵무기가 무력화될 수 있다고 판단되면 그 전에 핵을 선제 사용해야 할 압박감이 커질 것이다. 즉, 전략적 관점에서는 핵무기 사용을 최후의 수단으로 유보할 필요가 있으나, 전쟁 후반부로 갈수록 핵 전력의 생존성이 감소하고 핵무기의 효용성이 감소한다는 딜레마를 겪게 될 것으로 보인다.[311]

결국 종합적으로 본다면 핵무기가 실전에 사용될 가능성이란 북한 정권의 존립이 위협받을 경우 이를 저지하거나 최후의 보복 수단일 경우로 집약된다.[312] 달리 얘기하면 한반도에서의 핵 전쟁은 억제의 허점을 노린 계획적, 의도적 결정으로 발발하기보다는 위기관리가 실패하여 발생할 가능성이 높다는 것을 뜻한다. 그렇다면 북한의 핵 사용 가능성을 줄이기 위해서는 단호함을 유지하는 것도 중요하지만 위기관리가 핵심이라는 것을 유념해야 한다. 따라서 북한에 대한 강력한 억제조치를 취할 경우에도 그것이 과도한 공포를 유발해 의도하지 않은 핵 사용으로 이어질 가능성을 경계해야 한다. 억제는 기본적으로 상대방을 위협하는 행동이다. 또 그래야만 실효적인 억제가 될 수 있다. 그러나 그 위협의 정도가 과도하고 무제한적이라는 메시지를 줄 경우 위기 불안정 효과가 있다는 딜레마가 있다. 강력한 억제조치를 취할 경우에도 항상 확전통제escalation control를 생각해야 하는 것은 이 때문이다.[313]

선제 타격론

북한의 핵 능력이 현실화되면서 한미 조야에서 북한 핵 시설에 대한 선제 타격론이 부상하고 있다. 선제타격론은 북한이 전쟁을 일으키지 않았음에도 불구하고 한미가 먼저 공격에 나선다는 것으로 방어와 억제를 기반으로 해왔던 한미동맹의 기존 전략을 뛰어 넘는 발상이다. 그만큼 한미양측에서 느끼는 북한 핵 위협의 심각성과 이를 무력화해야 한다는 절박감을 반영한다고 하겠다. 그런데 같은 선제타격이지만 한미 양국의 논의에는 약간의 차이가 있다. 미국에서 제기되는 것은 북한의 핵탄두 탑재 탄도탄미사일이 미 본토를 타격할 수 있는 상황을 막기 위해 선제적 조치가 필요하다는 것이다. 즉, 예방적 공격preventive attack이다. 급박성은 없지만 내일보다는 오늘 행동하는 것이 유리하다는 논리를 깔고 있다. 반면, 한국군이 추구하는 것은 선제타격preemptive strike이다. 즉, 북한의 핵미사일 공격이 임박했다는 징후가 있을 경우 이를 먼저 타격하겠다는 개념이다.[314] 재래식 무기라면 몰라도 핵무기는 사후에 응징한다는 것이 의미가 없다. 따라서 북한의 핵 공격이 임박했다면 발사되기 전에 타격해서 무력화한다는 것은 일견 당연하고 불가피한 선택이라고 할 수도 있다.[315]

그러나 한반도에서 선제타격 전략은 매우 신중하게 검토되어야 한다. 한계가 너무 분명하고 의도하지 않은 위기 불안정 효과가 있기 때문이다.[316] 선제공격론이 갖는 첫 번째 어려움은 북한 핵무기의 소재를 정확히 파악하여 이를 일거에 무력화시킬 수 없다는 데에 있다. 아무리 감시정찰능력을 보강하고 정밀타격능력을 발전시킨다 하더라도 1,000여 기에 달하는 탄도미사일을 빠짐없이 추적하고 정확히 타격하는 것은 불가능하다. 더욱이 이들 미사일이 고정된 시설에 노출되어 있는 것도 아니다. 100대 이상의 이동형발사대TEL: Transporter Erector Launcher에 실려 계속 이동이 가능하다. 여기에 잠수함 발사 탄도미사일까지 실전 배치된다면 한미가 잡아낼 수 없을 정도로 북한 핵 전력의 생존성은 높아질 것이다. 원래 핵 보유국에 대한 선제공격은 이를 통해 그 국가의 2차 타격능력second strike capability까지 무력화시킬 수 있다고 판단될 때라야만 합리적인 선택이다. 그렇지 않을 경우 상대방은 살아남은 핵 무기로 보복을 해올 가능성이 너무 크기 때문이다. 1994년 북핵 위기 시에 미국이 영변 핵 시설에 대한 선제타격을 검토할 당시 국방장관이었던 윌리엄 페리Willam Perry는 트럼프 행정부 들어 부쩍 힘을 얻고 있는 북핵 선제타격 주장에 대해 아래와 같이 비판했다.

> 북한에 핵무기가 한 개도 없던 1994년에도 선제타격이 가져올 후과(後果) 때문에 선제타격을 하지 못했다. 북한이 핵 폭탄을 10개쯤 가지고 있다고 분석해 놓고 북핵문제를 해결하기 위해 선제타격을 해야 한다고? 그럼 그 핵폭탄들이 어디에 숨겨져 있는 줄 알고 찾아서 선제타격을 한단 말인가?[317]

선제 타격론의 두 번째 문제는 북한의 핵 공격 임박 징후에 대한 오판 가능성이다. 북한의 핵 공격이 임박했다는 징후란 무엇일까? 그것은 예컨대 핵무기 연료 주입, 탄도미사일 발사대 준비 등 핵탄두 미사일에 수반되는 일련의 조치를 보고 판단할 것이다. 그런데 선제타격이 논의된다는 것은 이미 정상적인 평시 상황이 아니고 어떤 경로를 통해서건 위기가 극도로 고조된 일촉즉발의 상태일 것이다. 따라서 이때 북한이 이례적인 군사적 조치를 한다고 해도 이것이 임박한 공격 징후인지 아니면 북한 나름의 억제 강화조치 또는 전쟁대비태세 격상인지는 판단하기가 쉽지 않을 것이다. 1차 대전 당시 러시아가 취한 사전 동원조치는 독일을 공격하기 위해 내려진 것이 아니었다. 그러나 독일을 비롯한 주변국들은 이를 총동원으로 오인했고 러시아가 전쟁을 결심했다고 해석했다. 다시 말해 '핵 공격이 임박했다는 명확한 징후가 있을 때' 선제공격을 한다고 하지만, 명확한 것은 아무 것도 없고 오직 오류 가능성이 있는 주관적 해석만이 있을 뿐이다. 따라서 만약 북한이 핵 공격을 결심하지 않았음에도 불구하고 한미가 오판으로 선제타격을 감행한다면 그토록 예방하려 했던 한반도에서의 핵전쟁을 우리가 앞당겨 실현하는 역설적인 상황을 맞을 수 있다.

또한 선제타격론은 의도하지 않은 위기 불안정을 초래한다는 점에서 매우 위험하다. 이는 선제공격이 내포하고 있는 상호 공포의 연쇄 작용 때문이다.[318] 잠재적 적대국간에 선제공격 교리가 초래하는 공포의 증폭 현상은 다음과 같이 설명할 수 있다. A는 B가 선제공격을 할 것이라고 두려워한다. 따라서 A는 그에 앞서 먼저 B를 선제공격할 필요를 느낀다. 한편 B 역시 A가 이런 생각을 하고 있다는 것을 안다. 따라서 B는 원래 선제공격할 의도가 없었던 경우에도 A를 선제공격할 동기가 생긴다. 또한 B의 선제공격 우려를 추론할 수 있는 A는 B가 선제공격할 수 있다는 두려움을 더욱 강하게 느끼게 된다. 따라서 선제공격의 압력은 더 높아진다. B 역시 A의 이러한 압력을 추측하면서 더욱 큰 두려움과 선제공격의 동기를 갖게 되는데 이러한 상호작용은 계속된다는 것이다. 위기가 이미 위험한 수준까지 고조되어 있는데 선제타격의 가능성이 공공연히 논의되고 전략폭격기, 핵 항모 등 미국의 전략자산이 대거 남한에 배치되기 시작한다면 북한은 이를 어떻게 해석할 것인가? 반대로 북한이 극단적인 언사를 퍼부으며 핵무기 분산배치, 미사일에 핵탄두 장착, 지역사령관에게 발사권한 사전 위임 등을 취한다면 한미는 이를 어떻게 받아들일 것인가? 상대방에게 단호한 결의를 보이려는 억제적 차원이거나 만일의 사태에 대비한 방어적 동기라는 것은 중요하지 않다. 안보딜레마가 작동하는 한반도에서 선제공격 전략이 노골화된다면 이런 불안정 효과는 피할 수 없기 때문이다. 1차 대전 당시 유럽의 군 지휘관들을 짓눌렀던 선제공격의 상호 공포 효과가 100년 뒤 한반도에 재현되지 말라는 법은 없다.

마지막으로, 선제타격론은 북한의 핵사용을 압박할 가능성이 있다. 선제공격을 당한다면 북한으로서는 자신의 핵 전력이 파괴될 것이기 때문에 핵을 선제 사용하느냐 아니면 무력화되느냐 하는 양자택일의 선택에 내몰리게 된다는 것이다.[319] 이것이 이른바 '사용할 것인가 잃을 것인가use them or lose them 딜레마'다. 이 같은 북한의 핵사용 압박 효과는 한미의 선제타격 정책의 신뢰성이 높아질수록 크다. 따라서 선제타격의 성공을 위해 감시정찰, 정밀타격, 지휘통제 등의 전력을 획기적으로 보강한다면 그만큼 북한의 핵 사용 위험을 높이는 불안정 효과가 커질 것이다. 따라서 선제타격론은 그 능력이 부족할 경우에는 북한의 핵을 무력화하지 못하고 핵 보복만 불러오는 '불완전성'의 문제가 있고, 반대로 선제타격의 신뢰성이 높아질수록 북한의 핵사용을 압박하는 '불안정성'의 문제가 있을 수 있다.[320]

1994년 여름 한반도

안보딜레마로 인해 한반도에서 무력충돌이 발생할 수 있다는 것은 단지 이론상의 추론이 아니다. 실제 전쟁의 문턱까지 갔던 사례가 있었으니 바로 1993년 여름 이후 1차 북핵 위기 상황이다.[321] 당시 위기가 고조된 과정을 간략하게 설명하면 이러하다.[322] 1993년 3월 북한이 NPT 탈퇴를 선언하면서 북핵 위기가 시작되는데, 초기에는 외교적 해결 움직임이 있었지만 곧 협상이 교착되자 미국 조야에서 강경론이 득세하기 시작했다. 1993년 6월 미국이 UN 경제제재 준비에 착수하고 아울러 군사적 방안도 강구한 것이 그런 흐름들이다. 예를 들어 5월 18일 미 국방부는 윌리엄 페리 미 국방장관 주재로 한반도 전쟁계획을 논의했고, 6월 16일에는 클린턴 대통령, 엘 고어Al Gore 부통령, 페리 국방장관, 크리스토퍼Warren Christopher 국무장관, 게리 럭Gary Luck 주한미군사령관 등이 모두 모여 세 가지 군사적 옵션을 토의했다.[323] 1994년 봄부터는 실제로 전력이 증강되기 시작했다. 전차, 브래들리 장갑차, 6개 패트리어트 포대 등이 한반도에 추가 배치된 것이다. 북한의 영변 핵시설을 정밀 유도탄으로 파괴하는 정밀타격surgical strike안이 검토된 것도 이 무렵이다.[324]

북한은 이에 강력히 반발했다. 연일 미국이 제2의 한국전쟁을 준비하고 있다고 맹비난했다. 북한의 반응이 의례적인 대미, 대남 선전술이었을까? 아니면 실제로 공격당할지 모른다는 두려움의 반영이었을까? 그 대답을 확실히 아는 사람은 북한 외에는 없을 것이다. 그러나 당시 북한의 반응을 통상적인 선전선동으로 치부하기에는 상황이 너무 심각했다.[325] 당시 한국 정부는 북한의 전비태세 움직임을 예의주시했다. 이병태 국방장관은 국회에서 북한 군 수뇌부가 전군에 걸쳐 전투준비태세를 검열했다고 언급했고, 김덕 안기부장은 북한 주민들에 대한 여행허가증 발급이 보류되는 등 이상 징후가 포착되고 있다고 밝혔다. 전쟁이 날지도 모른다고 생각했던 것은 북쪽만이 아니었다. 한국에선 증권시장이 크게 출렁였고, 라면 등 생필품 사재기 현상이 일어났다. 심지어 김영삼 대통령도 미국이 북한을 선제 타격할 준비를 하고 있다고 생각했다. 한국에 거주하던 미국인들을 한반도 밖으로 대피하는 계획이 진행되고 있다는 보고를 받고 이를 미국의 군사행동 임박 징후로 해석한 것이다.[324] 청와대는 즉각 레이니James Laney 주한 미 대사를 불러 한국 정부의 동의 없는 군사행동은 안 된다는 항의를 전달했다. 동맹국인 한국이 이럴 정도였으면 북한이 상황을 얼마나 심각하게 받아들였는지는 쉽게 짐작을 할 수 있을 것이다.

바로 여기에 안보딜레마의 위험성이 있다. 미국이 곧 공격할 것으로 믿는다면 북한이 과연 이를 기다리기만 할 것인가? 영변 핵시설에 대한 정밀타격은 언론에서도 공공연하게 거론되는 상황이었다. 그렇지 않아도 군사적으로 절대 열세에 있는 북한으로서는 '기회의 창'이 닫히기 전에 선제공격을 해야 한다는 심리적 압박을 느끼지 않았을까? 이 점은 당시 주한미군에 근무하던 몇 명의 고위 장교들도 지적한 바가 있다. '미국의 군사력 증강을 속수무책으로 기다려서는 안 된다.' 이것이 누구보다 걸프전을 진지하게 공부했을 북한이 얻은 교훈이라는 것이다. 당시 미 국무부 관리 로버트 칼린Robert Carlin도 패트리어트 포대의 한반도 증강 배치를 검토하는 자리에서 같은 문제를 제기했다.

> 북한은 생각할 겁니다. 언제 패트리어트가 사용되었지? 사막의 폭풍. 그런데 무슨 용도로 패트리어트가 필요하지? 이라크 공격을 위해서![327]

미국이 군사력 증강을 추진한 것은 실제로 북한을 공격하기 위한 것은 아니었다. 영변 핵 시설에 대한 정밀타격 방안은 검토되었지만 북한의 보복 우려 때문에 포기할 수밖에 없었다.[328] 당시 게리 럭 주한미군 사령관은 전쟁이 발발할 경우 석 달 내에 미군 사상자만 5만 2천 명, 한국군은 49만 명에 이를 것으로 추산했다.[329] 영변 핵 시설을 정밀하게 들어낼 수는 있었지만 그 후폭풍은 결코 정밀하게 한

정시킬 수 없다는 경고였던 것이다. 그럼에도 불구하고 한미 양국은 군사적 준비를 하지 않을 수 없었다. 북한의 도발을 억제하고 만약의 사태가 발생할 경우에 대비한 군사적 태세를 갖추기 위해서였다. 또한 북한의 양보를 이끌어내는 협상전략 차원에서도 일정 수준의 군사적 압박이 필요한 측면이 있었다. 그런데 문제는 이러한 한미의 군사태세 증강이 북한의 두려움을 자극하는 안보딜레마 효과가 있다는 데 있다. 만약 북한이 미국의 공격이 임박했다고 믿는다면 북한도 군사적 행동을 준비할 것이다. 그리고 이는 역으로 한국과 미국에게 북한이 선제적 군사행동을 할 것이라는 징후로 해석될 수 있다. 그렇게 되면 한미는 군사대비태세를 더욱 높여야 하고, 이는 북한의 두려움을 더 크게 자극할 것이다. 다행히 1994년에는 카터James Carter 전 대통령의 방북으로 위기가 극적으로 해소되면서 위기증폭이 임계점을 넘지 않았지만, 1차 북핵 위기는 한반도에서도 1차 대전에서 유럽의 장군들을 짓눌렀던 선제공격 공포의 연쇄효과가 얼마든지 작동할 수 있다는 점을 분명히 보여주고 있다.

국지도발과 위기관리

한국 전쟁 이후 전면적 억제는 유지되고 있는 반면 북한의 도발로 인한 국지적 무력 충돌은 계속 발생해 왔다. 1999년 제1 연평해전, 2002년 제2 연평해전, 2009년 대청해전 등 서해 NLL을 둘러싼 해

상충돌을 포함하여 북한의 국지도발은 냉전 종식 이후에만 12차례나 있어 왔다. 특히, 2010년 연평도 포격, 천안함 피격 등 무력 도발이 점차 대담해지고 위험스런 양상을 띠고 있다. 또한 남북한 군 간의 상호작용은 항상 도발과 응징, 그리고 재보복이라는 패턴이 있다는 점도 특징이다. 1차 연평 해전의 승리 이후 북한은 2차 연평 해전을 통해 복수했고 우리는 대청해전을 통해 이를 되갚았다. 대청해전 승리 후 1년 뒤에 발생한 천안함 침몰 사건도 이런 맥락에서 발생했을 가능성이 있다. 더욱 걱정스러운 것은 북한의 핵 보유로 인해 국지적인 재래식 충돌 위험이 오히려 높아질 가능성이다. 소위 '안정-불안정 역설stability-instability paradox'로서 핵 보유 국가가 핵 억제력을 믿고 재래식 충돌을 불사할 여지가 커진다는 것이다.[330]

문제는 이러한 재래식 충돌이 반드시 국지적 비핵 충돌로 국한되리라는 보장이 없다는 점이다. 북한의 점증하는 국지도발에 대응하여 우리군은 '적극적 억제active deterrence'라는 개념을 도입하여 강력하게 대처한다는 입장이다. 도발 시 아군을 공격하는 원점에 대한 타격 뿐 아니라 적 화력을 지원하는 지원세력이나 지휘부까지 타격한다는 개념까지 제시된 바 있다. 또한 비례성의 원칙에 제한받지 않고 적 도발 규모보다 수십 배에 달하는 응징을 통해 적의 추가도발을 억제하겠다고 공언하기도 한다. 그간 반복된 북한의 도발에도 불구하고 이를 강력하게 응징하지 못했다는 자성의 결과다. 이는 억제가 능력뿐 아니라 의지의 방정식이라는 점에서 일견 타당한 측면이 있다. 억제이론에서 살펴보았듯이 종종 방어자가 자신이 무엇을 양보하는 지도 모르고 유약한 대응을 반복할 경우 공격자의 야심을 자극하여 억제력이 점차 무력화되는 위험이 있기 때문이다.

그러나 강력한 응징과 함께 위기 불안정 측면을 고려해야 한다는 것이 억제전략이 갖는 딜레마다. 위기관리 관점에서 한국군이 천명한 적극적 억제전략이 갖는 어려움은 이것이다. 북한의 해안포 도발에 대해 한국군이 같은 종류의 포사격이 아니라 공군력까지 동원하여 북한 내륙의 지원세력과 지휘부까지 응징한다면 북한이 과연 추가 도발 없이 이를 감수할 것인가? 만약 북한이 이에 상응하여 우리 영토에 대한 확전을 시도한다면 우리는 그 다음 어떻게 대응해야 하는가? 응징과 재응징을 주고받는 위기고조의 사다리에서 우리는 어느 수준까지 위험을 밀어 올릴 자신이 있는가? 만약 위기과정의 중도에 우리가 굴복한다면 북한에게 유약한 메시지를 전달하여 향후의 대북 억제력을 훼손하는 결과가 될 것이다. 반대로 계속 위기를 고조시켜 나간다면 일정 시점에서는 통제 불가능한 전면전으로 비화될 가능성을 배제하지 못한다.

한국전쟁 이후 억제력 강화는 항상 우리 국방력이 매진해온 중심 과제다. 국지적 충돌은 물론 기회만 있으면 북한에 의한 전면전 불사 가능성도 배제할 수 없다고 여겨지기 때문이다. 따라서 한미 연합군이 확고한 응징능력과 의지를 보여주지 못한다면 언제든지 억제가 깨질 위험이 있다는 것이 우리 사회 안보 공동체의 주류적 인식이라고 할 수 있다. 그러나 앞으로 한반도에서 전면적인 무력충돌은 대북 억제력이 취약해서 발생하기보다는 위기관리의 실패로 발생할 가능성이 크다고 판단된다. 앞서 살핀 대로 현재 한반도에는 공포의 균형이 강력하게 작동하고 있어서 전략적 안정성은 유지되고 있는 반면, 국지적, 심리적 차원에서는 매우 불안정한 성격이 있기 때문이다. "오늘날 더 이상 군사전략이란 것은 없다. 있다면 오직 위기관리가 있을 뿐이다." 1962년 쿠바 미사일 위기를 겪고 난 직후 맥나마라 Robert McNamara 미 국방장관이 한 말이다.[331] 분명 과장된 측면이 있지만 핵미사일 시대를 살고 있는 한반도에서도 새겨들어야 할 경고임에는 틀림없다.

국지적 충돌시의 위기관리와 관련하여 유의해야 할 부분이 교전규칙rules of engagement이다. 교전규칙이란 적과의 대치 및 충돌 과정에서 작전 지휘관이 취할 수 있는 무력행사의 조건과 절차를 규정한 지침을 말한다. 현장 지휘관이 취할 수 있는 재량권의 한계를 규정한다는 의미에서 군사작전에 대한 상부 통제, 특히 문민통제를 위한 하나의 수단이기도 하다. 문민 지도자는 위기 시에 전문가인 군의 판단을 존중할 필요가 있다. 그러나 평시에 군이 취할 판단과 행동에 대해 점검하고 이를 교전규칙에 반영해 놓는 것 역시 중요하다. 그렇지 않으면 군의 판단이 무엇인지도 모르는 상태에서 한반도의 전쟁 결정권을 현장 지휘관에게 위임하는 격이 되기 때문이다.

현재 우리 군에서는 '선(先) 조치, 후(後) 보고'가 강조되고 있다. 북한의 도발에 대해 그동안 우리 군이 단호히 대응하지 못한 것이 지나치게 상부의 눈치를 봤기 때문이라는 자성의 결과다. 일리 있는 조치다. 현장 지휘관에게 재량을 부여하지 않고서 적시적 대응이 있을 수 없다. 그러나 적어도 선 조치할 내용이 무엇인지와 그것이 초래할 연쇄적인 위기고조 가능성에 대해서는 사전에 판단해 놓을 필요가 있다. 특히 대청해전과 같이 빠른 속도로 진행되는 위기에서는 정부차원의 판단이 개입될 여지가 애초부터 불가능할 수도 있다는 것을 염두에 두어야 한다.[332] 1차 대전만 해도 6월 28일 사라예보의 암살사건으로 시작되었다고 하지만, 실제 위기는 세르비아에 대한 오스트리아의 최후통첩 시한이 종료된 7월 25일부터 본격화되었다. 즉, 전쟁의 문턱을 넘어버린 8월 1일 독일의 선전포고까지 걸린 기간은 고작 일주일에 불과했다. 이 짧은 기간 동안 군의 동원과 전쟁준비는 자체 논리로 움직였고, 어느 누구도 이를 통제할 수 없었다. 100년 전에 비해 현대전은 작전의 템포가 더욱 빨라졌고 무기의 파괴력이 가공할 정도로 커졌다. 평상시부터 군 지휘부와 문민 리더 간에 충분한 소통을 통해 위기 시에 취할 군사행동의 원칙과 조건에 대해 공감을 이루어 놓는 것은 더 없이 중요해졌다.

민군간의 불평등 대화

실패를 용납 않는 한반도 안보상황의 엄중함에 비추어 볼 때 민군관계의 성숙과 발전은 국가안보의 핵심 과제 중의 하나다. 1차 대전의 참화가 전형적인 민군관계의 실패사례라는 점도 상기할 필요가 있다. 당시 유럽의 군부는 현실에 맞지 않는 도그마에 빠져 있었고, 민간 지도자들은 어느 누구도 이를 제어하지 못했다. 극단적으로 말하면 발생하지 않을 수도 있었던 전쟁이 무모한 장군들과 무능력한 외교관들 그리고 허풍만 가득했던 군주들 때문에 발생했다. 민군관계를 논의할 때 첫 번째 패러독스는 사회를 보호하기 위해 만들어진 군이 종종 사회를 위협할 수 있는 무력을 보유하고 있다는 것이다. 1차 대전 당시 프랑스 제3공화국 정부가 군 복무기간을 줄이고자 했던 것은 군을 완전히 공화주의 군대로 만듦으로써 쿠데타 위험을 없애려고 한 시도였다. 독일의 경우도 군의 위세가 너무 막강하여 거의 제어되지 않는 집단으로 군림했던 상황이었다. 특히 몰트케가 빌헬름 황제와 베트맨 재상의 정책을 정면으로 거스르면서 오스트리아 콘라드 장군에게 총동원을 지시한 것은 월권의 차원을 넘어 총성 없는 쿠데타나 다름없었다.

물론 국가의 안전보장을 위한다는 목표에 있어서는 민과 군이 차이가 있을 수 없다. 그러나 양자 간에는 선호의 차이가 있다는 점도 엄연한 사실이다. 국가의 안위를 위하는 것은 같지만 그것을 어떤 방법으로 어떤 비용을 치르면서 달성할 것인가에 대해서는 생각이 다를 수 있다는 것이다. 문제는 민군간의 선호 차이를 어떻게 잘 조율할 것인가에 있다. 만약 역량 있는 문민 리더십에 의해 군이 효과적으로 통제되지 못한다면 온갖 종류의 비정상적인 행태들이 나타날 수 있다. 이를 민군관계 연구에서는 '태만'이라고 부른다. 즉, 군이 자신의 이해와 선호를 고집하기 위해 민간 정부의 정책을 거부하거나 회피하는 갖가지 행동을 말한다. 예를 들어 정부가 선호하는 특정한 군사행동에 대해 위험성과 비용을 과장해서 조언한다거나 대안을 봉쇄함으로써 정부의 선택권을 실질적으로 무력화하는 것 등이 여기에 해당한다. 1차 대전 전 프랑스 정부가 군 복무기간 단축을 시도하자 이를 무력화시키기 위해 군이 공격교리로 전환한 것이 바로 이런 경우다. 베트남 전쟁 이후 미군에게도 이런 일이 있었다. 국민적 지지 없는 전쟁이 얼마나 어려운지 절감한 군부가 전투에서 예비군이 핵심적 역할을 하도록 부대 편성을 바꿔버린 것이다. 예비군 동원 없이 전쟁이 불가능하도록 함으로써 국민의 전폭적 지원 없이는 전쟁에 참여하는 상황을 원천적으로 막기 위함이었다.

결국 관건은 민군 상호간에 이해와 존중을 바탕으로 양자의 차이를 조정하고 국가 정책과 군사 전략을 합리적으로 조화시킬 수 있는가에 달려 있다.[333] 이에 대해 민군관계 연구의 고전에 해당하는 『군과 국가』에서 사무엘 헌팅턴Samuel Huntington은 바람직한 문민통제의 모델을 제시한 바 있다.[334] 그가 생각한 것은 '객관적 문민통제objective civilian control'였다. 즉, 군의 전문성과 효율성을 극대화하기 위해 문민이 개입하지 말아야 할 군의 고유 영역을 인정하는 방안이었다. 그래야만 자율성을 인정받은 군이 민에 자발적으로 복종하고 군의 정치적 중립성도 확보된다는 취지였다. 이와 반대되는 것이 '주관적 문민통제subjective civilian control'다. 민군 영역을 부정하고 문민이 군사문제에 관여하는 방식을 말하는데, 군 고유의 특징과 군사적 효율성이 저해될 뿐 아니라 군의 정치화를 초래한다는 문제점이 있다고 지적된다.

군의 전문직업주의와 책임성을 강조한 헌팅턴의 이론은 규범적이고 이상적인 직업군인의 모습을 잘 포착하고 있다. 그러나 역사적 사례와 민주주의 정신에서 볼 때 적지 않은 한계가 있는 것도 사실이다. 당장 1차 대전 사례에서 보더라도 그 폐해가 분명했다. 먼저 헌팅턴식의 민군간 역할 분담론은 민이 간섭하지 말아야 할 군사적 영역이 있다는 비민주적 사고로 연결될 가능성이 있다.[335] "동원이 시작되면 정치인은 입을 다물라"는 몰트케의 주장이나 슐리펜 계획의 무오류성이 신화처럼 떠받들어진 것 등이 이런 사례들이다. 또한 헌팅턴이 얘기한 대로 민군 영역이 구분 가능한지도 의문이다. 국방과 관련된 거의 모든 문제는 민군간의 영역을 명확히 나누는 것이 불가능할 만큼 많은 부분이 중첩되어 있다. 슐리펜 계획이 상정한 벨기에 침범만 하더라도 군사작전의 문제만이 아니라 영국의 개입을 초래하는 중대한 외교적 문제였다. 그럼에도 불구하고 뷜로우 재상이 보인 행동은 전략의 권위자 슐리펜의 판단에 대한 무비판적인 추종이었고 그것이 독일에게 가져온 폐해는 1차 대전이 증명한 바와 같다.

또한 군사영역에 대한 민의 배제를 정당화할 만큼 민군간의 차이가 본질적인가에 대해서도 논쟁의 여지가 있다. 전문직업군제를 강조하면서 헌팅턴은 군인을 의사나 법률가에 비유했지만, 군사적 전문성은 의술이나 법률지식과는 달리 보편적인 것이 아니라 특정 상황과 시대에만 적용된다는 점에서 차이가 있기 때문이다. 첨단 장비 운용과 발전된 전술, 교리로 훈련받은 미군이 베트남 정글 속에서 치른 게릴라전에서 크게 고전한 것은 대표적인 사례였다. 군의 전문성과 관련하여 더 큰 문제는 대부분의 군이 사실상 실전 경험이 없다는 것이다. 시대와 나라에 따라 차이는 있지만 통상의 경우 군인이라 하더라도 전쟁사를 공부하고 전쟁에 대비해 훈련할 뿐이지 전장을 경험해 본 사람은 많지 않다. 이는 마치 최고 사령관이라 하더라도 그 직업적 전문성이란 법정 경험이 없는 신참 변호사나 수술 경험이 없는 외과 의사에 비유될 정도로 검증되지 않은 수준에 불과할 때가 많다는 것을 뜻한다.[336] 다시 말해 군사적 전문성 자체는 분명히 존재하지만 그것이 민간 리더의 참여를 배제할 만큼 절대적인 것은 아니라는 지적이다.

1차 대전 당시 유럽의 장군들이 이와 같았다.[337] 1차 대전 참전 열강들 중 대규모 전쟁을 경험한 나라는 러일전쟁을 겪은 러시아뿐이었는데, 그나마 그들이 배운 거라곤 전쟁이란 혼란 그 자체라는 교훈뿐이었다. 영국은 물론이고 프랑스, 독일의 군인들은 식민지에서 치러진 소규모 전투 외에는 의미 있는 실전경험을 갖지 못한 상태였다. 슐리펜부터가 실제 전투에 참여한 경험이 없이 순전히 이론적인 관점에서 작전개념을 구상했던 인물이었고, 그것을 집행한 몰트케도 비전투 공병 출신이었다. 다른 나라들도 엄청나게 세밀한 동원계획을 수립하고 이에 집착했지만, 실제 수백만이 이동하는 동원령이 실제 내려질 때 어떤 일이 발생할지에 대해서 아는 사람은 아무도 없었다.[338]

오늘날의 민군관계는 100년 전 유럽의 상황과는 다르다. 특히 성숙된 민주주의 국가에서는 군에 대한 문민통제가 잘 확립되어 있고, 군사반란의 위험성이 거의 없을 정도로 안정적인 민군관계를 유지하고 있다. 그러나 쿠데타 위험이 사라졌다고 해서 문민통제의 중요성이 사라진 것은 아니다. 오히려 오늘날 민군관계 이론에서는 쿠데타 방지를 넘어 '국방정책에 대한 민주적 통제'를 문민통제의 제2세대 도전이라 하여 중시하고 있다.[339] 군사문제에 대한 문민통제가 중요한 것은 사실 많은 군사적 결정들이 단순히 군사영역에만 머무는 것이 아니라 그 사회의 구성원에 깊은 영향을 미치기 때문이다. 즉, 전체 국가재원 중 얼마를 국방비에 할당할 것인지, 군 복무기간을 어느 정도로 할 것인지, 그리고 어떠한 군사교리를 채택할 것인지가 모두 중요한 군사문제이자 국가정책이라는 것이다. 다시 말해 1차 대전 당시 영독간 건함경쟁을 둘러싸고 벌어졌던 국방비 논쟁, 프랑스에서 민군갈등을 노정시킨 군 복무기간 문제, 그리고 외교를 위축시키고 위기를 증폭시켰던 공격적 군사교리는 100년 전이나 지금이나 군과 사회에 중대한 영향을 미치는 문제들이다.

군은 전문가 집단이다. 그 군사적 효율성을 살리기 위해서는 국민과 문민 리더십은 군을 신뢰하고 그 자율성을 인정해 주어야 한다. 그렇지 않고 문민이 군사문제에 무분별하게 개입할 경우 군사전문성이 훼손되고 궁극적으로 국가안보에도 치명적 영향이 있다는 것은 헌팅턴이 지적한 바와 같다. 정치인이 직접 군사작전을 수립하고 진격명령까지 하달하는 모습은 상상할 수 없다. 그러나 그렇다고 '국가를 지켜달라'는 식의 극단적인 위임에 안주할 수도 없다. 국가안보를 위해 어떤 비용을 치르고 어떤 위험을 감수할 것인지에 대해서는 문민의 리더십이 작동해야 한다. 그렇지 않으면 사회를 방어하기defend 위해 존재하는 군이 사회를 규정하는define 결과를 초래할 수도 있기 때문이다.[340] 이

점은 검찰, 의사, 관료 집단에 대해서도 똑같이 해당된다. 법적 판단과 의료 행위, 그리고 각종 행정을 국민이 직접 나서거나 정치인이 대신 수행할 수는 없지만, 그렇다고 민주적 통제 밖에 존재하는 불가침의 영역으로 방치할 수 없는 것과 같다. 이것이 본인-대리인 모델Principal-Agent model에서 말하는 위임과 감독의 균형이다.[341]

이 점에서 엘리엇 코언Eliot Cohen은 헌팅턴의 객관적 문민통제의 대안으로서 '불평등 대화unequal dialogue'라는 민군관계의 틀을 제시한 바 있다. 헌팅턴의 문민통제가 군사영역에 대한 군의 자율성을 강조했다면, 불평등 대화는 군사문제에 대한 민군간의 긴밀한 대화를 강조한다. 코언은 전시 위대한 정치가들이 헌팅턴의 처방과는 달리 정치와 전략, 작전의 경계를 넘다들면서 때로는 군 장성들과의 갈등을 무릅쓰고 전쟁을 성공적으로 지휘했음을 강조한다. 예컨대 처칠은 군사문제를 군에 맡겨 놓고 잘 될 것이라는 희망 섞인 기대를 갖고 기다리지 않았다고 한다. 오히려 노르망디 상륙작전 시기, 대독일 전에서 전략폭격의 비중과 같은 전략적 결정은 물론이고, 종종 작전적, 전술적 문제에도 깊이 관여했는데, 그 과정에서 집요한 질문과 소통을 통해 큰 전략적 문제와 연결시켰다는 것이다.[342]

물론 군사문제에 대한 정치지도자들의 관여가 항상 바람직한 결과를 가져왔던 것은 아니다. 더욱이 정치가가 군 지휘관보다 군사적 판단에 있어서 뛰어났다는 의미도 아니다. 코언이 강조하는 바는 민과 군의 지도자가 도식적이고 이분법적인 역할 분담에 얽매일 것이 아니라 양자가 끊임없이 질문하고 대화하면서 전략을 함께 강구해

나가야 한다는 것이다. 다만, 코언은 민군간의 소통을 불평등하다고 불렀는데, 종국적인 의사결정의 권한이 문민에 있음을 분명히 하기 위해서였다. 다시 말해 헌팅턴 모델이 군의 전문직업주의를 강조했다면 코언은 문민의 리더십을 조명했다는 데 차이가 있다.

만약 1차 대전 당시에 군의 공격 교리에 대해서, 경직적인 동원계획에 대해서, 그리고 군 복무기간에 대해서 민군간에 대화가 가능했다면 어땠을까? 군사작전에 대한 무조건적인 수용과 추종이 아니라 국가전략이라는 큰 틀에서 민군간 소통이 있었다면 달라지지 않았을까? 외상과 재상들이 동원령이 갖는 위기 증폭의 위험성을 좀 더 일찍이 이해했다면 그래도 결과가 같았을까? 위기가 닥치고 나서야 허둥지둥대는 것이 아니라 평상시부터 장군들과 민간 관료들이 군사와 외교를 조화시켜 나갔으면 어땠을까? 되짚어 볼수록 1차 대전이 주는 교훈은 현재진행형이다. 전략상황에 대해 오판하지 말 것, 고정관념과 도그마에 유의할 것, 유약하지 않되 지나친 과잉대응을 조심할 것, 그리고 이 모든 문제들에 대해 민군간에 건설적인 대화가 있을 것. 100년 전이나 지금이나 결코 쉽지 않은 과제들이다. 평화는 결국 힘을 통해서만 지켜지는 것이 아니다. 냉철함과 절제된 용기, 그리고 민군지도자의 통합된 노력이 없으면 불가능하다. 이점이 바로 그 많은 피를 흘리고 얻은 1차 대전의 값진 교훈이 아닐까?

결론

1차 대전은 불가피하지 않았다. 충분히 피할 수 있었던 재앙이었다. 적어도 수천만 명을 앗아간 대 전쟁으로 귀결될 필연은 없었다. 유럽의 모든 강대국들과 미국까지 참전하는 세계대전이 아니라 발칸의 작은 전쟁으로 역사에 기록됐을 가능성이 얼마든지 있었던 전쟁이었다. 현재의 눈으로 과거를 되돌아보면 마치 이렇게 흘러올 수밖에 없었던 것처럼 생각될 때가 있다. 1차 대전도 마찬가지다. 제국주의적 동기, 대립하는 동맹 구조, 호전적 민족주의와 같은 구조적 힘들 때문에 유럽이 전쟁을 피하기는 쉽지 않았을 거라는 시각이다. 사라예보의 암살이라는 우발적 사건이 없었더라도 또 다른 불씨 하나만으로 유럽은 언제든 폭발할 수밖에 없었다는 해석이다. 확실히 1900년대 유럽에는 위험한 기운들이 있었다. 힘을 바탕으로 영토와 시장

을 확장하는 것에 거리낌이 없었던 제국주의의 시대였고, 평화를 지겨워하며 전쟁을 갈구하는 호전적인 민족주의가 충만했던 시절이었다. 여기에 부상하는 독일이 대영제국의 패권에 도선하면서 유럽의 세력균형을 흔들고 있었고, 모든 강대국들이 양대 동맹진영으로 나뉘어 팽팽한 긴장상태를 유지하고 있던 시대였다.

그러나 이러한 구조적 힘들이 1차 대전의 직접적 원인이라고 보기는 어렵다. 전쟁이 발생한 환경적 토대 정도는 될지 몰라도 전쟁을 불가피하게 만든 결정석 요인은 아니라는 뜻이다. 우선 통상 거론되는 것과는 달리 1차 대전은 제국주의 전쟁은 아니었다. 흔히 빌헬름 황제의 팽창주의 정책이 거론되기도 하지만, 독일이 해외 식민지를 넓히기 위해 전쟁을 일으켰던 것은 아니었기 때문이다. 빌헬름 즉위 초반에 영독간 치열한 건함경쟁이 있었던 것은 사실이지만, 이미 1912년을 기점으로 군비경쟁은 영국의 승리로 결판이 나 있었던 상황이었다. 그 이후 독일이 몰두했던 것은 육군력 증강이었고 이를 통한 유럽 대륙 내 독일의 안전 문제였다. 다시 말해 지도자의 팽창 야심과 산업자본 세력의 식민지 확보 욕구 때문에 일어났던 전쟁은 아니었던 것이다. 또한 국수적 애국주의, 호전적 민족주의도 전쟁을 일으킨 직접적 원인과는 거리가 멀었다. 유럽의 민중들이 전쟁의 열기에 들떠 환호했던 것은 사실이지만, 이 같은 애국주의 열풍은 전쟁이 임박하고 나서야 나타난 현상이었다. 다시 말해 정책결정자들의 전쟁 결정이 있고 난 후의 반응이었지 전쟁을 촉발한 이유나 원인은 아니었던 것이다. 오히려 대중적 정서는 그 반대였다. 발칸의 작은 나라에서 발생한 위기에 무관심했고 자신과 관련 없는 먼 나라의 전쟁에 끌려들어가는 것에 거부감을 갖고 있던 것이 보통이었다.

대립하는 양대 동맹구조 때문에 1차 대전이 불가피했다고 보는 것도 정확한 해석은 아니다. 당시 동맹체제가 경직적인 성격이 있었던 것은 사실이다. 독일은 오스트리아-헝가리 왕국을 전적으로 지원한다는 위험한 백지수표를 발행했고, 영국, 프랑스, 러시아도 동맹국 때문에 원치 않는 전쟁에 연루될 수 있는 제약을 받고 있었다. 그러나 대립하는 동맹 구조라는 것은 유럽에서 새삼스러운 것이 아니었다. 수백 년 동안 유럽 각국들은 자국의 안보와 대륙의 세력균형 차원에서 동맹 파트너를 찾아왔고 이 때문에 평화가 유지되기도 했다. 이 정도의 대립과 긴장이라면 어느 시대에도 있을 법한 문제였다. 특히, 1900년대 유럽의 양대 동맹 진영 간에는 서로 죽고 죽여야 할 사활적인 국익의 충돌 같은 것은 없었다. 상대방의 존재 자체를 위협했거나 영토를 탐냈다거나 하는 화해할 수 없는 갈등이 있지는 않았기 때문이다. 따라서 당시 유럽이 완벽한 조화와 평화의 시대는 아니라고 할지라도 전쟁을 숙명처럼 받아들여야 할 이유는 전혀 없었던 상황이었다.

충돌이 불가피하지 않았다면 무엇 때문에 전쟁이 일어난 것일까? 누구의 잘못인가? 돌이켜 보면 전쟁으로 가는 과정에 수많은 선택들이 있었다. 오스트리아-헝가리는 사라예보 암살 사건을 외교적 타협이 아니라 군사적 응징으로 해결하겠다고 결심했고, 독일 빌헬름 황제는 이를 전폭 지원하는 백지수표를 건네고 말았다. 이후 사태

악화에 겁을 먹은 빌헬름 황제가 '베오그라드 정지'라는 수습책을 제시했지만, 재상 베트맨과 오스트리아-헝가리는 이를 거부했다. 또한 러시아 니콜라스 황제는 빌헬름 황제의 간청에도 불구하고 총동원이라는 결정적 선택을 했고, 이후 독일과 프랑스 역시 동원령 선포를 통해 전쟁 머신을 작동시키고 말았다. 결국 잘못은 이러한 선택들에 있었다. 어느 한 나라의 거대한 침략 의도가 아니라 수많은 결정들이 누적되어 상호작용을 일으키면서 터져 버린 것이 1차 대전이었던 것이다.

그렇다면 이 잘못된 선택들은 어떻게 이루어진 것인가? 제국주의적 동기도 없었고 국익의 충돌도 없었으며 전쟁을 부르짖는 민중의 압력 때문도 아니었다면 유럽의 지도자들은 왜 이러한 치명적인 실수를 했던 것인가? 그것은 바로 그들이 잘못된 믿음의 포로였기 때문이었다. 선제공격이 유리하다는 기대, 먼저 공격을 당할지 모른다는 두려움, 그리고 전쟁이 단기간에 끝날 것이라는 환상에 사로잡혀 있었던 것이다. 유럽의 총참모부는 아군이 잠들어 있을 때 적군이 은밀히 밀어닥치지 않을까 두려워했고, 자칫 칼을 뽑기도 전에 전쟁에 패배하게 될까봐 걱정했다. 동원령 하루 지연이 최대 25km에 이르는 영토 상실을 가져올 것이라는 프랑스 조프르 참모총장의 경고는 바로 이런 속도에 대한 강박감을 드러내는 발언이었다. 또한 단호함만이 상대를 굴복시킬 수 있다는 무모한 담력게임에 빠져 있었다는 점도 문제였다. 위험을 계산하고 조절할 수 있다고 생각했지만 어느 순간 위기가 임계점을 넘자 이를 통제할 수 있는 사람은 아무도 없었던 것이다. 아무도 이 정도 규모의 대재앙을 생각하지 않았지만 결국 세계대전으로 번져버리고 만 것이다. 1차 대전이 침략자 없는 전쟁으로 비춰지는 이유가 바로 여기에 있다. 모두들 조국을 지키기 위한 방어 전쟁이라고 생각하며 전쟁에 뛰어들었기 때문이다. 줄곧 예방전쟁을 주장했던 독일의 장군들도 어차피 터질 전쟁을 좀 더 유리한 시기에 수행해야 한다고 믿었을 뿐이었다. 독일이 이런 논리로 움직인다면 프랑스나 러시아로서도 선택의 여지가 없었다. 빨리 동원령을 내려야 한다는 총참모부의 끈질긴 요구에 러시아 니콜라스 황제나 프랑스 비비아니 수상 역시 끝까지 버틸 수 없었던 것이다.

당시 유럽인들이 빠져 있던 잘못된 믿음의 결정체가 바로 각국의 작전계획이었다. 전쟁이 여름날의 상쾌한 소나기 같이 단기간에 끝날 것이라는 신화가 공격제일주의라는 모습을 띠고 유럽의 총참모부를 사로잡고 있었던 것이다. 특히, 독일의 슐리펜 계획이 문제였다. 전광석화처럼 프랑스를 제압한 후에 러시아를 격파한다는 작전구상은 무엇보다 외교의 공간을 인정하지 않는 한계가 있었다. 재상 베트맨 등 민간 리더가 추구한 '조절된 강압'과 달리 슐리펜 계획은 전부 아니면 전무식으로 프랑스 선제공격이라는 단일 시나리오에 집착하고 있었기 때문이다. 즉, 전쟁을 국지화한다는 재상의 목표와 동서 양면 전면전에 고착되어 있던 군부의 작전 구상 간에는 근본적인 모순이 있었던 것이다. 슐리펜 계획이 단순히 국가정책 구현을 위한 하위 군사전략이 아니라 독일 정부의 정책을 왜곡하고 제약했다는 평가가 나오는 것은 바로 이 때문이다.

1차 대전은 한편 전형적인 민군관계의 실패 사례였다. 위기를 관리하지 못해서 원치 않은 전쟁으로 비화된 데에는 군사와 외교가 단절되고 정치가 군사를 지도하지 못했던 것에 큰 책임이 있었기 때문이다. 슐리펜 계획부터가 취약했던 당시 민군관계의 산물이었다. 국가의 명운을 건 전략구상이었지만 독일 총참모부 단독으로 수립하였고 정부 차원에서의 논의가 일정 허용되지 않은 배타적 계획이었던 것이다. 중립국 벨기에 침범이라는 중요한 외교적 사안에 대해서도 마찬가지였다. 결국 영국의 참전을 불러 온 예민한 문제였음에도 불구하고 이상하게도 민간 관료들은 일체의 문제제기를 삼가고 추종하는 자세를 보였다. 그만큼 군의 위상이 막강했던 것이다. 오히려 군부의 판단을 존중하고 이를 성실히 수행하는 것이 외교의 임무라고 간주될 정도였다. 또한 참모총장 몰트케는 재상 베트맨을 건너뛰고 오스트리아에게 강경책을 주문하기도 했는데, 이 같은 월권행위 때문에 전쟁을 국지화하려는 독일 정부의 정책에 큰 난관을 초래한 적도 있었다. 이렇게 독일 군부는 황제를 제외한 민간 정부 요인 누구의 통제도 받지 않는 독립적인 위상을 갖고 있었고, 따라서 위기 시에 국가정책 차원에서 통합된 노력을 기울이는 것이 그만큼 어려울 수밖에 없었던 것이다. 전쟁이 정치의 도구라는 클라우제비츠의 명제가 뒤집혀져서 오히려 군사가 정치를 선도하고 제약하는 모습을 보였던 것이다.

1차 대전은 피할 수 있었던 전쟁이었다. 절대 불가피하지 않았고, 극복하지 못할 어떤 구조적 힘 때문에 일어난 전쟁이 아니었다. 단지 잘못된 믿음 때문에, 잘못된 선택들이 있었기 때문에 발생한 전쟁이었다. 한반도의 안보상황이 예사롭지 않다. 100년 전의 과오를 교훈 삼아 우리도 잘못된 믿음을 갖고 있는 것은 아닌지 점검할 필요가 있다. 누구도 원치 않았지만 1차 대전이 터진 것처럼 누구도 원치 않는 전쟁이 한반도에서도 일어나지 않는다고 누가 장담할 수 있을까? 미국 조야에서 북한의 핵 무장이 완성되기 전에 북한 핵 시설을 선제 타격해야 한다는 주장이 제기되고 있다. 러시아의 군비증강과 철도 보강이 완성되기 전에 예방공격을 해야 한다고 고집하던 독일 총참모부의 조바심이 생각나는 대목이다. '죽음이 두려워 자살을 하는 멍청한 짓'은 하지 말아야 한다는 비스마르크의 발언은 오늘날 한반도 문제에 있어서도 새겨들어야 할 경고인지 모른다.

과연 우리는 한반도 전략 환경에 대해 정확한 평가를 하고 있는 것일까? 혹시 방어우위라는 객관적 현실을 이해하지 못한 채 선제공격의 유혹과 두려움에 굴복했던 유럽인들의 과오를 범할 가능성은 없을까? 동원령이 몰고 올 위기증폭 효과에 무지했던 당시와 마찬가지로 우리가 갖고 있는 군사전략과 대비태세에도 상황을 통제 불가능하게 몰고 갈 위험 인자가 있지는 않은가? 가공할 보복능력을 보유한 남북 쌍방 간에는 이미 공포의 균형이 강력하게 작동하고 있다. 따라서 선제공격에 따른 유불리를 따질 구조가 아니라는 점은 100년 전 유럽과 크게 다르지 않아 보인다. 단호한 대북억제가 필요하다는 점은 변함없지만, 과잉억제가 초래할 수 있는 공포의 상호 연쇄 효과에도 유념해야 하는 것은 바로 이 때문이다. 무엇보다 내 자신을 위한 방어적 자위 조치가 상대방의 안보를 위협하는 안보딜레마가 1914년이나 지금이나 작동하고 있음을 놓치지 말아야 한다. 어느 일방이 약해 보여서가 아니라 상호 두려움과 공포 때문에 전쟁이 터질 가능성에 유의해야 한다는 뜻이다. 잘못하면 억제를 위한 노력 때문에 억제가 깨지는 불행한 과거가 반복될 수 있기 때문이다. 이제 정말 중요한 것은 위기관리다. 단호함 못지않게 신중함이 필요하고, 외교와 군사가 조화를 이루어야 하며, 민과 군간에 소통이 있어야 한다. 무엇보다 우리가 갖고 있는 군사전략과 국지도발 대응태세를 확전통제escalation control의 관점에서 평시부터 점검해 놓을 필요가 있다. 1차 대전은 잘못된 믿음과 무지, 그리고 취약한 민군관계 때문에 '불필요한 전쟁'이 일어날 수 있다는 값비싼 교훈을 남겼다. 한반도가 똑같은 역사적 교훈의 무대가 되는 것은 정말로 불필요하다.

강미현. 2010.『비스마르크 평전: 비스마르크, 또 다시 살아나다』서울: 에코리브르.

권태영 외. 2014.『북한 핵 · 미사일 위협과 대응』서울: 북코리아.

김정섭. 2011. "민군간의 '불평등 대화': 한국군의 헌팅턴 이론 극복과 국방기획에 대한 문민통제 강화."『국가전략』제17권 1호.

________. 2015. "한반도 확장억제의 재조명: 핵우산의 한계와 재래식 억제의 모색."『국가전략』제21권 2호.

________. 2016.『외교상상력: 지나간 백년 다가올 미래』서울: MID.

김태우. 2013.9.26. "북한의 핵미사일과 적극적 억제." 국가안보전략연구소 주최 북핵문제와 한반도 신뢰프로세스 토론회 발표자료.

노훈. 2013. "북한 핵개발 진전과 '시한성 긴급표적 처리 체계'의 발전."『KIDA 국방주간논단』제 1455호.

러셀 프리드먼(강미경 옮김). 2014.『1차 세계대전: 모든 전쟁을 끝내기 위한 전쟁』 서울: 두레아이들.

바바라 터크먼(이원근 옮김). 2008.『8월의 포성』 서울: 평민사.

박상섭. 2014.『1차 세계대전의 기원: 패권 경쟁의 격화와 제국체제의 해체』 파주: 아카넷.

육군사관학교 전사학과. 2012.『세계전쟁사』 서울: 황금알.

이성훈. 2014. "북한 도발 억제를 위한 자위권 적용에 대한 연구: 북핵 위협에 대응 위한 선제적 자위권 적용을 중심으로."『국가전략』 제 20권 2호.

정세현. 2017.2.26. "선제타격, 실제로 할 수 있을까."『한겨레』 A26.

조지프 나이(양준희 · 이종삼 옮김). 2009.『국제분쟁의 이해: 이론과 역사』 파주: 한울아카데미.

존 키건(조행복 옮김). 2016.『1차 세계대전사』 서울: 청어람미디어.

피터 심킨스 · 제프리 주크스 · 마이클 히키(강민수 옮김). 2008.『모든 전쟁을 끝내기 위한 전쟁: 제1차 세계대전 1914~1918』 서울: 플래닛미디어.

프레더릭 모턴(김지은 옮김). 2013.『석양녘의 왈츠: 제국의 붕괴와 제1차 세계대전의 발발』 인천: 주영사.

한인택. 2010. "선제공격: 논리와 윤리."『전략연구』 제 48호.

함형필. 2009. "북한의 핵전략 구상과 전략적 딜레마 고찰."『국방정책연구』 제25권 2호.

Bruneau, Thomas C. and Scott D. Tollefson(eds.). 2006. *Who Guards the Guardians: Democratic Civil-Military Relations*. Austin:

University of Texas Press.

Carter, Ashton B. and William J. Perry. 2002. 10. 20. "Back to the Brink," *Washington Post*, p. B01.

Cha, Victor D. and David C. Kang. 2004. "The Debate over North Korea," *Political Science Quarterly*, vol. 119, no. 2.

Clark, Christopher. 2014. *The Sleepwalkers: How Europe Went to War in 1914*. New York: Harper Perennial.

Clausewitz, Carl von. 1984. *On War, edited and translated by Michael Howard and Peter Paret*. Princeton: Princeton University Press.

Cohen, Eliot A. 2002. *Supreme Command: Soldiers, Statesmen and Leadership in Wartime*. New York: The Free Press.

Cooper, Richard N. 1991. "Economic Interdependence and War," in Steven E. Miller, Sean M. Lynn-Jones and Stephen Van Evera (eds.), *Military Strategy and the Origins of the First World War, revised and expanded edition*. Princeton: Princeton University Press.

Craig, Gordon A. and Alexander L. George. 1995. *Force and Statecraft: Diplomatic Problems of Our Time*. Oxford: Oxford University Press.

Dahl, Robert. 1985. *Controling Nuclear Weapons*. Syracuse: Syracuse University Press.

Feaver, Peter D. 1992/93. "Command and Control in Emerging Nuclear Nations," *International Security*, vol. 17, no. 3.

_______. 1996. "The Civil-Military Problematique: Huntington, Janowitz, and the Question of Civilian Control," *Armed Forces & Society*, vol. 23, no. 2.

_______. 1999. "The Civil-Military Relations," *Annual Review of Political Science*, vol. 2, no. 1.

_______. 2003. *Armed Servants: Agency, Oversight, and Civil-Military Relations.* Cambridge: Harvard University Press.

Ferguson, Niall. 1998. *The Pity of War: Explaining World War I.* London: Allen Lane.

Fisher, Fritz. 1967. *Germany's Aims in the First World War.* New York: Norton.

Fromkin, David. 2005. *Europe's Last Summer: Who Started the Great War in 1914?* New York: Random House.

Glaser, Charles L. 1997. "The Security Dilemma Revisited," *World Politics*, vol. 50, no. 1.

Hamilton, Richard F. and Holger H. Herwig (eds.). 2003. *The Origins of the World War I.* Cambridge: Cambridge University Press.

Herwig, Holger H. 1997. *The First World War*: Germany and Austria-Hungary 1914-1918. London: Arnold.

Huntington, Samuel P. 1957. *The Soldier and the State: The Theory and Politics of Civil-Military Relations.* Cambridge: Harvard University Press.

_______. 1983/84. "Conventional Deterrence and Conventional

Retaliation in Europe," *International Security*, vol. 8, no. 3.

Jervis, Robert. 1976. *Perception and Misperception in International Politics*. Princeton: Princeton University Press.

______. 1978. "Cooperation Under the Security Dilemma," *World Politics*, vol. 30, no. 2.

Kang, David. 2003. "International Relations Theory and the Second Korean War," *International Studies Quarterly*, vol. 47.

Keiger, John F.V. 1983. *France and the Origins of the First World War*. New York: St. Martin's Press.

Khon, Richard H. 197. "How Democracies Control the Military," *Journal of Democracy*, vol. 8, no. 4.

Kim, Jungsup. 2006. "The Security Dilemma: Nuclear and Missile Crisis on the Korean Peninsula," *The Korean Journal of Defense Analysis*, vol. 18, no. 3.

Kissinger, Henry. 1994. *Diplomacy*. New York: Touchstone Book.

Langdon, John W. 1991. *July 1914: The Long Debate, 1918-1990*. New York: Berg.

Macmillan, Margaret. 2013. *The War That Ended Peace: The Road to 1914*. New York: Random House.

McMeekin, Sean. 2011. *The Russian Origins of the First World War*. Cambridge: Harvard University Press.

Mombauer, Annika. 2001. *Helmuth von Moltke and the Origins of the First World War*. Cambridge: Cambridge University Press.

______. 2013. "The Fisher Controversy, Documents and the 'Truth' about the Origins of the First World War," *Journal of Contemporary History*, vol. 48, no. 2.

Morgan, Patrick. 2004. "North Korea and Nuclear Deterrence," *International Journal of Korean Unification Studies*, vol. 13, no. 1.

Mulligan, William. 2010. *The Origins of the First World War*. Cambridge: Cambridge University Press.

Nye Jr., Joseph S. 2015. "Inevitability and War," in Richard N. Rosecrance and Steven E. Miller (eds.), *The Next Great War?: The Roots of World War I and the Risk of U.S.-China Conflict*. Cambridge: The MIT Press.

Oberdorfer, Don. 1998. *The Two Koreas: A Contemporary History*. New York: Addison-Wesley.

Posen, Barry R. 1991. *Inadvertent Escalation: Conventional War and Nuclear Risks*. Ithaca: Cornell University Press.

Rosegrant, Susan and Michael D. Watkins. 1995. *Carrots, Sticks, and Question Marks: Negotiating the North Korean Nuclear Crisis*. Harvard University, John F. Kennedy School of Government.

Sagan, Scott D. 1991. "1914 Revisited: Allies, Offense, and Instability," in Steven E. Miller, Sean M. Lynn-Jones and Stephen Van Evera (eds.), *Military Strategy and the Origins of the First World War, revised and expanded edition*. Princeton: Princeton University Press.

Schelling, Thomas S. 1966. *Arms and Influence*. New Haven: Yale University.

Scobell, Andrew. 2014. "North Korea's Strategic Intentions," http://www.strategicstudiesinstitute.army.mil/pdffiles/PBU611.pdf. 검색일: 2014.12.2.

Sigal, Leon. 1998. *Disarming Strangers: Nuclear Diplomacy with North Korea*. Princeton: Princeton University Press.

Snyder, Jack. 1991. "Civil-Military Relations and the Cult of the Offensive, 1914 and 1984," in Steven E. Miller, Sean M. Lynn-Jones and Stephen Van Evera (eds.), *Military Strategy and the Origins of the First World War, revised and expanded edition*. Princeton: Princeton University Press.

_______. 2015. "Better Now Than Later: The Paradox of 1914 as Everyone's Favored Year for War," in Richard N. Rosecrance and Steven E. Miller (eds.), *The Next Great War?: The Roots of World War I and the Risk of U.S.-China Conflict*. Cambridge: The MIT Press.

Snyder, Glenn H. 1961. *Deterrence and Defense: Toward a Theory of National Security*. Princeton: Princeton University Press.

_______. 1965. "The Balance of Power and the Balance of Terror," in Paul Seabury (ed.), *The Balance of Power*. San Francisco: Chandler Publishing Co..

Steiner, Zara S. and Keith Neilson. 2003. *Britain and the Origins of the First World War*. Houndmills: Palgrave Macmillan.

Taylor, A.J.P. 2013. *War By Timetable: How the First World War*

Begin, e-book edition. Endeavour Press Ltd..

Van Evera, Stephen. 1991. "The Cult of the Offensive and the Origins of the First World War," in Steven E. Miller, Sean M. Lynn-Jones and Stephen Van Evera (eds.), *Military Strategy and the Origins of the First World War, revised and expanded edition*. Princeton: Princeton University Press.

_______. 2015. "European Militaries and the Origins of World War I," in Richard N. Rosecrance and Steven E. Miller (eds.), *The Next Great War?: The Roots of World War I and the Risk of U.S.-China Conflict*. Cambridge: The MIT Press.

Verhey, Jeffrey. 2000. *The Spirit of 1914: Militarism, Myth, and Mobilization in Germany*. Cambridge: Cambridge University Press.

Williamson Jr., Samuel R. 1991. *Austria-Hungary and the Origins of the First World War*. London: Macmillan.

Williamson Jr., Samuel R. and Ernest R. May. 2007.7. "An Identity of Opinion: Historians and July 1914," *Journal of Modern History*.

Wit, Joel S., Daniel B. Penenman, and Robert L. Gallucci. 2004. *Going Critical: The First North Korean Nuclear Crisis*. Washington, D.C.: Brookings Institution Press.

1 러셀 프리드먼(강미경 옮김), 『1차 세계대전: 모든 전쟁을 끝내기 위한 전쟁』 (서울: 두레아이들, 2014), p. 207.

2 피터 심킨스 · 제프리 주크스 · 마이클 히키(강민수 옮김), 『모든 전쟁을 끝내기 위한 전쟁: 제1차 세계대전 1914~1918』 (서울: 플래닛미디어, 2008), pp. 654-655.

3 프레더릭 모턴(김지은 옮김), 『석양녘의 왈츠: 제국의 붕괴와 제1차 세계대전의 발발』 (인천: 주영사, 2013), p. 433.

4 바바라 터크먼(이원근 옮김), 『8월의 포성』 (서울: 평민사, 2008), p. 217.

5 Stephen Van Evera, "European Militaries and the Origins of World War I," in Richard N. Rosecrance and Steven E. Miller (eds.), *The Next Great War?: The Roots of World War I and the Risk of U.S.-China Conflict*(Cambridge: The MIT Press, 2015), p. 165.

6 모턴, 『석양녘의 왈츠: 제국의 붕괴와 제1차 세계대전의 발발』, pp. 428-433, 442-445.

7 Richard F. Hamilton and Holger H. Herwig (eds.), *The Origins of the*

World War I(Cambridge: Cambridge University Press, 2003), p. 162.

8 Margaret Macmillan, *The War That Ended Peace: The Road to 1914*(New York: Random House, 2013), pp. 630-631.

9 Stephen Van Evera, "The Cult of the Offensive and the Origins of the First World War," in Steven E. Miller, Sean M. Lynn-Jones and Stephen Van Evera (eds.), *Military Strategy and the Origins of the First World War*, revised and expanded edition(Princeton: Princeton University Press, 1991), pp. 67-68.

10 터크먼, 『8월의 포성』, p. 90.

11 터크먼, 『8월의 포성』, p. 90.

12 노만 앙겔이 강조한 것은 이제 전쟁의 성격이 과거와는 달라졌다는 점이었다. 1900년대 이전에는 승자가 영토를 뺏고 전리품을 챙김으로써 전쟁의 이득을 챙긴 반면, 현대의 전쟁은 자본과 신용에 의해 운용되는 국제 경제 시스템 자체를 파괴함으로써 전쟁의 이유를 찾기 어렵다는 것이다. Richard N. Cooper, "Economic Interdependence and War," in Steven E. Miller, Sean M. Lynn-Jones and Stephen Van Evera (eds.), *Military Strategy and the Origins of the First World War*, revised and expanded edition (Princeton: Princeton University Press, 1991), pp. 60-61; 존 키건(조행복 옮김), 『1차 세계대전사』(서울: 청어람미디어, 2016), p. 23.

13 터크먼, 『8월의 포성』, p. 63.

14 A.J.P Taylor, *War By Timetable: How the First World War Begin*, e-book edition(Endeavour Press Ltd., 2013), p. 54.

15 Joseph S. Nye Jr., "Inevitability and War," in Richard N. Rosecrance and

Steven E. Miller (eds.), *The Next Great War?: The Roots of World War I and the Risk of U.S.-China Conflict*(Cambridge: The MIT Press, 2015), p. 179.

16 독일의 전쟁 책임과 관련한 논쟁은 박상섭, 『1차 세계대전의 기원: 패권 경쟁의 격화와 제국체제의 해체』 (파주: 아카넷, 2014), pp. 340-355 참조.

17 Taylor, *War By Timetable: How the First World War Begin*, p. 1175.

18 동원령의 위험성을 이해한 당시 인물은 극소수였다. 베를린의 프랑스 대사 캉봉(Jules Cambon)과 페테르부르크의 영국 대사 조지 뷰캐넌(George Buchanan) 정도가 동원령이 몰고 올 연쇄적인 위기 증폭의 위험성에 대해 경고했다. 키건, 『1차 세계대전사』, pp. 90-91.

19 Nye, "Inevitability and War," p. 185.

20 Van Evera, "The Cult of the Offensive and the Origins of the First World War," pp. 102-104.

21 비스마르크 시대 독일의 대외정책에 대해서는 강미현, 『비스마르크 평전: 비스마르크, 또 다시 살아나다』 (서울: 에코리브르, 2010), pp. 555-752를 주로 참고했음.

22 터크먼, 『8월의 포성』, p. 90.

23 비스마르크가 추진한 동맹정책에 대해서는 박상섭, 『1차 세계대전의 기원: 패권 경쟁의 격화와 제국체제의 해체』, pp. 23-28; 강미현, 『비스마르크 평전: 비스마르크, 또 다시 살아나다』, pp. 555-584를 참고할 것.

24 식민지 확장에 대한 비스마르크의 입장에 대해서는 박상섭, 『1차 세계대전의 기원: 패권 경쟁의 격화와 제국체제의 해체』, pp. 28-31; 강미현, 『비스마르크 평전: 비스마르크, 또 다시 살아나다』, pp. 585-598 참조.

25 빌헬름 2세가 바로 황제의 자리를 물려받은 것은 아니었다. 그의 아버지 그러니까 빌헬름 1세의 외아들 프리드리히 3세가 독일의 2대 황제에 올랐으나, 오랫동안 앓아오던 후두암으로 즉위한지 99일 만에 급사했다. 그는 27년간 후계자 자리에 있으면서 많은 전쟁에 직접 참가하여 무공을 쌓기도 했으며 예술과 학문을 사랑하고 자유주의적인 사상을 가진 인물이었으나, 정작 황제의 자리에는 석 달 남짓 정도만 머물렀으며 그나마도 후두암 때문에 목소리를 낼 수 없어 종이와 연필에 기대어 통치했다고 한다. 빌헬름 2세 취임 이후 비스마르크와의 갈등과 충돌에 대해서는 김미현, 『비스마르크 평전: 비스마르크, 또 다시 살아나다』, pp. 616-656 참조.

26 Hamilton and Herwig(eds.), *The Origins of the World War I*, p. 158.

27 박상섭, 『1차 세계대전의 기원: 패권 경쟁의 격화와 제국체제의 해체』, p. 57.

28 중공업을 비롯한 산업잠재력은 철도건설, 야포 생산, 해군력 증강 등 군사력 건설을 위한 핵심적 기반이라는 점에서 매우 중요하다. William Mulligan, *The Origins of the First World War*(Cambridge: Cambridge University Press, 2010), pp. 180-182.

29 Taylor, *War By Timetable: How the First World War Begin*, pp. 384-391.

30 터크먼, 『8월의 포성』, p. 57.

31 티르피츠 제독이 추진한 독일 해군력 증강과 개혁 내용에 대해서는 박상섭, 『1차 세계대전의 기원: 패권 경쟁의 격화와 제국체제의 해체』, pp. 40-50.

32 영국과 독일은 각각 상대방이 갖고 있는 불안과 의심을 이해하지 못하고 상대의 적대적 의도에 집중했다. 영국은 유럽대륙에 파견할 지상군

이 없음에도 불구하고 독일이 해군력을 건설한다는 것 자체가 독일의 야심을 증명한다고 생각했다. 반면, 독일 입장에서는 영국은 독일과 적대적인 대륙의 강국들과 동맹을 맺고 있는 나라였다. 따라서 세계국가를 건설한다는 차원 뿐 아니라 만약의 사태에 대비해 해군력을 건설하는 것은 도덕적이고 실용적으로 정당화된다고 믿었다. Robert Jervis, *Perception and Misperception in International Politics*(Princeton: Princeton University Press, 1976), pp. 93-94.

33 박상섭, 『1차 세계대전의 기원: 패권 경쟁의 격화와 제국체제의 해체』, p. 65.

34 독일 해군력 증강에 맞서 피셔 제독이 추진한 영국의 해군 개혁에 대해서는 박상섭, 『1차 세계대전의 기원: 패권 경쟁의 격화와 제국체제의 해체』, pp. 67-71.

35 영독 건함경쟁과 이에 따른 재정 압박 논란에 대해서는 박상섭, 『1차 세계대전의 기원: 패권 경쟁의 격화와 제국체제의 해체』, pp. 71-82.

36 심킨스 · 주크스 · 히키, 『모든 전쟁을 끝내기 위한 전쟁: 제1차 세계대전 1914~1918』, pp. 339-341.

37 터크먼, 『8월의 포성』, p. 135.

38 박상섭, 『1차 세계대전의 기원: 패권 경쟁의 격화와 제국체제의 해체』, pp. 77-78.

39 Henry Kissinger, *Diplomacy*(New York: Touchstone Book, 1994), p. 204.

40 Van Evera, "The Cult of the Offensive and the Origins of the First World War," p. 90-93.

41 터크먼, 『8월의 포성』, p. 77.

42 심킨스 · 주크스 · 히키, 『모든 전쟁을 끝내기 위한 전쟁: 제1차 세계대

전 1914~1918』, p. 38.

43 터크먼, 『8월의 포성』, p. 84.

44 키건, 『1차 세계대전사』, p. 52.

45 Jack Snyder, "Civil-Military Relations and the Cult of the Offensive, 1914 and 1984," in Steven E. Miller, Sean M. Lynn-Jones and Stephen Van Evera (eds.), *Military Strategy and the Origins of the First World War*, revised and expanded edition(Princeton: Princeton University Press, 1991), p. 28.

46 Kissinger, *Diplomacy*, pp. 205-206.

47 박상섭, 『1차 세계대전의 기원: 패권 경쟁의 격화와 제국체제의 해체』, p. 150.

48 터크먼, 『8월의 포성』, p. 74.

49 전임자 몰트케 원수와 비스마르크는 때로 견해의 차이는 있었지만 서로 마음을 열고 군사와 외교를 조화시켜 나갔다고 한다. 군사와 정치 외교 관계에 대한 슐리펜과 몰트케 원수의 시각에 대해서는 Snyder, "Civil-Military Relations and the Cult of the Offensive, 1914 and 1984," pp. 34-36; Taylor, *War By Timetable: How the First World War Begin*, pp. 254-261; 키건, 『1차 세계대전사』, p. 49 참조.

50 터크먼, 『8월의 포성』, p. 74.

51 Taylor, *War By Timetable: How the First World War Begin*, pp. 175-182; 키건, 『1차 세계대전사』, p. 47.

52 Kissinger, *Diplomacy*, p. 206.

53 Snyder, "Civil-Military Relations and the Cult of the Offensive, 1914 and 1984," p. 35.

54 터크먼, 『8월의 포성』, p. 85.

55 Macmillan, *The War That Ended Peace: The Road to 1914*, pp. 350-352.

56 심킨스 · 주크스 · 히키, 『모든 전쟁을 끝내기 위한 전쟁: 제1차 세계대전 1914~1918』, p. 39; 육군사관학교 전사학과, 『세계전쟁사』 (서울: 황금알, 2012), p. 197.

57 몰트케가 슐리펜의 우익 집중안을 희석한 데 대해서는 전후 논쟁이 있다. 일부에서는 이 때문에 독일의 작전이 성공하지 못했다며 몰트케의 책임론을 제기하기도 한다. 그러나 설사 원래 계획대로 실행되었다 하더라도 전쟁의 승패가 달라지지 않았을 것이라는 게 일반적인 평가다. 벨기에의 저항, 병사들의 피로도와 늘어난 보급선, 영국의 참전 등 슐리펜이 놓쳤던 부분이 너무 결정적이었기 때문이다. 터크먼, 『8월의 포성』, p. 86; 키건, 『1차 세계대전사』, p. 59; 심킨스 · 주크스 · 히키, 『모든 전쟁을 끝내기 위한 전쟁: 제1차 세계대전 1914~1918』, p. 39.

58 독일의 육군력 증강에 대해서는 박상섭, 『1차 세계대전의 기원: 패권 경쟁의 격화와 제국체제의 해체』, pp. 166-167, 175-182를 참조.

59 슐리펜은 육군 병력 증가, 중화기 확보의 필요성을 강조했지만 육군 예산 증액은 거의 없었고, 1905년에 마련된 5개년 계획에 따르면 1910년까지 단 5천명의 증원만 허용될 정도였다.

60 육군사관학교 전사학과, 『세계전쟁사』, p. 198.

61 이에 따라 독불 국경 도시인 베르됭(Verdun), 툴(Toul), 에피날(Epinal) 등에 프랑스군을 배치하고 로렌지방으로 들어오는 독일군을 맞이한다는 것이 계획의 골자였다.

62 프랑스군의 공격 교리에 대해서는 Van Evera, "The Cult of the Offensive and the Origins of the First World War," pp. 61-62; 터크먼, 『8월의 포성』,

pp. 94-97; 심킨스 · 주크스 · 히키, 『모든 전쟁을 끝내기 위한 전쟁: 제1차 세계대전 1914~1918』, p. 41 참조.

63 방어 전략을 주장하던 미셸 장군의 해임과 조프르의 참모총장 발탁 과정에 대해서는 터크먼, 『8월의 포성』, pp. 97-104; 박상섭, 『1차 세계대전의 기원: 패권 경쟁의 격화와 제국체제의 해체』, p. 199.

64 Macmillan, *The War That Ended Peace: The Road to 1914*, pp. 372-373.

65 프랑스 작전계획 17호의 문제점에 대해서는 심킨스 · 주크스 · 히키, 『모든 전쟁을 끝내기 위한 전쟁: 제1차 세계대전 1914~1918』, p. 42; 박상섭, 『1차 세계대전의 기원: 패권 경쟁의 격화와 제국체제의 해체』, pp. 201-204 참조.

66 작전계획 17호에 대한 프랑스 군 내부의 경고에 대해서는 터크먼, 『8월의 포성』, pp. 108-110; Macmillan, *The War That Ended Peace: The Road to 1914*, pp. 374-375.

67 이하 영국의 국방개혁과 윌슨과 포슈가 발전시킨 영불 군사협력에 대해서는 터크먼, 『8월의 포성』, pp. 111-127; 박상섭, 『1차 세계대전의 기원: 패권 경쟁의 격화와 제국체제의 해체』, pp. 205-218 참조.

68 윌슨과 포슈는 공격전술에 대한 토론부터 개인적 농담까지 다른 사람이 보기에는 "끝없는 잡담"을 이어가면서 신뢰와 우정을 쌓아갔는데, 후에 윌슨은 포슈의 딸 결혼식에 가족 모임의 일원으로 초대받기도 했다고 한다.

69 터크먼, 『8월의 포성』, p. 118.

70 대영 제국의 육군이 비록 규모는 작았지만 훈련과 군기 면에서는 다른 유럽 열강에 비해 손색이 없다는 것이 할데인의 판단이었다. 실제 영국군 정규 보병은 분당 15회의 조준사격이 가능할 정도로 탁월한 소총 실

력을 자랑하고 있었다. 심킨스 · 주크스 · 히키, 『모든 전쟁을 끝내기 위한 전쟁: 제1차 세계대전 1914~1918』, pp. 44-45.

71 제국방어위원회는 대외 군사안보문제를 범정부적으로 협의하기 위해 1902년 말 당시 수상인 벨푸어(Arthur Balfour)가 조직한 회의체였다. 여기에는 민간 각료와 각 군 참모총장 등이 참석했는데 군사와 외교가 분리되어 작동하는 당시 유럽대륙의 나라들과 비교할 때 진일보한 제도였다.

72 다만, 재정적 여건을 고려하여 주로 예비 병력을 확대하는 방법을 택하여 평시 보유 병력보다는 전시 동원 규모를 크게 늘리는 방법을 택했다.

73 러시아의 군비증강에 대해서는 박상섭, 『1차 세계대전의 기원: 패권 경쟁의 격화와 제국체제의 해체』, pp. 168-175, 189-191 참조.

74 Macmillan, *The War That Ended Peace: The Road to 1914*, pp. 367-368. 우선순위 설정 없이 두 개의 작전계획이 만들어진 데에는 대립하는 군내 파벌을 조정 통제할 문민 리더십이 약했던 것과 관련이 있었다. Snyder, "Civil-Military Relations and the Cult of the Offensive, 1914 and 1984," pp. 45-49.

75 1913년 마련된 대 프로그램은 5개년 계획으로서 1917년에 완성될 예정이었으나, 실제 의회의 예산 배정이 이루어진 것은 1차 대전이 발발하기 일주일 전이었다. 따라서 여기에 담겨 있는 군비 증강안은 실제 전쟁에는 영향을 미치지 못했다.

76 키건, 『1차 세계대전사』, p. 65.

77 프랑스는 러시아의 조치에 크게 만족했고, 대신 차관을 제공해 러시아의 철도건설 비용을 조달해 주기로 합의했다. 터크먼, 『8월의 포성』, pp. 130-131.

78 수콤리노프에 대해서는 Macmillan, *The War That Ended Peace: The Road to 1914*, pp. 364-368; 터크먼, 『8월의 포성』, pp. 135-139 참조.

79 심킨스 · 주크스 · 히키, 『모든 전쟁을 끝내기 위한 전쟁: 제1차 세계대전 1914~1918』, pp. 361-362.

80 또 국경지역 철도 경찰서장이었던 미아소에데프 대령도 수콤리노프의 보호를 받던 스파이였는데, 그는 1915년 러시아 혁명으로 자신의 보호자가 실각하자 교수형에 처해졌다. 수콤리노프도 1917년 짜르가 퇴위하자 결국 재판에 회부되어 권력남용과 직무 유기 죄목으로 종신 노역형을 선고받았다.

81 제정 러시아의 취약점과 지도층의 도덕적 해이에 대해서는 터크먼, 『8월의 포성』, pp. 132-135; 심킨스 · 주크스 · 히키, 『모든 전쟁을 끝내기 위한 전쟁: 제1차 세계대전 1914~1918』, pp. 344-353, 359-362, 481-485 참조.

82 박상섭, 『1차 세계대전의 기원: 패권 경쟁의 격화와 제국체제의 해체』, p. 102.

83 보스니아는 1908년 10월 오스트리아에 의해 일방적으로 합병된 곳으로 그 곳의 주민 다수를 구성하고 있던 세르비아인들은 합스부르크 왕국에 대한 깊은 반감을 품고 있었다.

84 Taylor, *War By Timetable: How the First World War Begin*, p. 407.

85 페르디난트 황태자 암살 모의에 대한 묘사는 모턴, 『석양녘의 왈츠: 제국의 붕괴와 제1차 세계대전의 발발』, pp. 208-210, 223-226, 255-261 참조.

86 오스트리아측의 황태자 사라예보 방문 준비에 대해서는 모턴, 『석양녘의 왈츠: 제국의 붕괴와 제1차 세계대전의 발발』, pp. 311-315, 325-330

참조.

87 Taylor, *War By Timetable: How the First World War Begin*, p. 481.

88 Christopher Clark, *The Sleepwalkers: How Europe Went to War in 1914*(New York: Harper Perennial, 2014), p. 370.

89 사라예보 암살 상황에 대한 묘사는 Taylor, *War By Timetable: How the First World War Begin*, pp. 495-539; 모턴, 『석양녘의 왈츠: 제국의 붕괴와 제1차 세계대전의 발발』, pp. 331-359; Clark, *The Sleepwalkers: How Europe Went to War in 1914*, pp. 367-376 참조.

90 프린치프가 황태자와 마주친 바로 그 자리에는 현재 프린치프의 발자국 콘크리트가 새겨져 있고, 서 있던 자리 뒤에는 그를 기념하는 기념관이 세워져 있다.

91 암살 사건에 대한 세르비아의 초기 반응에 대해서는 Clark, *The Sleepwalkers: How Europe Went to War in 1914*, pp. 387-391; 박상섭, 『1차 세계대전의 기원: 패권 경쟁의 격화와 제국체제의 해체』, pp. 229-231 참고.

92 페르디난트 황태자의 성격과 평판에 대해서는 Clark, *The Sleepwalkers: How Europe Went to War in 1914*, pp. 378-379를 참고.

93 모턴, 『석양녘의 왈츠: 제국의 붕괴와 제1차 세계대전의 발발』, pp. 319-320.

94 Holger H. Herwig, *The First World War: Germany and Austria-Hungary 1914-1918*(London: Arnold, 1997), p. 8.

95 모턴, 『석양녘의 왈츠: 제국의 붕괴와 제1차 세계대전의 발발』, pp. 362-363.

96 이하 재판의 진행과정에 대한 묘사는 Clark, *The Sleepwalkers: How

Europe Went to War in 1914, pp. 381-85를 참조

97 Taylor, *War By Timetable: How the First World War Begin*, p. 543.

98 Clark, *The Sleepwalkers: How Europe Went to War in 1914*, p. 386.

99 모턴, 『석양녘의 왈츠: 제국의 붕괴와 제1차 세계대전의 발발』, p. 279.

100 오스트리아 정부 내 강경파들의 입장에 대해서는 Clark, *The Sleepwalkers: How Europe Went to War in 1914*, pp. 391-396 참조.

101 포티오레크는 핵심 정책결정 그룹에 속해 있지는 않았지만 현지 사령관으로서 세르비아 민족주의 기운의 위험성을 현장감 있게 알림으로써 비엔나의 의사결정에 영향을 미쳤다.

102 Clark, *The Sleepwalkers: How Europe Went to War in 1914*, pp. 395-396.

103 모턴, 『석양녘의 왈츠: 제국의 붕괴와 제1차 세계대전의 발발』, pp. 252-253.

104 베르히톨트 외상에 대한 평판과 외무성내 강경 인사들에 대해서는 Clark, *The Sleepwalkers: How Europe Went to War in 1914*, pp. 394-396; 모턴, 『석양녘의 왈츠: 제국의 붕괴와 제1차 세계대전의 발발』, p. 378; 박상섭, 『1차 세계대전의 기원: 패권 경쟁의 격화와 제국체제의 해체』, pp. 225-226.

105 티사 수상의 입장과 그 정치적 동기에 대해서는 Clark, *The Sleepwalkers: How Europe Went to War in 1914*, pp. 397-99; 모턴, 『석양녘의 왈츠: 제국의 붕괴와 제1차 세계대전의 발발』, pp. 245-246.

106 오스트리아-헝가리 이중제국은 한 사람의 군주가 지배하는 국가였지만 오스트리아와 헝가리에 각각 한명의 수상을 두고 있었고, 사법기관과 행정기관도 별개로 존재했다. 다만, 외무대신, 전쟁대신, 그리고 재정대

신은 한 명을 두는 기이한 구조를 갖고 있었다.

107 Clark, *The Sleepwalkers: How Europe Went to War in 1914*, p. 401.

108 모턴, 『석양녘의 왈츠: 제국의 붕괴와 제1차 세계대전의 발발』, p. 374.

109 모턴, 『석양녘의 왈츠: 제국의 붕괴와 제1차 세계대전의 발발』, p. 375.

110 Hamilton and Herwig (eds.), *The Origins of the World War I*, pp. 175-176.

111 Clark, *The Sleepwalkers: How Europe Went to War in 1914*, p. 415; 모턴, 『석양녘의 왈츠: 제국의 붕괴와 제1차 세계대전의 발발』, p. 376.

112 모턴, 『석양녘의 왈츠: 제국의 붕괴와 제1차 세계대전의 발발』, p. 376.

113 군부와 민간인을 막론하고 독일 지도부는 '기회의 창문(window of opportunity)'이 닫히고 있다는 절박감을 공유하고 있었다. "러시아는 수년이 지나면 전쟁준비를 갖출 것이다. 그렇게 되면 러시아는 엄청난 병력으로 우리를 으깨버릴 것이다. 러시아가 발틱 함대와 전략적 철도를 건설하는 동안 독일은 서서히 약해지고 있다."는 외상 야고브(Gottlieb von Jagow)의 발언도 이런 사고를 반영하고 있다. Van Evera, "The Cult of the Offensive and the Origins of the First World War," pp. 80-86; Hamilton and Herwig (eds.), *The Origins of the World War I*, p. 165.

114 Taylor, *War By Timetable: How the First World War Begin*, p. 587.

115 백지수표 외교 당시 독일 지도부의 생각에 대해서는 David Fromkin, *Europe's Last Summer: Who Started the Great War in 1914?* (New York: Random House, 2005), p. 264; Clark, *The Sleepwalkers: How Europe Went to War in 1914*, pp. 415-422 참조.

116 터크먼, 『8월의 포성』, p. 150.

117 Taylor, *War By Timetable: How the First World War Begin*, p. 580.

118 Clark, *The Sleepwalkers: How Europe Went to War in 1914*, p. 422.

119 Taylor, *War By Timetable: How the First World War Begin*, p. 601.

120 호요스의 월권과 콘라드의 강경책에 베르히톨트가 무기력하게 끌려갔다는 해석에 대해서는 모턴, 『석양녘의 왈츠: 제국의 붕괴와 제1차 세계대전의 발발』, pp. 379-380 참조. 반면, 호요스를 베를린 특사로 선택했을 때부터 베르히톨트가 이미 강경책을 염두에 두었다는 해석도 있다. Clark, *The Sleepwalkers: How Europe Went to War in 1914*, p. 402.

121 모턴, 『석양녘의 왈츠: 제국의 붕괴와 제1차 세계대전의 발발』, p. 379.

122 세르비아에 대한 전후처리 문제에 대한 오스트리아-헝가리 제국 내 이견은 Clark, *The Sleepwalkers: How Europe Went to War in 1914*, p. 423, pp. 451-452 참조.

123 Clark, *The Sleepwalkers: How Europe Went to War in 1914*, pp. 425-426.

124 Clark, *The Sleepwalkers: How Europe Went to War in 1914*, p. 425.

125 Taylor, *War By Timetable: How the First World War Begin*, p. 814.

126 최후통첩안 10개항은 박상섭, 『1차 세계대전의 기원: 패권 경쟁의 격화와 제국체제의 해체』, pp. 246-247에서 재인용.

127 최후통첩의 작성 및 전달 경위는 Clark, *The Sleepwalkers: How Europe Went to War in 1914*, pp. 426-430, pp. 451-459; 박상섭, 『1차 세계대전의 기원: 패권 경쟁의 격화와 제국체제의 해체』, pp. 239-246; 모턴, 『석양녘의 왈츠: 제국의 붕괴와 제1차 세계대전의 발발』, pp. 384-388, pp. 402-406; Taylor, *War By Timetable: How the First World War Begin*, pp. 615-652 참조.

128 오스트리아 최후통첩에 대한 세르비아의 대응은 Clark, *The Sleepwalkers: How Europe Went to War in 1914*, pp. 459-469; 모턴, 『석양녘의 왈츠: 제국의 붕괴와 제1차 세계대전의 발발』, pp. 407-409; Taylor, *War By Timetable: How the First World War Begin*, pp. 674-688 참조.

129 오스트리아의 최후통첩에 대한 러시아의 반응은 Clark, *The Sleepwalkers: How Europe Went to War in 1914*, pp. 472-487; 박상섭, 『1차 세계대전의 기원: 패권 경쟁의 격화와 제국체제의 해체』, pp. 276-282; Taylor, *War By Timetable: How the First World War Begin*, pp. 688-709 참조.

130 Taylor, *War By Timetable: How the First World War Begin*, pp. 630-637.

131 Kissinger, *Diplomacy*, p. 210.

132 러시아가 취한 예비적 군사조치가 전쟁준비로 오인되었던 정황은 Clark, *The Sleepwalkers: How Europe Went to War in 1914*, pp. 475-480 참조.

133 모턴, 『석양녘의 왈츠: 제국의 붕괴와 제1차 세계대전의 발발』, p. 410.

134 Taylor, *War By Timetable: How the First World War Begin*, pp. 716-724.

135 위기가 무르익어감에 따라 빌헬름 황제의 태도는 초기의 허풍 섞인 자신감에서 점차 겁에 질린 모습으로 변해갔다. Clark, *The Sleepwalkers: How Europe Went to War in 1914*, pp. 520-523; 박상섭, 『1차 세계대전의 기원: 패권 경쟁의 격화와 제국체제의 해체』, p. 270; 모턴, 『석양녘의 왈츠: 제국의 붕괴와 제1차 세계대전의 발발』, p. 421.

136 Taylor, *War By Timetable: How the First World War Begin*, p. 777.

137 Clark, *The Sleepwalkers: How Europe Went to War in 1914*, pp. 515-516.

138 Clark, *The Sleepwalkers: How Europe Went to War in 1914*, pp. 516-517; Taylor, *War By Timetable: How the First World War Begin*, p. 601.

주요 인사들이 대거 휴가를 떠난 것을 오스트리아 정부의 기만책으로 보는 해석에 대해서는 Samuel R. Williamson, *Austria-Hungary and the Origins of the First World War*(London: Macmillan, 1991), pp. 200-201; 모턴, 『석양녘의 왈츠: 제국의 붕괴와 제1차 세계대전의 발발』, pp. 384 386을 볼 것.

139 Clark, *The Sleepwalkers: How Europe Went to War in 1914*, pp. 517-518.

140 Hamilton and Herwig (eds.), *The Origins of the World War I*, p. 167.

141 Van Evera, "The Cult of the Offensive and the Origins of the First World War," p. 81.

142 Taylor, *War By Timetable: How the First World War Begin*, p. 799.

143 Clark, *The Sleepwalkers: How Europe Went to War in 1914*, pp. 519-520.

144 Hamilton and Herwig (eds.), *The Origins of the World War I*, p. 167.

145 Taylor, *War By Timetable: How the First World War Begin*, p. 806.

146 박상섭, 『1차 세계대전의 기원: 패권 경쟁의 격화와 제국체제의 해체』, p. 284; Taylor, *War By Timetable: How the First World War Begin*, p. 49.

147 모턴, 『석양녘의 왈츠: 제국의 붕괴와 제1차 세계대전의 발발』, pp. 399-400.

148 발칸위기에 대한 프랑스의 초기 반응과 포앵카레 외교정책에 대해서는 John F.V. Keiger, *France and the Origins of the First World War*(New York: St. Martin's Press, 1983), pp. 44-54; Clark, *The Sleepwalkers: How Europe Went to War in 1914*, pp. 438-450, pp. 498-506; 박상섭, 『1차 세계대전의 기원: 패권 경쟁의 격화와 제국체제의 해체』, pp. 283-289.

149 터크먼, 『8월의 포성』, p. 166.

150 발칸 위기에 대한 런던의 비개입주의 분위기는 박상섭, 『1차 세계대전의 기원: 패권 경쟁의 격화와 제국체제의 해체』, pp. 294-295; Clark, *The Sleepwalkers: How Europe Went to War in 1914*, pp. 488-494; Taylor, *War By Timetable: How the First World War Begin*, pp. 652-659 참고.

151 Taylor, *War By Timetable: How the First World War Begin*, pp. 962-969.

152 Van Evera, "The Cult of the Offensive and the Origins of the First World War," p. 102.

153 Taylor, *War By Timetable: How the First World War Begin*, p. 977.

154 그레이 외상에 대한 비판적 평가는 Zara S. Steiner and Keith Neilson, *Britain and the Origins of the First World War*(Houndmills: Palgrave Macmillan, 2003), p. 213; 박상섭, 『1차 세계대전의 기원: 패권 경쟁의 격화와 제국체제의 해체』, pp. 94-97, pp. 307-308 참조.

155 Van Evera, "The Cult of the Offensive and the Origins of the First World War," p. 102.

156 Kissinger, *Diplomacy*, pp. 213-214.

157 Taylor, *War By Timetable: How the First World War Begin*, p. 659.

158 Clark, *The Sleepwalkers: How Europe Went to War in 1914*, pp. 495-498.

159 Clark, *The Sleepwalkers: How Europe Went to War in 1914*, p. 497.

160 부분 동원의 문제점에 대한 설명은 Van Evera, "The Cult of the Offensive and the Origins of the First World War," pp. 87-90; Clark, *The Sleepwalkers: How Europe Went to War in 1914*, pp. 476-77; Taylor, *War By Timetable: How the First World War Begin*, p. 828 참조.

161 러시아 장군들이 부분 동원의 어려움을 과장했다는 해석에 대해서는 Van Evera, "The Cult of the Offensive and the Origins of the First World War," p. 90을 참고할 것.

162 Talyor, War By Timetable: How the First World War Begin, p. 849.

163 러시아 동원령 발령 과정에 대한 묘사는 Clark, *The Sleepwalkers: How Europe Went to War in 1914*, pp. 506-509, 511-512; Talyor, *War By Timetable: How the First World War Begin*, pp. 828-871; 키건, 『1차 세계대전사』, p. 99. 참조.

164 Clark, *The Sleepwalkers: How Europe Went to War in 1914*, p. 524.

165 빌헬름과 니콜라스의 어머니는 자매 지간이었다. 즉, 영국의 빅토리아 여왕이 빌헬름과 니콜라스 황제의 외할머니였다.

166 Macmillan, *The War That Ended Peace: The Road to 1914*, p. 602.

167 키건, 『1차 세계대전사』, p. 99.

168 Macmillan, *The War That Ended Peace: The Road to 1914*, p. 603.

169 총동원은 후일 전쟁 발발 책임과 관련해서도 문제가 되었다. 러시아를 곤혹스럽게 했던 것은 방어전쟁에 임했을 뿐이라는 자신의 설명에 비해 군사적 조치가 다른 어느 나라보다 앞섰기 때문이었다. 그래서인지 종전 후 러시아는 1차 대전 백서를 발간하면서 오스트리아의 총동원 날짜를 실제보다 앞서서 발생한 것처럼 기술했다. 7월 29일 비엔나 쉐베코 대사가 보낸 전보에는 분명히 "오스트리아 총동원이 30일에 발령될 것으로 예측 된다"라고 되어 있는데, 전보 날짜를 28일로 앞당기고 전보 문구도 "총동원 명령이 서명되었다"라고 고친 것이다. 이는 실제 오스트리아 총동원령 날짜인 31일보다 3일이나 앞당긴 기술이었다. Clark, *The Sleepwalkers: How Europe Went to War in 1914*, pp. 509-510.

170 Clark, *The Sleepwalkers: How Europe Went to War in 1914*, p. 525.

171 Annika Mombauer, "The Fisher Controversy, Documents and the 'Truth' about the Origins of the First World War," *Journal of Contemporary History*, vol. 48, no. 2(2013), pp. 428-431.

172 러시아의 동원소식에 대한 독일의 초기 반응과 몰트케의 월권적 행위에 대해서는 Taylor, *War By Timetable: How the First World War Begin*, pp. 878-914; Clark, *The Sleepwalkers: How Europe Went to War in 1914*, pp. 529-530; 박상섭, 『1차 세계대전의 기원: 패권 경쟁의 격화와 제국체제의 해체』, pp. 260-270 참조.

173 키건, 『1차 세계대전사』, p. 98.

174 Taylor, *War By Timetable: How the First World War Begin*, pp. 900-906.

175 리크노브스키 대사가 보낸 전문의 내용은 Clark, *The Sleepwalkers: How Europe Went to War in 1914*, p. 530.

176 터크먼, 『8월의 포성』, p. 152.

177 동원시스템 작동에 대한 상세한 묘사는 터크먼, 『8월의 포성』, pp. 151-152; Taylor, *War By Timetable: How the First World War Begin*, pp. 123-130 참조.

178 키건, 『1차 세계대전사』, pp. 18-19.

179 런던발 전보로 비롯된 독일 지도부내 혼선과 의견충돌에 대해서는 터크먼, 『8월의 포성』, pp. 156-162; Clark, *The Sleepwalkers: How Europe Went to War in 1914*, pp. 530-533; 박상섭, 『1차 세계대전의 기원: 패권 경쟁의 격화와 제국체제의 해체』, pp. 271-276 참조.

180 몰트케는 계획의 변경이 불가능하다고 주장했지만 동원의 방향을 수정하는 것은 가능했다는 훗날의 증언도 나왔다. 당시 철도 국장이었던 폰

스타브 장군은 몰트케의 주장을 정면으로 반박하는 책을 출판했는데, 독일 7개 군 가운데 3개 군은 서부 전선에 놔두고 나머지 4개 군을 동부 전선으로 재배치하는 것이 가능했다는 것이었다. 터크먼, 『8월의 포성』, pp. 159-160.

181 모턴, 『석양녘의 왈츠: 제국의 붕괴와 제1차 세계대전의 발발』, p. 280.

182 터크먼, 『8월의 포성』, p. 159.

183 키건, 『1차 세계대전사』, p. 43.

184 Annika Mombauer, *Helmuth von Moltke and the Origins of the First World War*(Cambridge: Cambridge University Press, 2001), pp. 100-102; Clark, *The Sleepwalkers: How Europe Went to War in 1914*, p. 548.

185 Carl von Clausewitz, *On War*, edited and translated by Michael Howard and Peter Paret(Princeton: Princeton University Press, 1984).

186 프리드먼, 『1차 세계내전: 모든 전쟁을 끝내기 위한 전쟁』, pp. 34-35.

187 런던의 중립 소식에 고무되어 내려진 빌헬름 황제의 룩셈부르크 진격 중단 명령은 제 시간에 현장에 도착하지 않아 실제로 집행되지 않았다. 69연대 휘하 보병중대는 저녁 7시 예정대로 룩셈부르크 국경을 침범해서 벨기에로 연결되는 전신국과 기차역을 접수했다. 터크먼, 『8월의 포성』, p. 162.

188 위기가 깊어지자 프랑스는 자위적인 군사적 조치를 취해야 할 필요성과 원치 않는 전쟁에 끌려들어갈 위험성이라는 상반된 압력에 시달렸다. 몰트케 참모총장과 비비아니 수상의 대립은 바로 이러한 딜레마를 반영하고 있었다. 터크먼, 『8월의 포성』, pp. 166-174; Clark, *The Sleepwalkers: How Europe Went to War in 1914*, pp. 504-506.

189 키건, 『1차 세계대전사』, p. 103.

190 터크먼, 『8월의 포성』, p. 174.

191 영국이 초기 비개입주의 기조에서 벗어나 전쟁참여로 가는 과정에 대해서는 Taylor, *War By Timetable: How the First World War Begin*, pp. 999-1041; 터크먼, 『8월의 포성』, pp. 175-186, pp. 207-211; Clark, *The Sleepwalkers: How Europe Went to War in 1914*, pp. 541-543 참조.

192 터크먼, 『8월의 포성』, p. 178.

193 Clark, *The Sleepwalkers: How Europe Went to War in 1914*, p. 542.

194 그레이의 하원 연설에 대한 묘사는 터크먼, 『8월의 포성』, pp. 211-216; Clark, *The Sleepwalkers: How Europe Went to War in 1914*, pp. 544-545 참조.

195 터크먼, 『8월의 포성』, p. 190.

196 독일의 최후통첩 전달 경위 및 벨기에의 반응은 Taylor, *War By Timetable: How the First World War Begin*, p. 1027; 터크먼, 『8월의 포성』, pp. 187-206; Clark, *The Sleepwalkers: How Europe Went to War in 1914*, pp. 547-551 참조.

197 박상섭, 『1차 세계대전의 기원: 패권 경쟁의 격화와 제국체제의 해체』, p. 292.

198 터크먼, 『8월의 포성』, p. 222.

199 유럽 도시 곳곳에서 분출한 애국주의적 열정에 대한 묘사는 터크먼, 『8월의 포성』, p. 221, pp. 225-230; 키건, 『1차 세계대전사』, p. 108; 프리드먼, 『1차 세계대전: 모든 전쟁을 끝내기 위한 전쟁』, p. 47.

200 이때 국왕의 연설을 몰입된 표정으로 가만히 듣고 있던 소년이 있었다. 바로 당시 12살 된 왕세자 레오폴드 3세였다. 소년은 25년 뒤 벨기에의 국왕으로서 또 다시 독일의 침공을 받을 운명이 자신에게도 닥치리라

고는 물론 알지 못했다.

201 박상섭, 『1차 세계대전의 기원: 패권 경쟁의 격화와 제국체제의 해체』, p. 292.

202 프리드먼, 『1차 세계대전: 모든 전쟁을 끝내기 위한 전쟁』, p. 48.

203 터크먼, 『8월의 포성』, p. 231.

204 키건, 『1차 세계대전사』, p. 108.

205 프리드먼, 『1차 세계대전: 모든 전쟁을 끝내기 위한 전쟁』, p. 47.

206 영국이 참전한다는 것은 베트맨이 추구해 온 '계산된 위험(calculated risk)' 정책이 파산했음을 의미했다. 위험은 계산되지 못했고 상황은 조절되지 않았다. 독일은 이제 유럽대륙의 양대 강국뿐 아니라 세력균형자인 영국과도 전면적으로 충돌하는 사태를 맞게 된 것이다. 어찌 보면 슐리펜 계획의 시나리오대로 된 것인데, 베트맨은 자신의 계산된 위험 정책이 군부의 작전계획과 처음부터 화해할 수 없는 모순이 있다는 점을 인식하지 못했다. Hamilton and Herwig (eds.), *The Origins of the World War I*, p. 181.

207 독일인들이 느끼던 고립감과 포위의식에 대해서는 터크먼, 『8월의 포성』, pp. 232-234.

208 Taylor, *War By Timetable: How the First World War Begin*, pp. 1064-1072.

209 터크먼, 『8월의 포성』, p. 218.

210 전쟁에 대한 대중의 반응이 항상 같았던 것은 아니었다. 많은 사람들이 전쟁이 다가오자 흥분, 호기심, 일상의 탈피에 대한 기대감을 보였지만, 불안감과 우울증을 보인 사람들도 적지 않았다. 특히, 도시 거주자와 중산계층에 비해 농촌이나 노동자계급은 전쟁에 대해 더 회의적으로 반

응했다고 한다. Jeffrey Verhey, *The Spirit of 1914: Militarism, Myth, and Mobilization in Germany*(Cambridge: Cambridge University Press, 2000)

211 Clark, *The Sleepwalkers: How Europe Went to War in 1914*, pp. 553-554.

212 벨기에 침공과 초기 서부전선 전투에 대해서는 프리드먼, 『1차 세계대전: 모든 전쟁을 끝내기 위한 전쟁』, pp. 53-57; 심킨스 · 주크스 · 히키, 『모든 전쟁을 끝내기 위한 전쟁: 제1차 세계대전 1914~1918』, pp. 52-55. 참조

213 탄넨베르크 전투는 심킨스 · 주크스 · 히키, 『모든 전쟁을 끝내기 위한 전쟁: 제1차 세계대전 1914~1918』, pp. 367-369; 프리드먼, 『1차 세계대전: 모든 전쟁을 끝내기 위한 전쟁』, pp. 71-72; 육군사관학교 전사학과, 『세계전쟁사』, pp. 207-209 참고.

214 심킨스 · 주크스 · 히키, 『모든 전쟁을 끝내기 위한 전쟁: 제1차 세계대전 1914~1918』, pp. 62-64.

215 프리드먼, 『1차 세계대전: 모든 전쟁을 끝내기 위한 전쟁』, p. 59.

216 육군사관학교 전사학과, 『세계전쟁사』, pp. 202-203; 심킨스 · 주크스 · 히키, 『모든 전쟁을 끝내기 위한 전쟁: 제1차 세계대전 1914~1918』, p. 68.

217 프리드먼, 『1차 세계대전: 모든 전쟁을 끝내기 위한 전쟁』, pp. 61-62.

218 심킨스 · 주크스 · 히키, 『모든 전쟁을 끝내기 위한 전쟁: 제1차 세계대전 1914~1918』, pp. 71-72.

219 프리드먼, 『1차 세계대전: 모든 전쟁을 끝내기 위한 전쟁』, p. 67.

220 심킨스 · 주크스 · 히키, 『모든 전쟁을 끝내기 위한 전쟁: 제1차 세계대전 1914~1918』, p. 82.

221 Van Evera, "The Cult of the Offensive and the Origins of the First World War," p. 68.

222 참호전에 대한 자세한 묘사는 프리드먼, 『1차 세계대전: 모든 전쟁을 끝내기 위한 전쟁』, pp. 95-105.

223 프리드먼, 『1차 세계대전: 모든 전쟁을 끝내기 위한 전쟁』, pp. 113-114.

224 베르됭 전투에 대해서는 심킨스 · 주크스 · 히키, 『모든 전쟁을 끝내기 위한 전쟁: 제1차 세계대전 1914~1918』, pp. 121-138; 프리드먼, 『1차 세계대전: 모든 전쟁을 끝내기 위한 전쟁』, pp. 123-131 참고.

225 육군사관학교 전사학과, 『세계전쟁사』, p. 216.

226 육군사관학교 전사학과, 『세계전쟁사』, p. 218.

227 프리드먼, 『1차 세계대전: 모든 전쟁을 끝내기 위한 전쟁』, pp. 129-130.

228 솜 전투에 대한 설명은 심킨스 · 주크스 · 히키, 『모든 전쟁을 끝내기 위한 전쟁: 제1차 세계대전 1914~1918』, pp. 138-157; 프리드먼, 『1차 세계대전: 모든 전쟁을 끝내기 위한 전쟁』, pp. 135-145 참고.

229 프리드먼, 『1차 세계대전: 모든 전쟁을 끝내기 위한 전쟁』, pp. 137-138.

230 육군사관학교 전사학과, 『세계전쟁사』, p. 222.

231 프리드먼, 『1차 세계대전: 모든 전쟁을 끝내기 위한 전쟁』, p. 145.

232 육군사관학교 전사학과, 『세계전쟁사』, p. 238.

233 프리드먼, 『1차 세계대전: 모든 전쟁을 끝내기 위한 전쟁』, p. 156.

234 프리드먼, 『1차 세계대전: 모든 전쟁을 끝내기 위한 전쟁』, p. 160.

235 1917년 러시아의 국내사정에 대해서는 심킨스 · 주크스 · 히키, 『모든 전쟁을 끝내기 위한 전쟁: 제1차 세계대전 1914~1918』, pp. 441-452 참조.

236 소비에트의 권력 장악과 러시아군의 붕괴에 대해서는 심킨스 · 주크

스 · 히키, 『모든 전쟁을 끝내기 위한 전쟁: 제1차 세계대전 1914~1918』, p. 447-448.

237 프리드먼, 『1차 세계대전: 모든 전쟁을 끝내기 위한 전쟁』, pp. 167-168.

238 심킨스 · 주크스 · 히키, 『모든 전쟁을 끝내기 위한 전쟁: 제1차 세계대전 1914~1918』, pp. 503-504.

239 미군의 활약상에 대해서는 프리드먼, 『1차 세계대전: 모든 전쟁을 끝내기 위한 전쟁』, p. 177-198; 육군사관학교 전사학과, 『세계전쟁사』, p. 248.

240 정전협정 중 군사관계 사항에 대해서는 육군사관학교 전사학과, 『세계전쟁사』, p. 252 참조.

241 프리드먼, 『1차 세계대전: 모든 전쟁을 끝내기 위한 전쟁』, p. 205.

242 키건, 『1차 세계대전사』, p. 19.

243 키건, 『1차 세계대전사』, p. 17.

244 Macmillan, *The War That Ended Peace: The Road to 1914*, pp. 641-645.

245 Taylor, *War By Timetable: How the First World War Begin*, p. 532.

246 베르사이유조약의 전문은 http://en.wikisource.org/wiki/Treaty_of_Versailles.

247 박상섭, 『1차 세계대전의 기원: 패권 경쟁의 격화와 제국체제의 해체』, pp. 342-343.

248 베르사이유 조약에 대해 프랑스는 너무 관대하다고 불평했고 영국은 너무 가혹하다고 염려했다. 프리드먼, 『1차 세계대전: 모든 전쟁을 끝내기 위한 전쟁』, p. 214.

249 키건, 『1차 세계대전사』, p. 22.

250 Nye, "Inevitability and War," pp. 186-187.

251 조지프 나이(양준희 · 이종삼 옮김), 『국제분쟁의 이해: 이론과 역사』(파주: 한울아카데미, 2009), pp. 136-137.

252 1차 대전이 불가피했다는 해석을 거부하고 마지막 순간까지도 전면적인 전쟁을 피하는 선택이 가능했다고 보는 견해는 Macmillan, *The War That Ended Peace: The Road to 1914*, p. 645를 볼 것.

253 박상섭, 『1차 세계대전의 기원: 패권 경쟁의 격화와 제국체제의 해체』, p. 359.

254 Samuel R. Williamson Jr. and Ernest R. May, "An Identity of Opinion: Historians and July 1914," *Journal of Modern History*(June 2007), pp. 353-359.

255 Fromkin, *Europe's Last Summer: Who Started the Great War in 1914?*, p. 268.

256 Niall Ferguson, *The Pity of War: Explaining World War I*(London: Allen Lane, 1998), pp. 157-158.

257 Fromkin, *Europe's Last Summer: Who Started the Great War in 1914?*, pp. 267-268. 반면, 러시아가 유럽 전면전을 각오했으며 전쟁발발에 적지 않은 책임이 있다는 견해도 있다. 미국의 역사학자 시안 맥미킨은 발칸지역에 대한 러시아의 공격적 정책이 7월 위기를 증폭시켰고 1차 대전을 유발했다고 평가한다. Sean McMeekin, *The Russian Origins of the First World War*(Cambridge: Harvard University Press, 2011).

258 Ferguson, *The Pity of War: Explaining World War I*, p. 462.

259 Fromkin, *Europe's Last Summer: Who Started the Great War in 1914?*, pp. 279-280.

260 John W. Langdon, *July 1914: The Long Debate, 1918-1990*(New York:

Berg, 1991), pp. 26-35.

261 영어 번역판은 제목을 좀 더 온건하게 고쳐서 1967년 출간되었다. Fritz Fischer, *Germany's Aims in the First World War*(New York: Norton, 1967)

262 Mombauer, *Helmuth von Moltke and the Origins of the First World War*, p. 285.

263 Fromkin, *Europe's Last Summer: Who Started the Great War in 1914?*, p. 268.

264 경직된 동맹구조의 문제점에 대해서는 Van Evera, "The Cult of the Offensive and the Origins of the First World War," pp. 98-102.

265 Taylor, *War By Timetable: How the First World War Begin*, pp. 80-81. 한편, 동맹체제는 전쟁의 원인이 아니며 오히려 파트너 국가의 모험주의적 행동을 억제하는 역할을 했다는 해석도 존재한다. Fromkin, *Europe's Last Summer: Who Started the Great War in 1914?*, pp. 266-267.

266 Taylor, *War By Timetable: How the First World War Begin*, pp. 341-349.

267 Fromkin, *Europe's Last Summer: Who Started the Great War in 1914?*, p. 278.

268 Taylor, *War By Timetable: How the First World War Begin*, pp. 326-341.

269 Taylor, *War By Timetable: How the First World War Begin*, pp. 319-326.

270 1차 대전 당시 유럽인들을 사로잡았던 공격우위의 신념과 그것이 전쟁의 발발에 미친 영향에 대해서는 Van Evera, "The Cult of the Offensive and the Origins of the First World War," pp. 59-108 참고.

271 당시 유럽의 금융전문가들은 전면전이 발발할 경우 무역 시스템과 국제자본시장이 붕괴될 것이기 때문에 전쟁이 장기간 지속될 수 없다는

것을 당연하게 받아들였다. 그러나 근대 민족국가들은 전쟁이란 위기 상황이 터지자 여성 노동력 활용, 식량배급, 생필품 국가통제 등 온갖 방법을 동원해 국가자원을 쥐어 짜냈고, 시민들도 극심한 고통과 궁핍을 견디며 4년이 넘는 기간을 버텼다. Macmillan, *The War That Ended Peace: The Road to 1914*, p. 634.

272 슐리펜 계획과 독일 정부의 정치외교 정책과의 긴장에 대해서는 Snyder, "Civil-Military Relations and the Cult of the Offensive, 1914 and 1984," pp. 37-41.

273 Hamilton and Herwig (eds.), *The Origins of the World War I*, p. 167, p. 181.

274 독일의 작전계획이 정치적 고려 없이 진공상태에서 만들어졌다는 설명으로는 Taylor, *War By Timetable: How the First World War Begin*, pp. 175-182; 키건, 『1차 세계대전사』, p. 47 참고.

275 Snyder, "Civil-Military Relations and the Cult of the Offensive, 1914 and 1984," p. 37.

276 Scott D. Sagan, "1914 Revisited: Allies, Offense, and Instability," in Steven E. Miller, Sean M. Lynn-Jones and Stephen Van Evera (eds.), *Military Strategy and the Origins of the First World War*, revised and expanded edition(Princeton: Princeton University Press, 1991), pp. 113-114; Snyder, "Civil-Military Relations and the Cult of the Offensive, 1914 and 1984," pp. 30-34.

277 군은 종종 믿기 어려운 위협을 걱정하기도 한다. 1933년 영국의 해군과 공군은 프랑스와의 전쟁을 배제할 수 없다고 생각했고, 1932년 미국은 영국과 일본의 침략을 상정한 태평양지역 워 게임(war game)을 실시하

기도 했다. 한편, 1920년대 캐나다가 갖고 있던 유일한 전쟁계획은 미국의 캐나다 침공에 대비한 것이었다. 또한 1929년 미국은 "Basic War Plan Red"라는 계획을 발전시킨 바 있는데, 여기서는 미영간 상업적 경쟁에 따른 영국과의 전쟁가능성을 상정하고 있다. Jervis, *Perception and Misperception in International Politics*, p. 62.

278 Snyder, "Civil-Military Relations and the Cult of the Offensive, 1914 and 1984," p. 33.

279 1차 대전 당시 대부분의 유럽 국가에서 군부가 누리던 막강한 영향력과 위상에 대해서는 Van Evera, "European Militaries and the Origins of World War I," pp. 150-151; Mulligan, *The Origins of the First World War*, pp. 118-125.

280 1차 대전 당시 프랑스와 러시아의 민군관계 문제점은 Snyder, "Civil-Military Relations and the Cult of the Offensive, 1914 and 1984," pp. 41-49 참고.

281 제3공화국 정부는 시민군(citizen soldier)으로 구성된 공화주의적 군대를 선호한 반면, 군주제에 경도되어 있던 프랑스 군부는 고도로 훈련된 전문직업군에 집착했다. Mulligan, *The Origins of the First World War*, p. 119.

282 Macmillan, *The War That Ended Peace: The Road to 1914*, p. 645.

283 Clark, *The Sleepwalkers: How Europe Went to War in 1914*, p. 562.

284 억제와 안보딜레마간의 긴장과 갈등에 대해서는 Jervis, *Perception and Misperception in International Politics*, pp. 58-113 참조.

285 또 다른 성격의 억제로 '거부에 의한 억제(deterrence by denial)'가 있다. 이는 적의 공격을 무력화하거나 패배시킴으로써 상대방이 의도한 바를

달성하지 못하게 하는 것을 뜻한다. 즉, 처음부터 무력도발을 감행할 유인과 의지를 박탈하고자 하는 것이다. 예컨대 미사일 공격 위협에 대해 사후적인 응징으로 대응하는 것이 아니라 미사일 방어를 통해 공중 요격함으로써 무력화하겠다는 것이 여기에 해당한다.

286 Gordon A. Craig and Alexander L. George, *Force and Statecraft: Diplomatic Problems of Our Time*(Oxford: Oxford University Press, 1995), pp. 180-195.

287 Thomas S. Schelling, *Arms and Influence*(New Haven: Yale University, 1966), p. 48.

288 Craig and George, *Force and Statecraft: Diplomatic Problems of Our Time*, p. 193.

289 Craig and George, *Force and Statecraft: Diplomatic Problems of Our Time*, pp. 191-192.

290 Schelling, *Arms and Influence*, p. 56.

291 Van Evera, "The Cult of the Offensive and the Origins of the First World War," pp. 96-97.

292 Van Evera, "The Cult of the Offensive and the Origins of the First World War," p. 97.

293 안보딜레마 이론에 대해서는 Robert Jervis, "Cooperation Under the Security Dilemma," *World Politics*, vol. 30, no. 2(January 1978); Charles L. Glaser, "The Security Dilemma Revisited," *World Politics*, vol. 50, no. 1 (October 1997), pp. 171-201을 참고할 것.

294 Jervis, *Perception and Misperception in International Politics*, p. 65.

295 인간의 심리적 오류를 지적하는 인지이론에서는 같은 행동이라도 자

신과 상대방을 다르게 평가한다고 지적한다. 즉, 자신의 행동은 '상황(situation)'으로 정당화하는 반면, 상대방의 행동은 '동기(motive)'관점에서 해석한다는 것이다. Jack Snyder, "Better Now Than Later: The Paradox of 1914 as Everyone's Favored Year for War," in Richard N. Rosecrance and Steven E. Miller (eds.), *The Next Great War?: The Roots of World War I and the Risk of U.S.-China Conflict*(Cambridge: The MIT Press, 2015), p. 38.

296 Jervis, *Perception and Misperception in International Politics*, p. 68.

297 Jervis, *Perception and Misperception in International Politics*, p. 69; Grey, *Twenty-five Years*, p. 91.

298 Jervis, *Perception and Misperception in International Politics*, p. 89.

299 Snyder, "Civil-Military Relations and the Cult of the Offensive, 1914 and 1984," p. 51.

300 챔벌린이 유화주의자로 비판받지만 그 역시 억제의 유용성을 이해하지 못했던 것은 아니었다. "우리는 약해 보여서는 안 된다. 무솔리니를 더욱 비타협적이고 고집스럽게 만들어서는 안 된다." 이탈리아에 대한 확고한 의지 표명의 중요성을 지적한 챔벌린의 발언에서 이를 엿볼 수 있다. Jervis, *Perception and Misperception in International Politics*, p. 96.

301 조지프 나이, 『국제분쟁의 이해: 이론과 역사』, pp. 181-182.

302 김정섭, 『외교상상력: 지나간 백년 다가올 미래』(서울: MID, 2016), pp. 68-70.

303 공격과 방어라는 관점, 즉 공격과 방어의 '구별가능성'과 '상대적 용이성'이라는 두 가지 변수에 의해 세상을 구분하면 다음 네 가지 상황으로 나뉜다. 첫째는 공격과 방어가 구별이 불가능하고 공격이 유리한 상황

이다. 이 때 안보딜레마가 가장 심각하게 작동한다. 둘째 상황은 공격과 방어가 구별이 가능하고 공격이 방어보다 유리한 경우다. 이 경우엔 안보딜레마가 존재하지 않는다. 상대방의 의도를 알 수 있기 때문에 그에 맞게 대응하면 되기 때문이다. 다만, 공격이 유리한 상황이기 때문에 안보 문제가 아예 없는 것은 아니다. 세 번째는 공격과 방어의 구별은 불가능하지만 방어가 유리한 경우다. 이때는 안보딜레마가 존재하지만 선제공격의 이점이 없기 때문에 갈등과 경쟁의 긴장감은 줄어든다. 소위 완화된 안보딜레마 상황이다. 마지막으로 공격과 방어를 구별할 수 있고 방어가 유리한 경우가 있을 수 있다. 이때는 이중으로 안전하다. 안보딜레마가 없을 뿐 아니라 방어 우위로 정세가 안정적이기 때문이다. Jervis, "Cooperation Under the Security Dilemma," pp. 186-214.

304 공포의 균형은 20세기 초반 항공기의 출현에 따른 전략폭격 이론이 발전하면서 대두되었다. 현대전은 항공력을 바탕으로 적의 종심 깊이 화력과 기동력을 투입할 수 있게 되었고, 적의 전투력을 모두 패퇴시키지 않고서도 상대방이 소중하게 생각하는 자산을 파괴할 수 있게 되었던 것이다. Glenn H. Snyder, *Deterrence and Defence: Toward a Theory of National Security*(*Princeton: Princeton University Press*, 1961), p. 8

305 김태우, "북한의 핵미사일과 적극적 억제," 국가안보전략연구소 주최 북핵문제와 한반도 신뢰프로세스 토론회 발표자료(2013. 9. 26.), pp. 16-17.

306 권태영 외, 『북한 핵 · 미사일 위협과 대응』(서울: 북코리아, 2014), pp. 42-43.

307 김정섭, "한반도 확장억제의 재조명: 핵우산의 한계와 재래식 억제의 모색," 『국가전략』 제21권 2호(성남: 세종연구소, 2015), pp. 29-30.

308 북한체제의 합리성에 대한 분석은 Victor D. Cha and David C. Kang, "The Debate over North Korea," *Political Science Quarterly*, vol. 119, no. 2(2004), pp. 229-254; David Kang, "International Relations Theory and the Second Korean War," *International Studies Quarterly*, vol. 47(2003), pp. 301-324. Andrew Scobell, "North Korea's Strategic Intentions," http://www.strategicstudiesinstitute.army.mil/pdffiles/PBU611.pdf. 검색일: 2014.12.2. 등을 참고할 것.

309 1994년 위기시 북한에 대한 정밀타격을 검토했던 윌리엄 페리 국방장관도 2017년 4월 CNN과의 인터뷰에서 "김정은 정권이 사악(evil)하지만 먼저 군사공격에 나서 자살행위를 할 미친(crazy) 정권은 아니다."라고 평가한 바 있다.

310 Patrick Morgan, "North Korea and Nuclear Deterrence," *International Journal of Korean Unification Studies*, vol. 13, no. 1(2004), pp. 1-19.

311 핵 선제 사용 문제 뿐 아니라 핵억제 태세, 대량보복원칙, 표적선정 등 핵보유국가로서 북한이 직면하게 될 전략적 딜레마에 대해서는 함형필, "북한의 핵전략 구상과 전략적 딜레마 고찰,"『국방정책연구』 제25권 2호(2009), pp. 110-112를 참고할 것.

312 Morgan, "North Korea and Nuclear Deterrence," p. 17.

313 Samuel P. Huntington, "Conventional Deterrence and Conventional Retaliation in Europe," *International Security*, vol. 8, no. 3(1983/84), p. 41.

314 한국 국방부는 이를 킬 체인(Kill-Chain) 체계로 달성한다는 개념을 갖고 있다. 즉, 핵무기나 미사일과 같은 시한성 긴급표적(TST: Time Sensitive Target)을 탐지(find)부터 식별(fix), 추적(track), 표적화(target), 교전(engage), 그리고 평가(assess)까지 이어지는 일련의 연속적인 처

리과정을 통해 효과적으로 격퇴한다는 것이다. 킬 체인의 일반적 절차와 우리 군의 발전방향에 대해서는 노훈, "북한 핵개발 진전과 '시한성 긴급표적 처리 체계'의 발전," 『KIDA 국방주간논단』 제 1455호(2013)를 참고할 것.

315 이성훈, "북한 도발 억제를 위한 자위권 적용에 대한 연구: 북핵 위협에 대응 위한 선제적 자위권 적용을 중심으로," 『국가전략』 제 20권 2호(2014), p. 27.

316 김정섭, "한반도 확장억제의 재조명: 핵우산의 한계와 재래식 억제의 모색," pp. 23-25.

317 정세현, "선제타격, 실제로 할 수 있을까," 『한겨레』 2017. 2. 26., A26면.

318 Glenn H. Snyder, *Deterrence and Defense: Toward a Theory of National Security*, p. 104.

319 Peter D. Feaver, "Command and Control in Emerging Nuclear Nations," *International Security*, vol. 17, no. 3 (1992/93), p. 165.

320 한인택, "선제공격: 논리와 윤리," 『전략연구』 제 48호(2010), pp. 207-208.

321 김정섭, 『외교상상력: 지나간 백년 다가올 미래』, pp. 70-73.

322 1990년대 1차 북핵 위기 발생과 북미협상에 대해서는 Leon Sigal, *Disarming Strangers: Nuclear Diplomacy with North Korea*(Princeton: Princeton University Press, 1998)를 볼 것.

323 전력증강 세 가지 옵션은 첫째 감시정찰전력을 중심으로 한 지상군 2천 명 규모 증원, 둘째 F-117 스텔스 전폭기, 항모 등이 포함된 1만 명 규모 증원, 셋째 해병을 포함한 수만 명 증원 등으로 계획되었다고 한다. Don Oberdorfer, *The Two Koreas: A Contemporary History*(New York:

Addison-Wesley, 1998), pp. 324-326.

324 당시 국방장관 윌리엄 페리(William Perry)와 그의 차관보 애쉬턴 카터(Ashton Carter)는 미국이 북한의 영변지역을 정밀 폭탄으로 타격하는 계획을 검토했다는 점을 훗날 인정했다. Ashton B. Carter and William J. Perry, "Back to the Brink," *Washington Post*, Oct. 20, 2002, p. B01.

325 Jungsup Kim, "The Security Dilemma: Nuclear and Missile Crisis on the Korean Peninsula," *The Korean Journal of Defense Analysis*, vol. 18, no. 3(2006), pp. 89-106.

326 미국 시민들의 소개(evacuation) 계획 준비는 주한 외교, 군사의 책임자 수준에서는 실제로 진행되었다. 6월 16일 오전 게릭 럭 사령관은 제임스 레니 대사와 비밀리에 만나 주한미군 가족 등 한국에 거주중인 미국 민간인들을 한국 밖으로 대피시키는 방안을 논의했다고 한다. Oberdorfer, *The Two Koreas: A Contemporary History*, pp. 324-326.

327 Susan Rosegrant in collaboration with Michael D. Watkins, *Carrots, Sticks, and Question Marks: Negotiating the North Korean Nuclear Crisis*(Harvard University, John F. Kennedy School of Government, 1995), p. 32.

328 북한의 보복위협과 이로 인한 예상 피해 때문에 정밀 타격안이 채택되지 않았다는 증언에 대해서는 Joel S. Wit, Daniel B. Penenman, and Robert L. Gallucci, *Going Critical: The First North Korean Nuclear Crisis*(Washington, D.C.: Brookings Institution Press, 2004), p. 244; Rosegrant, *Carrots, and Sticks, and Question Marks: Negotiating the North Korean Nuclear Crisis*, p. 39.

329 Oberdorfer, *The Two Koreas: A Contemporary History*, p. 315.

330 재래식 전쟁이 핵전쟁으로 확전될 위험성에 대한 분석은 Barry R.

Posen, *Inadvertent Escalation: Conventional War and Nuclear Risks*(Ithaca: Cornell University Press, 1991); Glenn H. Snyder, "The Balance of Power and the Balance of Terror," in Paul Seabury (ed.), *The Balance of Power*(San Francisco: Chandler Publishing Co., 1965), pp. 185-201을 참고할 것

331 Craig and George, *Force and Statecraft: Diplomatic Problems of Our Time*, p. 214.

332 연평해전이 일주일 이상의 대치를 거쳐 발생한데 비해 대청해전은 남북함정이 대치한 이후 순식간에 발생했다. 2009년 11월 오전 10시 NLL 이남으로 남하한 북한 경비정에 대해 우리 측이 경고 사격을 한 데 대해 북한 경비정이 50여발의 실탄을 발사하자 우리 고속정이 즉각 함포 등 4,960발을 응사하였던 것이다. 즉, 범정부차원의 위기관리가 개입할 여지없이 진행된 군사적 충돌 사례였다.

333 이하 헌팅턴과 코언의 문민통제 이론에 대한 비판적 고찰로는 김정섭, "민군간의 '불평등 대화': 한국군의 헌팅턴 이론 극복과 국방기획에 대한 문민통제 강화," 『국가전략』 제17권 1호(2011), pp. 93-125 참조.

334 Samuel Huntington, *The Soldier and the State: The Theory and Politics of Civil-Military Relations*(Cambridge: Harvard University Press, 1957).

335 전문가 집단에게 정책의 수립과 집행이 일정부분 위임된 것은 필요와 효율의 문제일 뿐, 군이나 관료집단이 국민주권을 위임받은 선출된 정치인에 대해 정책적 자율성을 주장할 근거는 없다는 것이 민주주의의 정신이다. 다시 말해 국민 그리고 이를 대표하는 정치인은 군사문제를 포함하는 모든 공공정책을 주도할 도덕적, 정치적 권위가 있으며, 이는 전문성 보유 여부와는 무관하다는 것이다. 현자(賢者)가 지배해야

한다는 플라톤의 '철학왕(Philosopher King)' 개념은 이와 반대되는 사상이다. Robert Dahl, *Controling Nuclear Weapons*(Syracuse: Syracuse University Press, 1985); Peter D Feaver, "The Civil-Military Relations," *Annual Review of Political Science*, vol. 2, no. 1(1999), pp. 211-241; Richard H. Khon, "How Democracies Control the Military," *Journal of Democracy*, vol. 8, no. 4(1997), pp. 140-153.

336 Eliot A. Cohen, *Supreme Command: Soldiers, Statesmen and Leadership in Wartime*(New York: The Free Press, 2002), pp. 261-262.

337 Taylor, *War By Timetable: How the First World War Begin*, pp. 161-168.

338 Taylor, *War By Timetable: How the First World War Begin*, p. 146.

339 성숙한 민주주의 국가에서의 민군관계 과제에 대해서는 Thomas C. Bruneau and Scott D. Tollefson(eds.), *Who Guards the Guardians: Democratic Civil-Military Relations*(Austin: University of Texas Press, 2006); Peter D. Feaver, *Armed Servants: Agency, Oversight, and Civil-Military Relations*(Cambridge: Harvard University Press, 2003); Richard H. Khon, "How Democracies Control the Military," *Journal of Democracy*, vol. 8, no. 4, pp. 140-153 등을 참고할 것.

340 Peter D. Feaver, "The Civil-Military Problematique: Huntington, Janowitz, and the Question of Civilian Control," *Armed Forces & Society*, vol. 23, no. 2(1996), pp. 149-178; Khon, "How Democracies Control the Military," p. 141.

341 본인-대리인 모델은 본인이 대리인을 고용해서 특정한 일을 위임한다는 것으로 민군관계도 이런 계약관계의 한 유형으로 본다. 이는 마치 환자와 의사, 차주인과 카센터 기술자의 관계와 유사하다는 것을 뜻한다.

이때 문제가 되는 것은 본인과 대리인의 선호의 차이다. 병을 진단하고 수술을 집도하는 것은 의사의 몫이지만 의료비, 위험성, 대체 치료 방안에 대해서는 환자 본인과 다른 선호를 가질 수 있다. 카센터 기술자의 경우엔 급박하지 않은 부품의 교체를 권유할 수도 있다.

342 한편, 1차 대전 당시 프랑스 총리였던 클레망소는 74세의 노령에도 불구하고 포화가 빗발치는 전장을 직접 방문하면서 보고서를 통해서는 알 수 없는 현장의 목소리와 감각을 포착하며 전장과 소통했다고 한다(Clemenceau Pays a Visit). 또한 링컨은 전신사무소에 상주하다시피 하며 전투 상황을 세세히 보고받고 명령을 야전 장군에게 하달했고(Lincoln Sends a Letter), 신생 독립국 이스라엘의 초대 총리였던 벤구리온은 두 달간 일상 업무를 중단한 채 세미나를 개최하여 이스라엘 군을 그 기초에서부터 직접 재설계했다고 한다(Ben-Gurion Holds a Seminar).